EMOÇÕES, APRENDIZAGEM E **COMPORTAMENTO SOCIAL**

Conhecendo para melhor educar nos contextos escolares e de trabalho

ORGANIZADORAS

SONIA GONDIM

ELISABETH LOIOLA

EMOÇÕES, APRENDIZAGEM E **COMPORTAMENTO SOCIAL**

Conhecendo para melhor educar nos contextos escolares e de trabalho

Artesã

Emoções, aprendizagem e comportamento social –
Conhecendo para melhor educar nos contextos escolares e de trabalho.
2ª edição

DIRETOR
Alcebino Santana

COORDENAÇÃO EDITORIAL
Karol Oliveira

DIREÇÃO DE ARTE
Tiago Rabello

CAPA
Ana Stancioli Castriota

PROJETO GRÁFICO E DIAGRAMAÇÃO
Casa de Ideias

Emoções, aprendizagem e comportamento social : conhecendo para melhor educar nos contextos escolares e de trabalho / organizado por Sonia Gondim e Elisabeth Loiola. – Belo Horizonte: Artesã, 2021.

316 p. ; 23 cm.

ISBN: 978-65-86140-67-5

1. Aprendizagem 2. Emoções e cognição 3. Agressividade (Psicologia) I. Gondim, Sonia II. Loiola, Elisabeth

15-0615 CDD 370.1523

Índices para catálogo sistemático:
1. Aprendizagem – Educação

IMPRESSO NO BRASIL
Printed in Brazil

(31)2511-2040 (31)99403-2227
www.artesaeditora.com.br
Rua Rio Pomba 455, Carlos Prates - Cep: 30720-290 | Belo Horizonte - MG
/artesaeditora

Propósito do livro: este livro oferece um conjunto de conhecimentos sobre aspectos emocionais que têm lugar na aprendizagem de comportamentos sociais com o objetivo de ajudar professores, gestores e responsáveis por ações educativas nas escolas e no ambiente de trabalho a fazerem melhores diagnósticos dos processos envolvidos em sua prática profissional, a avaliarem criticamente suas ações pedagógicas e a fazerem uso de estratégias mais efetivas para aperfeiçoar a qualidade da formação que oferecem a alunos e trabalhadores sob sua responsabilidade.

Estrutura dos capítulos: após dois capítulos teóricos que visam oferecer suporte teórico sobre emoções, aprendizagem e articulação entre os dois conceitos, incluindo um exemplo da aplicação em contexto de trabalho, encontram-se cinco capítulos que abordam facetas do comportamento social (comportamento em grupo, preconceito, agressão e violência, comportamento de parentes de desaparecidos políticos e comportamento pró-ambiental sustentável). Ao final de cada um desses cinco capítulos há um texto com notas para orientar a reflexão sobre os conteúdos abordados em cada capítulo. As notas foram redigidas pelas organizadoras e uma pedagoga com o objetivo de orientar os educadores no aproveitamento do conhecimento teórico contemplado no capítulo, seguido de algumas perguntas que permitem a autoavaliação das práticas educativas e estratégias adotadas.

Público-alvo: educadores, professores de ensino fundamental, médio e superior, estudantes de nível superior, gestores e profissionais envolvidos em processos educativos de formação de pessoas.

Apresentação

Quantos de nós já não nos flagramos em uma roda de amigos de infância contando casos de escolas, divertindo-nos com as lembranças das travessuras, dos tropeços e dos acertos, com vivas recordações dos colegas e dos professores? De fato, é raro não ter lembranças de um ou outro professor que exerceu uma influência muito grande na nossa formação, contribuindo para a escolha profissional ou mesmo para os valores que passamos a abraçar com mais firmeza.

O trabalho de mestres e professores envolve o educar. Educar está ligado ao afeto, que vai muito além da transmissão de informações e do treinamento específico de habilidades. O educar assume um duplo sentido. De um lado, é um ato moral da conduta do professor, que exige responsabilidade e autodisciplina, e, de outro, demanda motivação e amor, como expressões de afeto (Spranger, 1960). Mestres e professores se dedicam à formação integral da pessoa, preparando-a para a vida em sociedade. A discussão e o diálogo entre professor e aluno são básicos para se conseguir isso. Discussão, conversão e debate têm diferentes significados. Enquanto a conversão envolve simplesmente a troca de pontos de vista, a discussão visa a ampliá-los. Enquanto no debate cada um defende apenas as suas opiniões em vez de colocá-las em dúvida, na discussão a crítica é fundamental (Rembert, 1995).

A atividade de mestre é independente da atividade pedagógica e consiste na autoridade que lhe é atribuída no aconselhamento e orientação do sentido de vida do discípulo (Gusdorf, 1967). O mestre e o professor ocupam um lugar fundamental na aquisição do conhecimento humano, uma vez que o processo de conhecer não é natural, ou seja, é consequência da intervenção pedagógica e também da maturação biológica e cognitiva. Em síntese, embora o homem esteja sujeito às leis da natureza, somente a socialização a que ele se submete é que lhe assegura o desenvolvimento como ser social. É pelo encontro e pelo diálogo que o conhecimento se torna acessível. O processo educativo e o trabalho de docentes e aprendizes difundem e consolidam, em parte, os valores que sustentam a sociedade. Docentes e educadores, em especial, ocupam lugar central no processo de influência social, contribuindo sobremaneira para a formação dos futuros cidadãos e trabalhadores que poderão vir a ser bem ou malsucedidos em uma sociedade altamente instável em termos econômicos, sociais, culturais e políticos.

Este livro tem como principal objetivo oferecer um conjunto de conhecimentos sobre aspectos emocionais presentes na aprendizagem de comportamentos sociais com o objetivo de ajudar professores, gestores e responsáveis por ações educativas nas escolas e no ambiente de trabalho a fazerem melhores diagnósticos dos processos envolvidos em sua prática profissional. Além disso, pretende contribuir também na avaliação crítica das ações pedagógicas e na escolha de estratégias mais efetivas para aperfeiçoar a qualidade da formação que oferecem a alunos e trabalhadores sob sua responsabilidade.

O livro está organizado em duas partes. Na primeira parte encontram-se dois capítulos conceituais que visam a oferecer suporte teórico sobre os dois principais temas do livro: emoções e aprendizagem. Na segunda parte encontram-se cinco capítulos que abordam facetas do comportamento social: comportamento grupal, preconceito, agressão e violência, comportamento de parentes de desaparecidos políticos e comportamento pró-ambiental sustentável. Após cada um desses cinco capítulos segue-se um apêndice redigido pelas organizadoras e uma pedagoga com o objetivo de orientar o aproveitamento do conhecimento teórico contemplado no capítulo pelos educadores, finalizando com algumas perguntas que permitem a autoavaliação das suas práticas e estratégias educativas.

O primeiro capítulo, intitulado *Emoções e aprendizagem em contextos sociais: aspectos conceituais*, oferece uma base teórico-conceitual das emoções e da aprendizagem. Inicialmente é feita uma breve retrospectiva histórica dos dois conceitos para, em seguida, cada um deles ser considerado em separado, procurando destacar os pontos principais para a compreensão do leitor dos conteúdos contemplados nos demais capítulos. A sua última seção dedica-se a discorrer sobre a articulação entre emoções e aprendizagem e faz referência a algumas evidências empíricas mais recentes relativas a essa articulação.

O segundo capítulo, intitulado *Aprendizagem experiencial: Articulando cognições e emoções para aprender a trabalhar*, discute a relação entre afetos e cognição na aprendizagem de adultos para o trabalho. A abordagem da aprendizagem experiencial foi escolhida por considerar o papel do afeto na aprendizagem. O capítulo também traz alguns resultados de pesquisa nessa área e exemplifica a relação entre cognição e aprendizagem com um caso prático. A primeira seção aborda a aprendizagem no trabalho, procurando demonstrar a relação entre os fundamentos da aprendizagem de adultos e da aprendizagem experiencial e sua aplicação em contextos de trabalho. A segunda seção enfatiza a relação entre afeto e aprendizagem. Nessa seção, é explicitado um modelo de aprendizagem experiencial e são apresentados alguns resultados de estudos sobre a vivência de estados afetivos em contextos de aprendizagem. A terceira seção aborda a aprendizagem do comportamento empreendedor como exemplo da importância do afeto na aprendizagem para o trabalho, utilizando dados de pesquisa e exemplos práticos.

O terceiro capítulo, intitulado *Emoções grupais, aprendizagem e comportamento social*, destaca que grande parte do comportamento social dos seres humanos ocorre nos grupos. A construção da identidade e a maior parte dos comportamentos aprendidos ocorrem mediante a influência dos grupos. Analisar os grupos na vida cotidiana dos seres humanos demanda especificarmos melhor aspectos conceituais e descrever os principais processos envolvidos nas manifestações dentro e entre grupos. Após a definição de grupo, os autores se dedicam a discorrer sobre os benefícios do pertencimento a grupos. Com o objetivo de destacar a importância das emoções no contexto dos grupos, definem a emoção grupal para, em seguida, discorrer sobre desenvolvimento grupal, no qual aspectos emocionais estão fortemente implicados. Descrevem também três processos grupais destacando suas relações com as emoções. Finalizando o capítulo, abordam as relações entre emoções e relações intergrupais.

O quarto capítulo, intitulado *Emoções na formação e no desenvolvimento dos preconceitos*, analisa a dimensão emocional do preconceito e sua relação com os processos de aprendizagem e socialização na infância. Na primeira parte do capítulo, discutem-se conceitualmente os fenômenos do preconceito, do racismo e da discriminação, produzindo um panorama analítico que distingue e, ao mesmo tempo, aproxima esses fenômenos das relações de conflito, real ou simbólico, entre grupos sociais. Na segunda parte, são apresentadas e discutidas as teorias clássicas e modernas sobre a relação do preconceito com as emoções e os sentimentos, com ênfase para a influência da culpa e do constrangimento coletivos nas atitudes face às reparações contra as injustiças sofridas pelas minorias sociais. A terceira parte analisa o preconceito como sujeito às lógicas dos processos de aprendizagem acerca das diferenças e desigualdades entre os grupos, considerando que a dinâmica da aquisição e da expressão ou controle do preconceito na infância passa pela relação dos indivíduos e grupos com as normas sociais, numa perspectiva de desenvolvimento psicossocial. Finalmente, são sumarizadas as principais contribuições de entendimento das relações entre preconceito, afeto e aprendizagem.

O quinto capítulo, *Emoção e aprendizagem do comportamento agressivo e a violência coletiva,* apresenta as principais contribuições da psicologia social no que se refere à aprendizagem e expressão de comportamentos agressivos e da violência coletiva. Inicialmente, o fenômeno da agressão e suas relações com o ódio e a violência coletiva são definidos e analisados, assim como os processos de socialização e de aprendizagem dos comportamentos agressivos e da violência. Também os antecedentes ambientais, emocionais e sociais do comportamento agressivo e da violência coletiva são abordados. Em conexão com as definições conceituais anteriormente mencionadas, exploram-se alguns comportamentos agressivos importantes no ambiente escolar e de trabalho, incluindo os conflitos intergrupais e a exclusão social. Para finalizar, faz-se uma breve abordagem sobre os valores culturais, a cultura da paz e a educação para a paz.

O sexto capítulo, intitulado *Afeto, aprendizagem e comportamento social: o caso dos familiares de desaparecidos forçados na Colômbia*, discorre sobre as consequências do conflito armado há mais de cinco décadas na sociedade colombiana. O capítulo define e caracteriza a experiência afetiva de familiares de desaparecidos forçados decorrentes desse conflito. Inicialmente, apresenta-se um breve histórico sobre o conflito armado na Colômbia, responsável pelo país ter o maior número de desaparecidos da América Latina, dado nada desprezível quando se conhece a grande quantidade de pessoas que sofreram esse mesmo tipo de violência durante as ditaduras acontecidas em outros países do continente. São abordados também aspectos psicossociais que permitem compreender a condição dos familiares dos desaparecidos forçados. De igual modo, discutem-se a aprendizagem e a mudança de comportamento dos familiares de desaparecidos na procura pela verdade e justiça, em que se destacam o engajamento em ações de cidadania individuais e coletivas em uma tentativa de superar a incerteza do destino de seus entes queridos desaparecidos, reparar e fazer justiça.

O sétimo capítulo, *Valores, atitudes e emoções na promoção de comportamentos pró-ambientais sustentáveis,* descreve e discute os comportamentos pró-ambientais a partir de uma perspectiva teórica funcionalista, articulando os conceitos de valores, emoções e atitudes. Os autores sustentam que o conhecimento do poder explicativo desses construtos no comportamento pró-ambiental pode auxiliar educadores e gestores a elaborarem estratégias de ensino-aprendizagem para promover comportamentos pró-ambientais sustentáveis, educando os jovens a se tornarem cidadãos social e ambientalmente responsáveis. As definições de comportamento pró-ambiental e desenvolvimento sustentáveis são inicialmente contempladas. A seguir são descritas as disposições atitudinais e os valores para então ser apresentada a abordagem funcionalista, que estabelece uma relação entre esses dois conceitos. Em sequência, são feitas algumas considerações sobre as disposições emocionais. Um estudo empírico em que está em jogo a habilidade de conservar água é usado para esclarecer melhor a relação hierárquica entre valores e atitudes previstas pela abordagem funcionalista. Finaliza-se o capítulo com conclusões do referido estudo e algumas considerações sobre as possibilidades de aplicação do conhecimento para subsidiar ações educativas.

Embora reconheçamos que inúmeros temas relevantes de comportamento social não tenham sido incluídos neste livro, defendemos o ponto de vista que iniciativas na direção de facilitar o acesso de educadores, professores e formadores de pessoas a conhecimentos produzidos no campo da psicologia social e do trabalho podem contribuir para a difusão de uma cultura de gestão do conhecimento que amplia a capacidade de transferir para o contexto educacional mais imediato os avanços conceituais e as evidências empíricas.

Como o leitor terá oportunidade de ver abordado no Capítulo 1, estudos sinalizam que a capacidade de se divertir na escola decresce com o tempo. Evidências coletadas nesses estudos sinalizam, de um lado, a incapacidade de a escola fazer uso mais adequado de emoções positivas para potencializar a aprendizagem, e, de outro, a criação de terreno propício ao desenvolvimento de atitudes negativas do aprendiz para com a aprendizagem, que tende a repercutir negativamente em futuros processos de aprendizagem para o trabalho e para os estudos de nível superior.

Há também evidências empíricas de que professores que se divertem ao ensinar são mais criativos e oferecem mais suporte aos seus alunos que aqueles que não estão fortemente vinculados positivamente com a atividade de ensinar. Este livro, ainda que aborde emoções negativas e comportamentos sociais negativos, almeja aumentar a paixão de docentes e educadores no exercício da atividade profissional, tornando-os mais crítica e consciente de sua parcela de responsabilidade para com os futuros cidadãos e trabalhadores.

Sonia Gondim
Elisabeth Loiola

Referências

Gusdorf, G. (1967). *Professores, para quê?* Lisboa: Morais Editora.

Rembert, R. B. (1995). *Socrates, discussion and moral education. Revue Internationali de l'Education, 41*(1/2), 97-108.

Spranger, E. (1960). *El educador nato.* Buenos Aires: Editorial Kapelusz.

Sumário

PARTE I

Demarcações conceituais

CAPÍTULO 1

Emoções e aprendizagem em contextos sociais: aspectos conceituais

Sonia Gondim
Universidade Federal da Bahia

Elisabeth Loiola
Universidade Federal da Bahia

Jairo Eduardo Borges-Andrade
Universidade de Brasília

Resumo

Este capítulo tem como principal objetivo oferecer uma base teórico-conceitual que articula emoções e aprendizagem e dá suporte aos estudos empíricos apresentados neste livro. Inicia-se com uma breve retrospectiva histórica dos dois conceitos para em seguida cada um deles ser considerado em separado. Destacam-se aspectos teóricos essenciais para a compreensão do leitor dos conteúdos contemplados nos demais capítulos. A última seção discorre sobre a articulação entre emoções e aprendizagem e faz referência a algumas evidências empíricas dessas articulações mais recentes.

Introdução

Emoções e aprendizagem constituem temas básicos de estudo na psicologia, e se encontram presentes na história do pensamento humano desde os filosóficos gregos. Platão (428-348 a.C.) supunha que a emoção deveria estar subordinada aos ditames da razão. Sua divisão da mente (alma) em três domínios – cognitivo, conativo (vontade) e afetivo – é uma classificação que vigora até hoje sob o tripé: cognição, motivação e emoção.

Na perspectiva de Juan Ignacio Pozo (2002), no mito da caverna de Platão encontra-se esboçada a primeira teoria de aprendizagem. A aprendizagem nada mais seria que um processo de autoconscientização dos conhecimentos que a mente humana possui, mas ainda desconhece. A reflexão seria o meio pelo qual a mente ascenderia à condição de saber.

Em uma perspectiva mais integradora das emoções e da aprendizagem, Aristóteles (348-323 a.C.) supunha que o racional e o irracional faziam parte da mesma unidade, visto que as emoções se associam às crenças e expectativas, consideradas componentes da cognição. Aristóteles descrevia a emoção como parte da virtude, ou seja, como uma forma inteligente de lidar com os sentimentos de modo mais adequado a cada situação. Por essa razão, Aristóteles é considerado um dos precursores dos estudos sobre inteligência emocional. A raiva, por exemplo, despertaria o desejo de vingança, e seria freada pela inteligência moral, responsável por fazer o homem reconhecer que não é recomendável manifestá-la em todas as situações sociais. A emoção é concebida, então, como um ato de vontade, como parte da moral (Calhoun & Solomon, 1984; Solomon, 2004). No que tange à aprendizagem, Aristóteles adota um ponto de vista empirista ao afirmar que a origem do conhecimento está na experiência sensorial, que permitiria formar ideias a partir da associação de impressões subordinadas às leis de contiguidade, similaridade e contraste (Pozo, 2002).

O interesse da ciência pelo estudo das emoções é bem mais recente na história do pensamento ocidental, em função, em parte, da dificuldade de se caracterizar o fenômeno para fins de observação empírica. A aprendizagem, todavia, foi abraçada mais cedo que as emoções como objeto de estudo científico, tendo sido desenvolvido um corpo teórico mais robusto e difundido, apesar de relativamente heterogêneo, marcado pela convivência e contraposição entre muitas escolas de pensamento e abordagens.

Estudiosos e teóricos do tema das emoções se debruçam sobre questões não satisfatoriamente respondidas (Izard, 2009, 2010). Uma teoria realmente boa das emoções pode estar bem distante de nosso alcance, segundo Evans (2001). A metáfora da Torre de Babel é utilizada por Fernández-Abascal e Sánchez (2010) para qualificar a diversidade terminológica e conceitual que cerca o estudo da emoção. A definição de emoção, sua diferenciação de outros estados mentais, suas bases fisiológicas, suas funções na vida prática e seus componentes levaram os estudiosos a formular diversas teorias sobre o fenômeno (Calhoun & Solomon, 1984).

Uma análise das entrevistas com 34 pesquisadores da área sobre as definições, funções, ativação e regulação das emoções concluiu que o termo emoções assume variados significados, sendo necessário recorrer às definições operacionalizáveis para saber como os pesquisadores medem a emoção (Izard, 2010). Essa confusão conceitual que impera no campo seria consequência do abandono da distinção entre paixões e afetos (Dixon, 2012), que tem suas raízes no estoicismo e, posteriormente, no cristianismo, e que veio a dar fundamento à filosofia moral na Idade Média. As paixões, apetites ou emoções eram definidos como propensões viscerais e corporais, perturbações do equilíbrio racional e facilmente observadas (raiva, medo, surpresa), enquanto os afetos seriam propensões virtuosas e de natureza mental, que envolveriam uma intencionalidade (ato de vontade) no investimento emocional (solidariedade, amor filial, parental etc.) (Gondim & Siqueira, 2014).

Essa diferenciação foi abandonada principalmente pela influência no século XIX de Thomas Brown, professor de filosofia moral em Edimburgo. Esse autor adotou o termo emoção para designar tanto os apetites quanto os afetos, indistinção que se tornou prevalente na literatura filosófica e científica, contribuindo para a multiplicidade de sentidos que o termo passou a adquirir. A implicação disso é que o rótulo de emoções acabou sendo usado para abarcar uma série de estados afetivos, repercutindo no aumento da imprecisão conceitual, o que tem tornado requisito obrigatório que os estudiosos definam como a emoção está sendo considerada operacionalmente em seus estudos para que se tenha clareza do escopo do fenômeno investigado.

A aprendizagem também é um conceito que tem uma longa trajetória no pensamento humano. Pode ser definida como a capacidade humana de, mediante experiência direta ou indireta, adquirir conhecimentos, valores, atitudes e habilidades (cognitivas, interpessoais e motoras), e, em consequência, gerar transformações na forma de pensar e se comportar em relação a si mesmo, aos objetos físicos e às outras pessoas. Certamente que essa aprendizagem varia em nível de complexidade. E em alguns tipos de aprendizagem é requerido menor esforço físico e mental, sendo facilmente alcançada a automatização, sem necessidade de controle consciente. Outros tipos demandam maior esforço físico e nível de consciência.

Do ponto de vista histórico, a ênfase nos processos de aprendizagem e educativos esteve mais voltada para a transmissão de tradições e costumes, visando principalmente à preservação da cultura. Na Antiguidade grega e romana encontram-se indícios de que os tipos de aprendizagem diferenciavam grupos sociais. A aprendizagem voltada para o trabalho era mais pragmática e tinha como objetivo preparar a pessoa para o exercício de atividades de sobrevivência. A aprendizagem para aquisição de conhecimento e de sabedoria sobre o mundo era reservada às classes ociosas, ou seja, às classes mais abastadas, que podiam prescindir de um aprendizado direcionado a atender às necessidades mais imediatas de sobrevivência.

Na Idade Média a diferenciação dos tipos de aprendizagem ficou marcada pela influência religiosa, sendo concedido ao clero o privilégio de dedicar-se ao conhecimento sobre o mundo, a natureza e a Deus. No século XVI e com a ascensão de ideias iluministas e de valorização da razão humana, essa influência perdeu um pouco a força. No século XIX já se encontram sinais claros de que os esforços dos estudiosos do tema direcionavam-se para os princípios da aprendizagem e seu funcionamento, na busca por leis gerais que viessem a explicar os mecanismos de aquisição e mudanças de comportamento (Guthrie, 1930; Hull, 1935; Tolman, 1948). Essas abordagens iniciais marcaram a forte influência do behaviorismo nas teorias de aprendizagem. Tolman (1948) trouxe uma perspectiva mais cognitivista com a introdução do conceito de mapas cognitivos. Outras vertentes de abordagem da aprendizagem vieram em sequência, mas mantinham diferenças epistemológicas, ontológicas e de método (Ignacio Pozo, 2002). Abordagens cognitivas e do construcionismo como as de Piaget (1964) e Vygotsky (1962) começaram a influenciar os ambientes escolares e de formação de pessoas para o trabalho no século XX.

Os dois tipos de educação – para o trabalho e para a aquisição de conhecimento – marcam de longa data a história da humanidade, em que processos de aprendizagem encontram-se fortemente implicados, na perspectiva de Saviani (1983). A educação para o trabalho realizava-se mediante ensinamentos do mestre de ofício. A oferecida pela escola encontrava-se desvinculada do processo produtivo e era destinada àqueles que não precisavam suprir suas necessidades básicas por meio do trabalho. A primeira priorizava o aprendizado de habilidades manuais, enquanto a segunda dava ênfase às habilidades intelectivas. A palavra "escola" é de origem grega e significa ócio. Em outras palavras, no princípio, a escola era um lugar frequentado por pessoas que não necessitavam trabalhar, sendo uma maneira de ocupar dignamente o tempo ocioso.

Mudanças sobre o que e como aprender ocorreram no período da invenção da imprensa e da alfabetização progressiva da população que se associa à sua invenção. Verificaram-se a secularização do conhecimento, cuja transmissão passou a se dar quase que exclusivamente por meio de métodos centrados na memória repetitiva. Isso nasce com o Renascimento e amplifica-se com o progresso do conhecimento científico (Abbad, Loiola, Zerbini, & Borges-Andrade, 2013; Ignacio Pozo, 2002).

Progressivamente, nascem e se consolidam também as grandes instituições na área da educação e os Estados nacionais passam a ser os certificadores das aprendizagens. A relação ensino-aprendizagem é revolucionada por diversas vezes, assim como sua pedagogia e didática. Multiplicam-se abordagens teóricas e práticas em aprendizagem, colocando novos e renovados desafios a mestres e aprendizes (Abbad *et al.*, 2013; Pozo, 2002).

Nessa revolução de ideias, de tipos e formas de aprendizagem, de pedagogias e didáticas, estudos sobre aprendizagem informal são deixados aos cuidados de antropólogos e intelectuais do campo da cultura, saindo do foco de pesquisadores do campo da educação e da psicologia, sobretudo aqueles dedicados à aprendizagem de adultos. Mais recentemente, paralelamente à crise do paradigma taylorista-fordista de organização da produção e do trabalho e a emergência de tecnologias informatizadas, difundiram-se novas formas de aprender – a distância, por exemplo –, ao passo que se testemunha a revalorização de antigas formas de aprender – por iniciativa própria, pelo uso da interação etc.

Essas breves considerações sobre o percurso histórico das problemáticas relativas a emoções e aprendizagem permitem ratificar que o interesse por esses dois fenômenos psicológicos não é recente na história do pensamento humano. Da análise do *status* científico atual de cada um deles, pode-se inferir que, apesar de terem crescido as iniciativas, muito pouca articulação ainda é feita entre esses dois processos psicológicos básicos. Em parte, a dificuldade reside na dispersão, pulverização conceitual e diversidade de perspectivas teóricas sobre as emoções e a aprendizagem (Loiola & Bastos, 2003). Em parte, deve-se à ausência de teorias que integrem emoções e aprendizagem em igual nível de detalhamento. As teorias de aprendizagem incorporam a dimensão afetiva, em menor grau; em contrapartida, as teorias das emoções incorporam aspectos cognitivos e de aprendizagem social, mas descrevem pouco como se dá tal articulação.

O objetivo deste capítulo é descrever aspectos conceituais sobre emoções e aprendizagem, além de apresentar uma proposta de articulação desses dois processos no intuito de contribuir para a compreensão dos comportamentos sociais e do trabalho. A primeira seção será dedicada às emoções e a segunda, à aprendizagem. Na terceira seção será apresentada a proposta de articulação entre os dois conceitos.

Emoções: demarcações conceituais e perspectivas teóricas

Do ponto de vista da demarcação conceitual, ainda não existe pleno consenso sobre o que diferenciaria emoções, sentimentos, afetos, humores e traços pessoais mais duradouros. Admite-se, em geral, que os afetos representam o conjunto mais amplo desses fenômenos, abarcando emoções, sentimentos, humores e temperamento. As emoções são manifestações decorrentes de alterações fisiológicas e corporais de curta duração, sendo desencadeadas por estímulos internos ou externos, conscientes ou inconscientes. Os sentimentos estão relacionados a aspectos cognitivos e à interpretação subjetiva da situação, que fazem perdurar o afeto em relação ao objeto. O humor também é um estado afetivo duradouro, capaz de reverberar no modo como a pessoa age em situações diversas para além daquela em que o afeto emergiu (Gondim & Álvaro, 2010; Gray & Watson, 2001).

As cinco principais perspectivas teóricas no estudo das emoções focam a sensação, a fisiologia, o comportamento, a avaliação e a cognição. Na abordagem das sensações, as emoções se referem ao que se sente internamente e se traduz em uma expressão emocional (por exemplo, Hume, século XVIII). O foco dessa abordagem está na definição de como são experimentadas as emoções. A perspectiva fisiológica defende o ponto de vista de que as emoções nada mais são que a percepção decorrente das mudanças e reações corporais (James, 1884). As teorias comportamentais, por sua vez, se distanciam da concepção de que as emoções são uma experiência subjetiva e privada e defendem que o comportamento observável é a base de análise das emoções (por exemplo, Dewey, Watson, fim do século XIX e início do século XX). O comportamento emocional à luz dessa abordagem teórica, portanto, é um guarda-chuva que não se restringe a cobrir as ações verbais ou físicas intencionais, fazendo-o também para os comportamentos reflexos inatos, como o rubor e o constrangimento.

As teorias da avaliação defendem que as emoções são atos ou modos mentais intencionais de estar consciente no mundo e se encontram relacionadas ao senso moral desenvolvido no século XVIII entre filósofos britânicos. Mais recentemente (Brentano, Scheler, Sartre, Solomon, séculos XIX e XX), os teóricos passaram a defender que toda emoção contém uma atitude pró ou contra um dado objeto. Fazem distinção entre emoções que são *funções* de sentimentos, e que são avaliativas, e os *estados* de sentimentos, que não têm essa função. Deslumbramento por apreciar uma obra de arte é um exemplo do primeiro tipo, e a retribuição automática a um sorriso é um exemplo do segundo. Por último, as teorias cognitivas (Fridja, 1969, 1986; Lazarus, 1966; Ortony, Clore, & Collins, 1988) defendem o ponto de vista de que o estado fisiológico e a consciência da interpretação de uma dada situação são cruciais para a emoção. Dois aspectos distinguem-se nas teorias cognitivas: (1) a crença de que é possível fazer uma análise lógico-racional das emoções; e (2) a influência da filosofia da linguagem, para a qual o entendimento de um fenômeno exige análise do modo como se fala sobre ele, o que abre espaço para uma série de estudos de emoções que visam analisar diferenças linguísticas entre culturas.

Não há necessariamente incompatibilidade entre as diversas perspectivas de abordagem das emoções, mas elas sinalizam haver interesses distintos de estudo. Filósofos direcionam seu interesse para a importância das emoções no sentido da vida e na experiência consciente; biólogos e neurofisiologistas estão atentos às funções adaptativas e evolutivas da emoção e ao funcionamento cerebral; comportamentalistas se mostram atraídos pelos estímulos externos que eliciam emoções, e também pelo reforço e extinção de respostas emocionais desejáveis e/ou indesejáveis; cognitivistas enfatizam os processos mentais (incluindo a experiência subjetiva) e as redes de significados e sentidos das emoções; clínicos se dedicam à psicodinâmica dos afetos e aos distúrbios emocionais; e psicólogos sociais estudam as expressões faciais, verbais e gestuais e seus impactos nas interações sociais, sejam individuais ou grupais (Strongman, 1998).

Emoções podem ser classificadas em primárias e secundárias (Damásio, 1996). As primeiras tiveram um papel fundamental na evolução das espécies e do homem (Darwin, 1859/2009; Ekman, 1992; Ekman & Friesen, 1971; Izard, 1992; Plutichik, 1980). Embora haja controvérsias sobre quais seriam elas, as mais comumente referidas são tristeza (função de reintegração), alegria (função de afiliação), asco (função de afastamento), surpresa (função de exploração), medo (função de proteção) e raiva (função de autodefesa).

O repertório de emoções humanas, no entanto, não se esgota nas emoções básicas que possuem relativa correspondência com as expressões faciais. Há um conjunto mais amplo de estados afetivos não tão visíveis, mas que interferem nas relações humanas. A rigor, buscam-se, nas interações cotidianas, pistas dos estados afetivos internos das outras pessoas para orientar as ações mútuas e seguir adiante nas interações sociais (Algoe, Buswell, & Delamater, 2000; Carroll & Russell, 1996; Forgas & George, 2001). Gestos, expressões faciais, posturas e modos de falar do colega permitem inferir o que sente e seguir interagindo com ele. Mas, nem sempre se obtém êxito nessa tarefa. Dificilmente se enfrentariam tensões e estresses nas relações sociais e de trabalho se as interpretações das expressões faciais e gestos pessoais fossem transparentes. A mesma expressão facial, todavia, pode ser interpretada de modo distinto, a depender do contexto de sua manifestação, das informações que se dispõe sobre a pessoa, das crenças sobre como as emoções e afetos devem ser exibidos e dos processos de aprendizagem.

Há também um conjunto de emoções secundárias, que cumprem funções adaptativas de natureza social, moral e autoconsciente. Culpa, inveja, vergonha, orgulho, arrogância, ciúme, entre outras, fazem parte deste conjunto (Plutichik, 1980). São também chamadas emoções autoconscientes, visto que sua emergência está fortemente associada a processos de aprendizagem social. A identidade pessoal, a internalização de normas sociais (discernir o que é certo ou errado) e a capacidade de autoavaliação das ações e pensamentos cumprem um papel fundamental na aprendizagem do repertório de emoções sociais e na regulação da qualidade das interações humanas, contribuindo para a aproximação ou afastamento de pessoas e de grupos sociais (Etxebarria, 2010; Hoffman, 1992; Lewis, 2000; Mascolo & Fischer, 1995; Mesquita, 2003). Emoções e estados afetivos, portanto, podem explicar comportamentos pró-sociais, atos de violência e discriminação (Páez, Marques, Valencia & Vincze, 2006).

A teoria das emoções intergrupos (Kemper, 1978; Parkinson, Fischer, & Manstead, 2005) ajuda a compreender melhor as associações entre emoções sociais fruto da aprendizagem e os comportamentos. Ao se identificarem com um grupo social, ativando a identidade social (pertencimento a um grupo), as pessoas assumem características do grupo como se fossem suas (identidade pessoal) e se comportam em conformidade com isto (Mackie, Devos, & Smith, 2000; Smith, 1993). Quatro critérios são definidos como identificadores das emoções intergrupais:

(1) distinguem-se das emoções no nível individual; (2) dependem do grau de identificação com o grupo; (3) exigem um nível de compartilhamento no grupo; e (4) orientam as atitudes e os comportamentos nas relações com os membros do grupo e de outros grupos (Smith, Seger & Mackie, 2007). Em resumo, a premissa básica da teoria das emoções intergrupais é que quando os indivíduos se identificam com o grupo, essa identidade intragrupo passa a fazer parte do seu eu, adquirindo significância emocional e social.

De acordo com o modelo conceitual de Smith, Seger e Mackie (2007), as emoções grupais e intergrupais são distintas das emoções individuais e também das emoções sociais. Estas últimas emergem das interações sociais, mas nem sempre são compartilhadas no nível do grupo e tampouco definem a relação com os demais grupos. Por exemplo, alguém pode ser empático com um grupo, sem que o seu grupo compartilhe dessa empatia. Ou seja, a empatia é uma emoção social, por envolver a capacidade de se colocar no lugar do outro e compreender o que ele sente, mas não necessariamente é uma emoção grupal. A gratidão é outra emoção social, que não exige compartilhamento dos demais membros do grupo. Isto não impede que uma emoção social venha a ser compartilhada pelo grupo e se tornar intergrupal. A vergonha pode ser uma emoção social compartilhada por filiados a um partido político conhecido por defender a ética, mas cujos membros, ao ascenderem a cargos de poder na administração pública, são flagrados em atos de corrupção. A culpa, uma emoção social e autoconsciente, desencadeada pela desaprovação da conduta pessoal, também pode ser uma emoção compartilhada pelo grupo (emoção de grupo) e repercutir nas emoções dirigidas a outros grupos (emoções intergrupais).

Essas diversas manifestações da emoção – individuais, sociais, grupais e intergrupais – são fundamentais na discussão sobre emoções e aprendizagem, porque muitos comportamentos pró-sociais e também discriminatórios emergem dessa complexa inter-relação.

Em resumo, nesta seção procurou-se delimitar o conceito de emoções, circunscrevendo-o no campo dos estados afetivos, em que se incluem sentimentos, humores e traços pessoais. Apresentou-se também um panorama da diversidade teórica que cerca essa área de conhecimento, classificando as emoções em primárias e secundárias. Incluiu-se ainda a discussão mais recente sobre emoções grupais que surgem no âmbito das relações intergrupos e podem contribuir de modo significativo para as articulações que serão feitas entre emoções e aprendizagem em contextos sociais, objeto da última seção deste capítulo.

Aprendizagem: demarcações conceituais e perspectivas teóricas

Desde o Renascimento, verifica-se um processo fundamental de secularização do conhecimento, com significativas repercussões sobre o que e como se aprende. Passa-se a produzir e, simultaneamente, a experimentar novas maneiras de aprender e de ensinar. A aprendizagem formal (forma planejada de aprender) foi progressivamente se difundindo pelo tecido social, embora boa parte do repertório comportamental que molda as relações sociais continue sendo fruto de processos de aprendizagem informal. Aprende-se por iniciativa própria, fazendo uso da interação (aprendizagem experiencial), da imitação (aprendizagem vicária) e da instrução (aprendizagem instrucional) (Conner, 1995).

Certamente, o avanço tecnológico das sociedades modernas aumentou o potencial de aprendizagem formal e informal dos seres humanos. Transcorridos seis milhões de anos que separam os seres humanos de outros grandes macacos, constata-se que, embora humanos e chimpanzés compartilhem 99% de material genético, diferenciam-se em termos de padrões de aprendizagem e comportamentos (Tomasello, 2003). As inúmeras habilidades cognitivas e de produtos humanos decorrem da capacidade de transmissão cultural dos seres humanos. Ou seja, uma multiplicidade de padrões comportamentais, adquiridos por imitação ou processos cognitivos mais complexos, é difundida de geração a geração mediante a cultura, poupando tempo e aumentando exponencialmente o repertório humano.

Em resumo, a grande diferença dos humanos em relação às outras espécies animais parece ser sua capacidade de aprendizagem cultural, de combinar recursos cognitivos de maneiras distintas e de diversificar suas formas de aprendizagem social (por imitação, por instrução e por colaboração).

A evolução cultural cumulativa pode ser, portanto, a explicação para muitas das mais impressionantes realizações cognitivas dos seres humanos que "[...] garante que a cognição humana ocorra num meio de artefatos e práticas sociais sempre novos que, em qualquer tempo, representam algo que reúne toda a sabedoria coletiva de todo o grupo social ao longo de toda a sua história cultural" (Tomasello, 2003, p. 9).

Indivíduos, grupos e sociedade aprendem desde as mais remotas eras, o que aguça a curiosidade sobre as correntes de explicação das condições relativas à formação e evolução do conhecimento. No entanto, há diferentes formas de organizar o conhecimento acumulado sobre aprendizagem. Aqui, abraçou-se a organização desses conhecimentos tendo como eixo a origem do conhecimento. Segundo essa perspectiva, há três grandes enfoques sobre a origem do conhecimento: racionalismo, empirismo e construcionismo. Apesar da ancestralidade da preocupação, só a partir do empirismo pode-se falar em teorias psicológicas da aprendizagem (Ignacio Pozo, 2002).

O campo do racionalismo é marcado pelas epistemologias não genéticas da evolução do conhecimento e, por consequência, da aprendizagem. O conhecimento é estático, viabilizando-se por condições incorporadas aos próprios fenômenos. A relação sujeito/conhecedor e objeto é um dado *a priori*, pois suas condições encontram-se estabelecidas desde a origem, não importando nem a história, nem o tempo. Atribuiu-se a Platão, com o mito da caverna, a elaboração da primeira teoria sobre aprendizagem. No racionalismo clássico de Platão, no entanto, a aprendizagem se reveste de funções muito limitadas; os indivíduos nada aprendem de novo, apenas refletem e usam a razão para conhecer o que já é inato, ou seja, que já tem dentro de si. Em termos práticos, o racionalismo platônico nega a relevância da aprendizagem. As ideias são puras; não é a experiência que nos dá acesso ao conhecimento (Ignacio Pozo, 2002).

As ideias de Platão influenciaram posições racionalistas subsequentes e contemporâneas na psicologia (por exemplo, Descarte, Lorenz, Tinbergen, Chomsky e Fodor). Os principais postulados dessa corrente são: (1) a razão humana é a fonte essencial do conhecimento; (2) a aprendizagem está fortemente apoiada na organização, compreensão e interpretação do significado do que é aprendido; e (3) a aprendizagem é um processo de apreensão do conhecimento a-histórico, sendo pouco influenciada pelas contingências contextuais.

Contrapondo-se ao racionalismo, a tradição empirista foca a aprendizagem. Aristóteles é considerado pioneiro na defesa de que a origem do conhecimento está na experiência sensorial. A aprendizagem ocorreria pelas associações de imagens, ideias e sentidos, levando em conta a contiguidade (temporal), a similaridade (forma) e o contraste (diferenças). O associacionismo como princípio da aprendizagem influenciou o pensamento de behavioristas, condutistas e conexionistas subsequentes (como Locke, Hume, Thorndike, Pavlov, Watson, Skinner).

Os principais postulados do empirismo são: (1) a aprendizagem decorre de processos de associação de ideias ou de eventos; (2) as experiências sensoriais são o ponto de partida para os processos de associação; (3) o conhecimento reflete a estrutura do ambiente (correspondência), reproduzindo a realidade externa que obedece a leis e a princípios universais; e (4) as leis da aprendizagem são aplicadas a todos os ambientes, espécies e indivíduos (equipotencialidade), ou seja, os processos de aprendizagem são gerais.

A perspectiva empirista, no entanto, não consegue explicar a complexidade do mundo cultural e social em que vivemos, fragilizando o argumento de que toda aprendizagem pode ser explicada por leis invariantes. Além disso, a suposição de que o conhecimento é uma cópia da realidade não tem se mostrado imune às críticas dos autores de abordagens do construcionismo (papel ativo do ser humano na construção do conhecimento). Um dos argumentos é que, embora o conhecimento tenha base na experiência sensorial, o que se aprende e como se aprende não se esgotam na experiência. Para os adeptos do construcionismo (por exemplo, Vygotsky), aprendizagem é sempre fruto da interação entre o que se sabe e a nova informação ou vivência. Aprender é construir modelos para interpretar a informação recebida.

O construcionismo tem suas raízes em Kant (1724-1804), mais especificamente nas suas proposições de esquemas e categorias. Além de Kant, a psicologia da Gestalt, desenvolvida no início do século XX, também contribuiu para o surgimento do construcionismo a partir da elaboração das leis da percepção e do pensamento (Wertheimer, Köhler e Koffka). As três últimas influências mais decisivas no construcionismo foram Piaget, Vygosty e a psicologia instrucional. Piaget (1896-1950) influenciou com a sua teoria do desenvolvimento cognitivo como construção individual do conhecimento; Vygotsky (1896-1934), por sua teoria da construção social do conhecimento, e, por último, a psicologia instrucional (como Gagné), por seu foco no estudo e na aplicação de princípios fundamentados em taxonomia que classifica o que é aprendido em termos de habilidades intelectuais, atitudes e habilidades psicomotoras, por exemplo.

De modo geral, abordagens construtivistas da aprendizagem defendem o ponto de vista de que o desenvolvimento cognitivo decorre das trocas entre pessoa e ambiente, visando a promover uma contínua reestruturação dos sistemas antigos em novos sistemas. Associa-se mais presentemente a métodos de intervenção pedagógica, cujo eixo é a participação ativa do sujeito conhecedor. Apesar de compartilharem sua oposição ao behaviorismo, há claras diferenciações entre as diversas abordagens do construcionismo, por exemplo, entre o construcionismo de Piaget e o social construcionismo de Vygotsky.

Piaget integra a perspectiva biológica, lógica e psicológica no seu modelo teórico. Incorpora tanto a estrutura flexível (princípio universal de organização, dinâmico, adaptável e possível de transformar-se em uma nova estrutura) quanto a gênese (processo de transformação ordenada e progressiva). A sua epistemologia genética sustenta que apesar da base neurofisiológica do pensamento, ele se desenvolve a partir de estímulos socioculturais. O conhecimento é, portanto, um processo ativo do indivíduo na sua relação com o mundo, mesmo sem a total consciência de todos os passos que permitem a sua aquisição (Piaget, 1950/1979).

Na perspectiva construtivista e interacionista de Piaget, transformações dos sistemas cognitivos seriam regidas pelo princípio universal da equilibração, que envolve uma tendência permanente para alcançar novos patamares de equilíbrio. O desenvolvimento cognitivo ocorre como um processo em que as únicas estruturas pré-formadas (exceto os reflexos) são os invariantes funcionais: assimilação e acomodação. A adaptação seria decorrente tanto da assimilação quanto da acomodação (Lima, 1980).

É a partir da interação com o meio (ação) que os indivíduos são compelidos a assimilar e a acomodar novas estruturas, isto é, a aprender, de modo que suas estruturas cognitivas sejam reestruturadas, gerando um novo equilíbrio (equilibração). Isso confere um papel ativo ao aprendiz, tido como sujeito epistêmico. Ou seja, é na atividade (no fazer) que o aprendiz se confronta com problemas no meio e vê a necessidade de assimilá-los em uma nova estrutura (acomodação), para galgar um novo estado de equilíbrio (equilibração).

Essas formulações de Piaget, sumariamente apresentadas, receberam várias críticas. Uma delas foi a da pouca atenção dada à sociogênese, ou seja, à influência social no psiquismo, o que será o eixo central da contribuição de Vygotsky.

Tendo sido influenciado pelo materialismo histórico e dialético de Karl Marx (1818-1883), Vygotsky desenvolveu outra compreensão da cognição humana. Ao contrário de Piaget, que buscou entender a interação entre o biológico e o psicológico, mediante um sistema de equilibração cognitiva em nível individual, Vygotsky considera que o início da vida social e histórica do homem exigiu mudanças nas condições de adaptação. Assim, a evolução biológica se converteu em leis complexas de interação indivíduo-sociedade, que engendraram, por sua vez, a composição da personalidade e da estrutura do comportamento humano, no que poderia vir a ser chamado de uma cognição social.

Seguindo a orientação do materialismo histórico, Vygotsky dispõe no centro de sua análise o papel do desenvolvimento tecnológico e das forças produtivas. Haveria, então, um relacionamento interdependente entre o desenvolvimento tecnológico e a estrutura do grupo social, o que definiria o caráter social inerente às tecnologias. Nessa lógica, o trabalho humano agiria como mediador das relações estabelecidas entre saber e tecnologia. Desta forma, considera-se, por exemplo, que os outros animais, assim como o ser humano, são capazes de fabricar e utilizar instrumentos. Porém, somente este seria capaz de idealizar tais instrumentos previamente.

Como salienta Marx, é o poder do pensamento conceptual que orienta o trabalho humano, ao passo que o trabalho dos outros animais é instintivo. Essa distinção é fundamental para entender o desenvolvimento humano, uma vez que a cultura material humana é o resultado dessa capacidade de pensamento conceptual. A propriedade humana de manipular representação simbólica, sobretudo em suas formas psicológicas superiores, como a linguagem, é o que permite a continuidade da experiência – transmitida às gerações seguintes de modo bastante singular.

Piaget e Vygotsky demarcam duas grandes vertentes de teorias da aprendizagem, embora essas teorias não se esgotem nas contribuições desses autores. No campo da psicologia organizacional e do trabalho no Brasil, estudos sobre aprendizagem de adultos em situações de trabalho têm adotado a perspectiva cognitivista de aprendizagem (S-O-R), que tem origens nas teorias de aprendizagem do século passado. De acordo com essa perspectiva, a interação (S) promove processos que envolvem aquisição, retenção e transferência de competências (O), que podem ter como consequências mudanças comportamentais (R). A definição de Abbad e Borges-Andrade (2004) e de Pantoja e Borges-Andrade (2004) são exemplos dessa utilização. Para esses autores, aprendizagem individual é uma mudança comportamental relativamente permanente, associada à experiência, que envolve os planos afetivo, cognitivo e motor, garantindo flexibilidade, adaptabilidade e capacidade transformadora do ser humano. Definem aprendizagem como mudanças relativamente duradouras que ocorrem no indivíduo e resultam de sua experiência prática, não sendo, portanto, fruto somente de processos de maturação.

Essas definições destacam aspectos essenciais do processo de aprendizagem: (1) a influência das diferenças individuais de natureza cognitiva, emocional e motora nos resultados da aprendizagem; (2) a classificação da aprendizagem como processo psicológico básico; (3) a relação da aprendizagem com a experiência e sua independência das fases de maturação dos indivíduos; (4) a natureza relativamente duradoura do aprendizado;

e (5) sua relação com mudanças cognitivas, comportamentais e atitudinais. Todavia, essas definições enfatizam o processo em nível do indivíduo, e não destacam os fatores contextuais em nível da sociedade, da família, do grupo, da organização e dos próprios contextos de aprendizagem (Coelho Junior & Borges-Andrade, 2008; Loiola & Rocha, 2002). Não incorporam também preocupações sócio-históricas, nem dialogam com abordagens da psicologia social (Tomasello, 2003).

Em uma tentativa de superar essas críticas, define-se aprendizagem como um processo psicológico básico, amplo e complexo, relacionado a fatores intra e interpsíquicos, sociais e culturais. Considerando-se esses fatores, pode-se afirmar que os processos de aprendizagem individual são fortemente influenciados tanto por características internas dos aprendizes quanto por fatores externos a eles.

Aprendizagem individual envolve os seguintes processos: aquisição (atenção, percepção e codificação), retenção, recuperação, aplicação, generalização e transferência para ambientes diferentes aos de aprendizagem dos conhecimentos e habilidades adquiridos (Coelho Junior & Borges-Andrade, 2008; Pantoja & Borges-Andrade, 2004). Cada processo tem as seguintes funções: (1) a aquisição compreende a capacidade de assimilar e apreender conhecimentos, habilidades e atitudes; (2) a retenção compreende a guarda na memória de longa duração dos conteúdos assimilados; (3) a recuperação de conhecimentos é a atividade que permite a sua reutilização sempre que necessário; (4) a generalização é caracterizada pelo grau em que os conhecimentos, habilidades e atitudes aprendidas são transferidos a outros contextos; e, por fim, (5) a transferência de conhecimentos inclui a retenção e a generalização, e estende-se a atividades não equivalentes às anteriormente desempenhadas, ou diferentes daquelas vivenciadas no processo de aprendizagem (Abbad *et al.*, 2013; Abbad & Borges-Andrade, 2004; Zerbini, 2007).

Em resumo, a aprendizagem individual consiste essencialmente na reafirmação ou mudança de conhecimentos, habilidades, crenças e atitudes nos indivíduos, podendo ou não se refletir nos comportamentos ou práticas perceptíveis. Realiza-se por meio dos processos de aquisição, retenção, recuperação, generalização e transferência. Essa descrição engloba tanto os conhecimentos explícitos, facilmente passíveis de articulação, sistematização e codificação, quanto os tácitos, de natureza implícita, oriundos de experiência, prática e observação (Nonaka & Takeuchi, 1997). Também se associa a diferentes tipos de aprendizagem. Ao longo da vida, os indivíduos aprendem formal e informalmente. Essas modalidades de aprendizagem transcorrem em paralelo, isto é, os indivíduos aprendem, concorrentemente, tanto de forma estruturada (formal) quanto espontânea (informal).

A aprendizagem informal frequentemente ocorre em contextos de socialização (social, familiar, grupal e organizacional), sendo organizada e controlada pelo aprendiz. Verifica-se tanto em atividades práticas quanto na interação interpessoal, visto ser decorrente da "observação, conversas informais e/ou formais em reuniões e encontros, consulta em fontes de informação diversas" (Zerbini, 2007, p. 6). Além disso, não está vinculada a um tutor, não demandando planejamento prévio. Sua aplicabilidade e transferência são imediatas, não havendo também controle de um ator externo ao indivíduo para vigiar o que é aprendido (Coelho Junior & Borges-Andrade, 2008; Pantoja & Borges-Andrade, 2004).

A aprendizagem formal, ao contrário, é planejada, sistematizada e estruturada para um determinado fim, em termos de aquisição e aplicação do aprendizado. Em virtude da subordinação a objetivos previamente definidos com base em necessidades individuais, grupais e organizacionais, respalda-se em métodos, técnicas e estratégias deliberadamente planejadas para suscitar mudanças de ideias, conhecimentos, valores, atitudes e comportamentos.

Em síntese, esta seção teve como objetivo apresentar uma perspectiva histórica das teorias da aprendizagem, discutir o conceito de aprendizagem, apresentar as principais abordagens teóricas e classificar os dois principais tipos de aprendizagem: a formal e a informal. A última seção deste capítulo dedica-se a propor uma articulação entre os dois principais conceitos de abordagem de interesse para este livro: emoções e aprendizagem.

Articulando emoções e aprendizagem

A associação entre emoções e aprendizagem não é de todo uma novidade, tendo sido destacada no século XIX por Wundt (1832-1920) e por educadores inovadores, como Maria Montessori (1870-1952) (Hascher, 2010).

Muitos fatores podem influenciar as emoções dos aprendizes. O primeiro deles é o relacionado às suas características pessoais. Todavia, outras variáveis também concorrem na explicação dos afetos envolvidos na aprendizagem com repercussões nos resultados obtidos. A família, a relação com os pares, professores, o método e o tipo de tarefa podem ser incluídos nesse grupo de fatores. Estudos empíricos sinalizam que 33% dos episódios emocionais de forte intensidade e de grande frequência estão relacionados às interações com professores e 26%, aos assuntos focos de aprendizagem (Hascher, 2007).

Três perspectivas de entender a experiência emocional do aprendiz são relevantes para os estudos de aprendizagem. A primeira é a do núcleo do afeto, que se refere aos estados de humores que predominam nos processos de aprendizagem. A segunda é a dos episódios emocionais, que se referem a momentos específicos do processo de aprendizagem dominado por sentimentos despertados pelas experiências de sucesso ou insucesso. A terceira é a das tendências afetivas, que estão relacionadas aos traços individuais que definem a atitude para com a aprendizagem (Schutz, Aultman & Williams-Johnson, 2009).

Há uma forte crença de que o humor positivo possui efeitos positivos na aprendizagem, ao passo que o humor negativo teria más consequências para a aprendizagem. Entretanto, os estudos não são conclusivos sobre isto, sinalizando haver variáveis mediadoras nessa relação, como a natureza da tarefa, a motivação e o sucesso na realização da tarefa (Edlinger & Hascher, 2008, como citado por Hascher, 2010, p. 18). Há estudos empíricos que sinalizam que emoções positivas facilitam a realização de tarefas que exigem criatividade e fantasia (Fredrickson, 2001).

O grande problema das emoções negativas é que elas tendem a dominar a mente do aprendiz, levando-o a se concentrar mais nos seus sentimentos internos do que na tarefa, o que bloqueia a aprendizagem. Isso está em sintonia com o que se discute na literatura de estratégias de *coping*, em que se diferenciam estratégias com foco no problema daquelas com foco na emoção (Lazarus, 1991; Ortony, Clore & Collins, 1988). A ansiedade, por exemplo, tem impactos negativos na aprendizagem quando ela ameaça o eu. São ameaçadoras ao eu aquelas situações de risco para a autoimagem do domínio de competências pessoais, principalmente no caso de receio da avaliação de colegas e de professores.

No entanto, existem estudos que sinalizam que a ansiedade ou certa dose de estresse não é de todo prejudicial ao processo de aprendizagem. Estudo experimental realizado por Nielson e Lorber (2009) testou os efeitos da estimulação (indução de estresse) após a aprendizagem na capacidade de retenção do aprendido, concluindo que o estresse pós-aprendizagem potencializa a retenção na memória de qualquer tipo de aprendizagem (palavras de conteúdo emocional ou neutras). Parece que a resposta hormonal ao estresse que ocorre após a aprendizagem modula a memória.

Outro resultado desse mesmo estudo, e de grande interesse para a articulação entre emoção e aprendizagem, foi que aprendizes que fazem uso de estratégias de regulação emocional de supressão (suprimir a emoção) se beneficiam mais da retenção pós-aprendizagem induzida por estresse do que os que fazem uso de estratégias de reavaliação cognitiva. A explicação para esse resultado foi que a reavaliação (mudar o sentimento interno) neutraliza o impacto emocional, diminuindo o nível de estresse, ao contrário da supressão, que aumenta o estresse. Ou seja, a supressão envolve um gasto emocional e cognitivo na tentativa de não expressar uma emoção sentida, o que está associado a um aumento de estresse, ao passo que a reavaliação é considerada uma estratégia mais adaptativa, que envolve uma elaboração cognitiva do estímulo eliciador da emoção, visando a atenuar o seu impacto.

Certamente isto não significa que devemos estimular a supressão de emoções para potencializar a retenção na memória do que foi aprendido, mas tão só levar em consideração que ela não prejudica o aprendizado em tarefas cuja ativação emocional seja importante. Em caso contrário, ou seja, que a ativação emocional pode trazer prejuízos à aprendizagem, os estudantes que fazem uso de estratégias de reavaliação se beneficiam mais, porque neutralizam o impacto emocional.

Aspectos cognitivos também medeiam a influência do humor nos resultados da aprendizagem. A habilidade pessoal, por exemplo, não é tão susceptível ao estado de humor na aprendizagem, porque o aprendiz pode ter maior controle do processo.

Estudos têm sido conduzidos no sentido de explorar o impacto das variáveis individuais na aprendizagem. Uma pesquisa desenvolvida por De la Fuente e Cardelle-Elawar (2009) para testar o efeito do estilo de aprendizagem emoção-ação e dos hábitos de estudos no desempenho acadêmico de estudantes de nível superior concluiu a favor da predição desse estilo de aprendizagem no desempenho. Também foram encontradas altas correlações entre o tipo A de personalidade[1] e bons hábitos de estudo (sistematicidade e prática de exercícios) com impactos positivos nos escores de desempenhos acadêmicos.

O estilo emoção-ação é definido por De la Fuente (2008) como uma forma de agir em situações de aprendizagem que se caracteriza pela articulação de traços de personalidade do tipo A com processos afetivo-motivacionais. Na prática, o estilo emoção-ação de aprendizagem se caracteriza por manifestações comportamentais de hiperatividade; predomínio de impaciência e agressividade; forte motivação para a realização, ambição e orientação para o sucesso; e forte necessidade de manter controle pessoal do ambiente de aprendizagem (Friedman & Rosenman, 1976). Esse estilo de aprendizagem se contraporia ao estilo emoção-ação Tipo B, que teria indicadores baixos nos mesmos componentes do estilo Tipo A. De la Fuente e Cardelle-Elawar (2009) concluíram que estudantes do Tipo A, estilo emoção-ação (porém com baixos níveis de impaciência e hostilidade), desenvolvem melhores hábitos de estudo (por exemplo, regularidade no tempo de estudo e práticas sistemáticas) e possuem elevado desempenho acadêmico.

Apesar de os estudos sobre as diferenças individuais dos aprendizes serem mais comuns na literatura que articula emoções e aprendizagem, análises sobre essas relações também tiveram lugar no campo das organizações de trabalho (Fineman, 2003; Mutti, 2008; Shipton & Sillince, 2012; Zhao, 2011). O trabalho de Zhao sobre a aprendizagem a partir dos erros corrobora evidências anteriores de que nem sempre as emoções

1 Personalidade do tipo A foi inicialmente descrita por Friedman e Rosenman em 1959 e pode ser definida como um padrão de comportamentos de hostilidade, competitividade, impaciência, pressa, desassossego e um elevado nível de alerta acompanhado de tensão muscular.

negativas são prejudiciais à aprendizagem e à motivação para aprender, e muitas vezes convivem com emoções positivas. O erro é considerado um evento emocional e o estudo de Zhao explorou a influência do medo, da culpa e da tristeza sobre a aprendizagem com os erros.

Diversos autores (como Argyris, 1993; Ortony *et al.*, 1988) já haviam reconhecido a importância do erro para a aprendizagem evidenciada também pelo desenvolvimento de uma medida para avaliar como as pessoas respondem e lidam com os erros (Rybowiak, Garst, Frese, & Batinic, 1999). É digno de nota que as respostas aos erros entre trabalhadores estão muito relacionadas à crença na intolerância por parte dos gestores ou supervisores imediatos.

Erro é definido como decisões individuais e comportamentos que provocam resultados indesejáveis entre o esperado e o alcançado, com impactos negativos para terceiros e para a organização. Dois exemplos ajudam a ilustrar o conceito: trocar, por equívoco, um pedido de um cliente do restaurante e confundir a prescrição do médico a um paciente, dando-lhe outro medicamento. A aprendizagem com erros é definida como o processo de reconhecer o erro cometido, buscar a origem do erro, desenvolver conhecimento que relacione a ação que levou ao erro e a suas consequências, e usar esse conhecimento para aperfeiçoar a tomada de decisão e o comportamento futuro (Duncan & Weiss,1979).

As principais conclusões do estudo de Zhao (2012) indicam que baixos níveis de emotividade negativa podem aumentar a motivação para aprender. Funcionam como um sinal de alerta para empreender ações que visem a resolver o *gap* de aprendizagem por meio de estratégia focada na solução do problema (Schwarz, 1990). Outra conclusão de relevância prática para ambientes de trabalho é que gestores percebidos como intolerantes para com os erros geram nos trabalhadores sentimentos de culpa e tristeza, porém não de medo. Como a tristeza (desapontamento) e a culpa (sentimento de que poderia ter sido diferente) estão associadas à motivação para aprender (Izard, 1992), pode-se inferir que a intolerância para com erros não é de todo negativa.

É importante ter claro que, embora tenha sido enfatizada nesta seção a articulação entre emoção e aprendizagem do ponto de vista das diferenças individuais, o contexto assume relevância para aprofundar essas relações. A Teoria do Fluxo desenvolvida por Csikszentmihalyi (1996) é um exemplo da importância da articulação entre aspectos individuais e contextuais. O referido autor define fluxo como um estado emocional de curta duração e de alta ativação, caracterizado pela clareza de metas, intensa concentração e percepção de total controle da atividade que está sendo realizada. Esse estado de fluxo é ativado quando se desempenham atividades prazerosas e excitantes. Na atividade docente também é comum que professores motivados relatem ter novos *insights* ao ministrarem uma aula ou uma palestra, dada a fluidez com que o pensamento e o raciocínio ocorrem no momento em que estão exercendo a atividade. Em outras palavras, se queremos aumentar as possibilidades de aprendizado, é necessário que se crie um ambiente favorável à ativação desse estado de fluxo no aprendiz. Os principais fatores para atingir tal estado são: (1) oferecer metas claras e atingíveis e *feedbacks* contínuos no processo de desenvolvimento da atividade; (2) permitir que a pessoa tenha controle do processo, ao reconhecer que suas habilidades e potencialidades estão sendo mobilizadas para o exercício da atividade; (3) minimizar os fatores de distração, de modo que haja intensa concentração no que se está fazendo, o que repercute na percepção subjetiva do tempo e na sensação de perda temporária dos limites do eu (ápice do estado de fluxo); e (4) identificar as situações potenciais capazes de provocar na pessoa esse estado de fluxo.

Em resumo, estratégias focadas no aumento da motivação do aprendiz ajudam a potencializar estados afetivos positivos favoráveis à aprendizagem. No entanto, é preciso considerar que estados emocionais negativos, como a ansiedade, a culpa, a frustração e a tristeza em doses baixas, não são prejudiciais para a aprendizagem, pois funcionam como ativadores de maior investimento motivacional para atividades compensatórias visando a atender à autoimagem e às expectativas de professores e gestores com os quais se mantém uma boa interação.

Há ambientes favoráveis e desfavoráveis à aprendizagem. Apesar de o ambiente estar relacionado a aspectos físicos e estruturais, é de grande importância a qualidade das relações entre aprendizes e professores, entre lideranças e os membros de suas equipes, e entre os próprios aprendizes

(Miranda, 1999). Neste sentido, professores e educadores devem ter claro a sua responsabilidade na construção de ambientes favoráveis à aprendizagem, que envolvem a observância de aspectos emocionais.

Avançando na articulação entre emoções e aprendizagem

Nesta última seção, destacamos cinco aspectos da articulação entre emoções e aprendizagem que se mostram relevantes para os objetivos deste livro.

O primeiro aspecto tem sua base na perspectiva evolucionista. Em sua obra *A expressão das emoções nos homens e nos animais*, Darwin (1859/2009) oferece um enquadre para entender as relações entre emoções e aprendizagem. Três princípios orientam a compreensão das expressões emocionais para Darwin: o primeiro é o dos hábitos úteis associados, o segundo é o da antítese e o terceiro, o da ação direta do sistema nervoso. As expressões emocionais se desenvolvem inicialmente por aprendizagem para depois converterem-se em um traço herdado e transmitido geneticamente (princípio dos hábitos úteis). As expressões emocionais faciais são opostas para qualidades distintas. A expressão da tristeza (lábios fechados) é distinta da alegria (lábios abertos) (princípio da antítese).

Em suma, a expressão emocional facial é universal, porque, mediante um processo de aprendizagem da espécie, manifesta-se geneticamente, cumprindo uma função adaptativa ao ativar o sistema nervoso e produzir uma resposta emocional. Ao admitir haver aprendizagem nas expressões emocionais, abre-se a possibilidade de se conceber a interação entre cultura e biologia, já incorporada pelos psicólogos evolucionistas contemporâneos que estudam emoções como Keltner e Ekman (2003). Ou seja, padrões culturais são aprendidos e, se atendem a funções adaptativas, são incorporados pela espécie e transmitidos às novas gerações via padrões universais de comportamento.

O segundo aspecto se refere aos aspectos motivacionais. Dada as estreitas relações de implicação entre motivação e emoção, não se pode desconsiderar que a motivação para aprender, as metas de realização e os estilos motivacionais de professores, alunos, gestores e trabalhadores repercutem de modo significativo no tipo e na qualidade do aprendizado obtido (Bueno, Zenorini, Santos, Matumoto, & Buchatsky, 2007; Bzuneck & Guimarães, 2007; Gouveia, Diniz, Santos, Gouveia, & Cavalcante, 2008).

O terceiro aspecto se refere aos desafios emocionais da contemporaneidade no que tange à aprendizagem. Experimenta-se um crescente sentimento de desconforto de que estamos cada vez mais aprendendo menos em uma era em que as sociedades se defrontam com novas demandas de aprendizagens, em quantidade e qualidade, nunca antes vistas, de acordo com Ignacio Pozo (2002). Ou seja, a humanidade se defronta com demandas de mais aprendizado (produto) e, consequentemente, mais aprendizagens (processo) são requeridas. Não somente muda culturalmente o que se aprende, mas também a forma como se aprende. O desafio então é lidar com a ansiedade crescente que cerca a aquisição de novos conhecimentos na atualidade. Não basta somente dominar técnicas mais avançadas de pedagogia nas escolas e no ambiente de trabalho, visando a preparar para as exigências do mundo do trabalho e da vida em sociedade. Torna-se necessário desenvolver competências emocionais que permitem maior controle pessoal dos processos de aprendizagem.

O quarto aspecto se refere às relações entre identidade grupal, emoções intergrupais e aprendizagem de comportamentos pró-sociais ou contraprodutivos. A identidade grupal estimula o compartilhamento das emoções intragrupo e em consequência ativa comportamentos sociais aprendidos (Smith, Seger, & Mackie, 2007). Educadores e gestores necessitam estar atentos para o fato de que a identificação com grupos (da escola e do trabalho) ativa emoções que podem levar à pressão para a conformidade, fazendo com que aqueles pertencentes aos mesmos grupos aprendam a se comportar de modo semelhante e a reagir emocionalmente de modo semelhante. Embora as explicações dos preconceitos, estereótipos e discriminação sejam mais complexas, pode-se afirmar que muitos preconceitos (emoções negativas para com outros grupos) e discriminação para com outras pessoas fora do grupo decorrem de processos de aprendizagem social, em que as emoções têm um relevante papel. Estudos qualitativos e quantitativos realizados na Alemanha confirmam que a forte identificação nacional está negativamente associada aos sentimentos de culpa ou de vergonha coletivas (Páez *et al.*, 2006; Rensman, 2004). É preciso ter em conta, todavia, que a forte identificação com um grupo social pode levar à aprendizagem de comportamentos pró-sociais como os de solidariedade e de responsabilidade ambiental e social, do mesmo modo que para agir de forma discriminatória, segregacionista e contraprodutiva (Fiske, Cuddy, Glick, & Xu, 2002; Fridja, 1986; Smith, 1993).

O quinto e último aspecto diz respeito aos valores. As emoções estão na base dos valores prevalentes na sociedade (Shweder & Haidt, 2000) e expressam a diversidade cultural e o pluralismo de visões de mundo, e auxiliam no controle do comportamento mútuo de seus membros. Emoções não são apenas manifestações fisiológicas, mas também atos de significado. A vergonha e a culpa, por exemplo, ajudam na aprendizagem de comportamentos de civilidade, lealdade e responsabilidade social. É por isto que as emoções, ao contrário de nos igualar aos outros animais, nos diferenciam deles, porque as emoções estão fortemente presentes na construção e estruturação de uma ética social (Gondim & Álvaro, 2010).

Implicações práticas

Estudos sinalizam que a capacidade de se divertir na escola decresce com o tempo (Pekrun, Gietz, Titz, & Perry, 2002). De um lado, sinalizam a incapacidade de a escola fazer uso mais adequado de emoções positivas para potencializar a aprendizagem. De outro, ela criaria o terreno propício para o desenvolvimento de atitudes negativas do aprendiz para com a aprendizagem, que repercutirão negativamente nos futuros processos de aprendizagem para o trabalho e para os estudos de nível superior.

Outra implicação para a prática educativa de docentes é a de haver evidências empíricas de que professores que se divertem ao ensinar são mais criativos e oferecem mais suporte aos seus alunos que aqueles que não estão fortemente vinculados positivamente com a atividade de ensinar (Pekrun *et al.*, 2002).

As evidências empíricas sobre as relações entre hábitos de estudo e desempenho acadêmico apontam que escolas e professores que desenvolverem hábitos de estudos nos alunos produzirão impactos na motivação para aprender. O desenvolvimento de hábitos de estudo aumenta o autocontrole sobre o processo de aprendizagem com repercussões nas metas de desempenho. O conhecimento dos estilos de aprendizagem de seus alunos oportuniza maior controle do docente na eleição de estratégias de ensino que possam ser mais efetivas. Por exemplo, estudantes com estilo de aprendizagem emoção-ação do tipo B necessitam de estratégias que melhorem suas metas de aprendizagem e, portanto, poderão se beneficiar mais daqueles estímulos que fazem crescer suas emoções positivas.

Pessoas do tipo A que tenham indicadores elevados de hostilidade e impaciência demandarão o uso de estratégias que diminuam suas emoções negativas decorrentes de sua preocupação excessiva com as metas de aprendizagem. Aprendizes que se situam em níveis medianos, nem Tipo A puro, nem Tipo B puro, demandarão estratégias de melhoria de seus níveis de competitividade, visando aumentar suas metas de aprendizagem.

Por último, destacamos que os resultados dos estudos de Zhao (2012) alertam para o fato de gestores se manterem atentos aos sinais que transmitem aos trabalhadores sob sua responsabilidade, visto que suas atitudes e crenças sobre os erros repercutem na capacidade de aproveitamento das falhas e dos equívocos como oportunidades de aprendizagem. Isto inclui o compromisso em difundir uma cultura que considere o erro como parte do aprendizado na escola e no trabalho. A despeito dos sentimentos negativos gerados pelo erro, ele pode ser interpretado como um desafio a ser superado, ativando a motivação para a aprendizagem.

Referências

Abbad, G., & Borges-Andrade, J. E. (2004). Aprendizagem humana em organizações e trabalho. In J. C. Zanelli, J. E. Borges-Andrade & A. V. B. Bastos (Orgs.), *Psicologia, organizações e trabalho no Brasil* (pp. 237--275). Porto Alegre: Artmed.

Abbad, G. S., Loiola, E., Zerbini, T., & Borges-Andrade, J. (2013). Aprendizagem em organizações e no trabalho. In L. de Oliveira

Borges & L. Mourão (Orgs.), *O trabalho e as organizações – atuações a partir da psicologia* (1a ed.,Vol. 1, pp. 497-527). Porto Alegre: Artmed.

Algoe, S. B., Buswell, B. N., & Delamater, J. D. (2000). Gender and job status as contextual cues for the interpretation of facial expression of emotion. In I. H. Frieze (Ed.), *Sex roles: A journal of research* (pp. 1-19).

Argyris, C. (1993). *Knowledge for action: A guide to overcoming barriers to organizational change*. San Francisco: Jossey Bass.

Bueno, J. M. H., Zenorini, R. P. C., Santos, A. A. A., Matumoto, A.Y., & Buchatsky, J. (2007). Investigação das propriedades psicométricas de uma escala de metas de realização. *Estudos de Psicologia, 24*(1), 179-187.

Bzuneck, J. A., & Guimarães, S. É. R. (2007). Estilos de professores na promoção da motivação intrínseca: Reformulação e validação de instrumento. *Psicologia: Teoria e Pesquisa, 23*(4), 415-421.

Calhoun, C., & Solomon, R. S. (1984). *What is an emotion? Classic readings in philosophical psychology*. New York: Oxford University Press Inc.

Carroll, J. M., & Russell, J. A. (1996). Do facial expressions signal specific emotions? Judging emotion from the face in context. *Journal of Personality and Social Psychology, 70*(2), 205-218.

Coelho Junior, F. A., & Borges-Andrade, J. E. (2008). Uso do conceito de aprendizagem em estudos relacionados ao trabalho em organizações. *Paideia, 18*, pp. 221-234. Universidade de São Paulo, Ribeirão Preto.

Conner, M. (1995) *Learning: The critical technology*. Recuperado em março de 2013, de http://marciaconner.com/resources/andragogy-pedagogy

Csikszentmihalyi, M. (1996). *Creativity: Flow and the psychology of discovery and invention*. New York: Harper Collins.

Damásio, A. (1996). *O erro de Descartes. Emoção, razão e cérebro humano*. São Paulo: Companhia das Letras.

Darwin, C. (2009). *A origem das espécies por meio da seleção natural ou preservação das raças favorecidas na luta pela vida*. São Paulo: Editorial Escala. (Trabalho original publicado em 1859)

De la Fuente, J. (2008). Action-emotion style as a characteristic of achievement motivation in University students. In I. A. Valle, J. C. Nuñez, R. González-Cabanach, J. A. González-Pienda & S. Rodríguez (Eds.), *Handbook of instructional resources and their applications in the classroom* (pp. 297-310). New York: Nova Science Publisher.

De la Fuente, J., & Cardelle-Elawar, M. (2009). Research on action--emotion style and study habits: Effects of individual differences on learning and academic performance of undergraduate students. *Learning and Individual Differences, 29*, 567-576.

Dixon, T. (2012). Emotion: The history of a keyword in crisis. *Emotion Review, 4*(4) 338-344.

Duncan, R., & Weiss, A. (1979). Organizational learning: Implications for organizational design. In B. M. Staw (Ed.), *Research in organizational behavior* (Vol. 1, pp. 75-123). Greenwich, CT: JAI Press.

Ekman, P. (1992). Are these basic emotions? *Psychological Review, 99*, 550-553.

Ekman, P., & Friesen, W. V. (1971). Constants across cultures in the face and emotion. *Journal of Social and Personality Psychology, 17*(2), 124-129.

Etxebarria, I. (2010). Las emociones autoconscientes: Culpa, vergüenza y orgullo. In E. G. Fernández-Abascal, B. G. Rodríguez, M. P. J. Sánchez, M. D. Díaz & F. J. D. Sánchez (Eds.), *Psicología de la emoción* (pp. 431-453). Madrid: Editorial Universitária Ramon Areces.

Evans, D. (2001). *Emotion. A very short introduction*. New York: Oxford.

Fernández-Abascal, E. G., & Sánchez, M. P. J. (2010). Psicología de la emoción. In E. G. Fernández-Abascal, B. G. Rodríguez, M. P. J. Sánchez, M. D. Díaz & F. J. D. Sánchez (Eds.), *Psicología de la emoción* (pp. 17-74). Madrid: Editorial Centro de Estudos Ramón Areces S.A.

Fineman, S. (1997). Emotion and management learning. *Management Learning, 28*(1), 13-25.

Fineman, S. (2003). Emotionalizing organizational learning. In M. Easterby-Smith & M. A. Lyles (Eds.), *The Blackwell handbook of organizational learning and knowledge management* (pp. 557-574). Oxford, UK: Blackwell.

Fiske, S. T., Cuddy, A. J. C., Glick, P., & Xu, J. (2002). A model of (often mixed) stereotype content: Competence and warmth respectively follow from perceived status and competition. *Journal of Personality and Social Psychology, 82*(6), 878-902.

Forgas, J. P., & George, J. M. (2001). Affective influences on judgments and behavior in organizations: An information processing perspective. *Organizational Behavior and Human Decisions Processes, 86*(1), 3-34.

Fredrickson, B. L. (2001). The role of positive emotions in positive psychology. *American Psychologist, 56*(3), 218-226.

Fridja, N. H. (1969). Recognition of emotion. In L. Berkowitz (Ed.), *Advances in Experimental Social Psychology, 4*, 167-223.

Fridja, N. H. (1986). *The emotions.* New York: Cambridgee University Press.

Friedman, M., & Rosenman, R. H. (1976). *Type-A behavior and your heart.* Barcelona: Grjalbo.

Gondim, S. M. G., & Álvaro, J. L. (2010). Naturaleza y cultura en el estudio de las emociones. *Revista Española de Sociología, 13*, 31-47.

Gondim, S. M. G., & Siqueira, M. M. M. (2014). Emoções e afetos no trabalho. In J. C. Zanelli, J. Borges-Andrade & A.V. Bastos (Orgs.), *Psicologia, organizações e trabalho no Brasil* (2a. ed, p. 285-315). São Paulo: Artmed.

Gouveia, V., Diniz, P. K. C., Santos, V. S., Gouveia, S. R. V., &, Cavalcante, J. C. N. (2008). Metas de realização entre estudantes do ensino médio: Evidências de validade fatorial e consistência interna de uma medida. *Psicologia: Teoria e Pesquisa, 24*(4), 535-544.

Gray, E., & Watson, D. (2001). Emotion, mood, and temperament: Similarities, differences and a synthesis. In R. L. Payne & C. L. Cooper (Orgs.), *Emotions at work. Theory, research and applications for management* (pp. 21-44). Chichester: John Wiley & Sons Ltd.

Guthrie, E. R. (1930). Conditioning as a principle of learning. *Psychological Review, 37*, 412-428.

Hascher, T. (2007). Exploring students' well-being by taking a variety of looks into the classroom. *Helenic Journal of Psychology, 4*, 331-349.

Hascher, T. (2010), Learning and emotion: Perspectives for theory and research. *European Educational Research Journal, 9*(1), 13-28.

Hoffman, M. L. (1992). Development of prosocial motivation: Empathy and guilt. In N. Eisenberg-Berg (Ed.), *The development of prosocial behavior* (pp. 281-313). New York: Academic Press.

Hull, C. L. (1935). The conflicting psychologies of learning – A way out. *Psycological Review, 42*, 491-516. Recuperado em 3 de setembro de 2013, de http://psychcentral.com/classics/Hull/Conflict/

Izard, C. E. (1992). Basic emotions, relations among emotions and emotion-cognition relations. *Psychological Review, 99*, 361-365.

Izard, C. E. (2009). Emotion theory and research: Highlights, unanswered questions, and emerging issues. *Annual Review of Psychology, 60*, 1-25.

Izard, C. E. (2010). The many meanings/aspects of emotion: Definitions, functions, activation, and regulation. *Emotion Review, 2*(4), 363-370.

James, W. (1884). What is an emotion? *Mind, 9*, 188-205.

Keltner, D., & Ekman, P. (2003). Introduction: Expression of emotion. In R. J. Davidson, K. R. Scherer & H. H. Goldsmith (Eds.), *Handbook of affective sciences* (pp. 411- 414). New York: Oxford University Press.

Kemper, T. D. (1978). *A social interactional theory of emotions*. New York: John Wiley & Sons.

Kunter, M., Tais, Y. M., Klusmann, U., Brunner, M., Krauss, S., & Baumert, J. (2009). Students' and mathematics teachers' perception of teacher enthusiasm and instruction. *Learning and Instruction, 18*, 468-482.

Lazarus, R. S. (1966). *Psychological stress and coping process*. New York: McGraw-Hill.

Lazarus, R. S. (1991). *Emotion and adaptation*. New York: Oxford University Press

Lewis, M. (2000). Self-conscious emotions: Embarrassment, pride, shame, and guilt. In M. Lewis & J. M. Haviland-Jones (Eds.), *Handbook of emotions* (pp. 623-636). New York: The Guilford Press.

Lima, L. O. (1980). *Conceitos fundamentais de Piaget* (vocabulário). Rio de Janeiro: Mobral.

Loiola, E., & Bastos, A. V. (2003). A produção acadêmica sobre aprendizagem organizacional no Brasil. *Revista de Administração Contemporânea,* 7(3), 181-201.

Loiola, E., & Rocha, M. C. F. (2002). *Aprendizagem no processo de seleção de ferramenta CASE para o estado da Bahia.* Anais Encontro Nacional de Programas de Pós-graduação em Administração (Enanpad), Salvador, Bahia.

Mackie, D. M., Devos, T., & Smith, E. R. (2000). Intergroup emotions: Explaining offensive action tendencies in an intergroup context. *Journal of Personality and Social Psychology, 79*, 602-616.

Mascolo, M. F., & Fischer, K. W. (1995). Developmental transformations in appraisals for pride, shame, and guilt. In J. P. Tangney & K. W. Fischer (Eds.), *Self-conscious emotions: The psychology of shame, guilt, embarrassment, and pride* (pp. 64-113). New York: The Guilford Press.

Mesquita, B. (2003). Emotions as dynamic cultural phenomena. In R. J. Davidson, K. R. Scherer & H. H. Goldsmith (Eds.), *Handbook of affective sciences* (pp. 871-890). Oxford, UK: Oxford University Press.

Miranda, T. G. (1999). A linguagem e o pensamento na elaboração conceitual. *Revista de Educação e Cultura, 1*(1), 147-166.

Mutti, C. (2008). *Emoções e aprendizagem em um curso para o desenvolvimento de competências empreendedoras.* Dissertação de mestrado, Programa de Pós-Graduação em Psicologia, UFBA, Salvador.

Nielson, K. A., & Lorber, W. (2009). Enhanced post-learning memory consolidation is influenced by arousal predisposition and emotion regulation but not by stimulus valence or arousal. *Neurobiology of learning and memory, 92*, 70-79.

Nonaka, I., & Takeuchi, H. (1997). *Criação de conhecimento na empresa: Como as empresas japonesas geram a dinâmica da inovação* (18a ed.). Rio de Janeiro: Elsevier.

Ortony, A., Clore, G. L., & Collins, A. (1988). *The cognitive structure of the emotions*. Cambridge, UK: Cambridge University Press.

Páez, D., Marques, J., Valencia, J., & Vincze, O. (2006). Dealing with collective shame and guilt. *Psicología Política, 32*, 59-78.

Pantoja, M. J., & Borges-Andrade, J. E. (2004). Contribuições teóricas e metodológicas da abordagem multinível para o estudo da aprendizagem e sua transferência nas organizações. *Revista de Administração Contemporânea, 8*(4), 115-138.

Parkinson, B., Fischer, A. H., & Manstead, A. S. R. (2005). *Emotion in social relations. Cultural, group, and interpersonal processes*. New York: Psychology Press.

Pekrun, R., Gietz, T., Titz, W., & Perry, R. P. (2002). Academic Emotions in students' self-regulated learning and achievement: A program of qualitative and quantitative research. *Educational Psychologist, 37*(2), 91-105.

Piaget, J. (1964). *Six psychological studies.* New York: Vintage.

Piaget, J. (1979). *Introducción a la epistemología genética.* Buenos Aires: Paidós. (Trabalho original publicado em 1950)

Plutichik, R. (1980). Emotions: A general psychoevolucionary theory. In K. R. Scherer & P. Ekman (Eds.). *Approaches to emotion*. Hillsdale, CA: Lawrence Erlbaum Associates.

Pozo, J. I. (2002). Aprendizes e mestres: A nova cultura da aprendizagem. Porto Alegre: Artmed.

Rensman, L. (2004). Collective guilt, national identity, and political process in contemporary Germany. In N. R. Branscombe, N. R. & B. Doosje (Eds.), *Collective guilt: International perspectives*. Cambridge, UK: Cambridge University Press.

Rybowiak, V., Garst, H., Frese, M., & Batinic, B. (1999). Error orientation questionnaire (EOQ): Reliability, validity, and different language equivalence. *Journal of Applied Psychology, 85*, 399-406.

Saviani, D. (1983). Tendências e correntes da educação brasileira. In D. T. Mendes (Org.), *Filosofia da educação brasileira* (pp. 19-47). Rio de Janeiro: Civilização Brasileira.

Schutz, P. A., Aultman, L. P., & Williams-Johnson, M. R. (2009). Educational psychology perspectives on teachers' emotions. In P. A. Schutz & M. Zembylas (Eds.), *Advances in teacher emotion research: The impact on teacher's lives*. New York: Springer.

Schwarz, N. (1990). Feelings as information: Informational and motivational functions of affective states. In E. T. Higgins & R. M. Sorretineo (Eds.), *Handbook of motivation and cognition: Foundations of social behavior* (Vol. 2, pp. 527-561). New York: Guildorf Press.

Shipton, H., & Sillince, J. (2012). Organizational learning and emotion: Constructing collective meaning in support of strategic themes. *Management Learning,* 1-18.

Shweder, R. A., & Haidt, J. (2000). The cultural psychology of emotions: Ancient and new. In M. Lewis & J. M. Haviland-Jones (Eds.), *Handbook of Emotions, 2*(379-414), New York: Guilford Press.

Smith, E. R. (1993). Social identity and social emotions: Toward new conceptualizations of prejudice. In D. M. Mackie & D. L. Hamilton (Eds.), *Affect, cognition, and stereotyping: Interactive processes in group perception* (pp. 297-315). San Diego, CA: Academic Press.

Smith, E. R., Seger, C. R., & Mackie, D. M. (2007). Can emotions be truly group level? Evidence regarding four conceptual criteria. *Journal of Personality and Social Psychology, 93*(3), 431-446.

Solomon, R. C. (2004). The philosophy of emotions. In M. Lewis & J. M. Haviland-Jones (Eds.), *Handbook of emotions, 2*, 3-16. New York: Guilford Press.

Strongaman, K. T. (1998). *A psicologia da emoção*. Lisboa: Climepsi.

Tolman, E. C. (1948). Cognitive maps in rats and men. *Psychological Review, 55*(4), 189-208. Recuperado em 3 de setembro de 2013, de http://psychclassics.yorku.ca/Tolman/Maps/maps.htm

Tomasello, M. (2003). *Constructing a language: A usage-based theory of language acquisition*. Cambridge, MA: Harvard University Press.

Vygotsky, L. S. (1962). Thought and language. Cambridge, MA: MIT Press.

Zerbini, T. (2007). *Avaliação da transferência de treinamento em curso a distância*. Tese de doutorado, Universidade de Brasília, Brasília.

Zerbini, T., & Abbad, G. S. (2010). Aprendizagem induzida pela instrução em contexto de organizações e trabalho: Análise crítica da literatura. *Cadernos de Psicologia Social do Trabalho (USP), 13*, 177-193.

Zhao, B. (2011). Learning from errors: The role of context, emotion, and personality. *Journal of Organizational Behavior, 32*, 435-463.

CAPÍTULO **2**

Aprendizagem experiencial: articulando cognição e emoções para aprender a trabalhar

Clara Mutti
Fiocruz–RJ

Silvana Alvim
Universidade Federal da Bahia

Elisabeth Loiola
Universidade Federal da Bahia

Sonia Gondim
Universidade Federal da Bahia

Jairo Eduardo Borges-Andrade
Universidade de Brasília

Resumo

Este capítulo tem como objetivo relacionar afetos e cognição na aprendizagem de adultos para o trabalho. A abordagem da aprendizagem experiencial foi escolhida por considerar o papel do afeto na aprendizagem. O capítulo também traz alguns resultados de pesquisa nessa área e exemplifica com um caso prático. A primeira seção aborda a aprendizagem no trabalho, procurando demonstrar a relação entre os fundamentos da aprendizagem de adultos e da aprendizagem experiencial com algumas estratégias de ensino-aprendizagem adotadas pelas organizações, como a tutoria. A segunda seção enfatiza a relação entre afeto e aprendizagem. Nessa seção, é explicado o modelo de aprendizagem experiencial defendido por Jarvis (2006) e são apresentados alguns resultados de estudos sobre a vivência de estados afetivos em contextos de aprendizagem. A terceira seção aborda a aprendizagem do comportamento empreendedor como exemplo da importância do afeto na aprendizagem para o trabalho, utilizando dados de pesquisa e exemplos práticos. Por fim, são apresentadas as considerações finais.

Introdução

A aprendizagem para o trabalho vem se tornando um tema central entre os profissionais e estudiosos que argumentam sobre a necessidade de aprendizagem continuada para se adaptarem às demandas organizacionais e às mudanças da sociedade contemporânea. Certamente, a aprendizagem para o trabalho pode caminhar em paralelo com os processos de socialização primários e secundários, cuja influência da família e da escola torna-se destacada. A divisão de tarefas e a atribuição de responsabilidades no ambiente doméstico ajudam na formação de valores e na transferência de métodos de trabalho que poderão ser futuramente transferidos para contextos organizacionais e profissionais. A criança e o jovem também aprendem a trabalhar mediante a observação das atividades profissionais exercidas por pais e familiares mais próximos. No ensino médio e profissionalizante, ainda é possível identificar a aprendizagem para o trabalho, quer por atividades de sala de aula, quer pelo contato com experiências práticas como parte das atividades pedagógicas escolares.

A discussão sobre aprendizagem no trabalho, adicionalmente, assume cada vez mais importância no contexto das organizações, haja vista a incapacidade de a educação formal acompanhar as necessidades que se fazem presentes mediante a incorporação de novas tecnologias e conhecimentos pelas organizações. Não basta ter uma qualificação para o trabalho, é preciso que o trabalhador engaje-se em novos processos de aprendizagem de modo sistemático e transfira o conteúdo e as habilidades aprendidas para a sua prática cotidiana de trabalho. Mas tais processos de aprendizagem sistemática necessitam estar apoiados em diagnósticos que comparam os conhecimentos e habilidades atuais dos trabalhadores com aqueles que seriam almejados, levando em conta as demandas organizacionais e dos postos de trabalho. O mapeamento das competências organizacionais, profissionais e individuais ajuda nesse diagnóstico e também orienta políticas de treinamento e capacitação profissional para o trabalho.

Dois desafios estão relacionados à aprendizagem no trabalho em contextos organizacionais. O primeiro é o de que se trata de aprendizagem de adultos, ou seja, de aprendizes que já dispõem de um repertório capaz de facilitar ou dificultar novos aprendizados (Ignacio Pozo, 2002) e que possuem estilos diferentes de aprender (Honey & Mumford, 1992). O segundo é o de encontrar uma metodologia de ensino-aprendizagem que viabilize a contento a transferência de aprendizagem para situações concretas de trabalho, que muitas vezes são imprevisíveis. Em virtude de o aprendiz ser adulto, portador de um repertório que inclui conhecimentos e experiências afetivas positivas e negativas de aprendizagem, defende-se o ponto de vista de que a metodologia da aprendizagem experiencial ofereça melhores resultados, por sua força residir na articulação entre ação prática e reflexão sobre a ação, e no *feedback* sobre o desempenho para retroalimentar o ciclo da aprendizagem.

A aprendizagem experiencial ainda não se encontra amplamente divulgada como estratégia no meio organizacional. O que pode ser visto nesse sentido é a utilização de sistemas de tutoria ou de *coaching*; ou a realização de grupos de estudo ou comunidades de aprendizagem, ambos direcionados a uma reflexão sobre a prática. Essas ações mostram-se coerentes com os princípios da aprendizagem experiencial, enfatizando a possibilidade de ação prática e reflexão sobre a ação, além do *feedback*.

Este capítulo tem o objetivo de discutir a aprendizagem experiencial como uma abordagem para a aprendizagem para o trabalho. A primeira seção discorre sobre alguns aspectos da aprendizagem de adultos para, na sequência, descrever a aprendizagem experiencial, buscando demonstrar como esses fundamentos se relacionam com as novas estratégias de ensino-aprendizagem que vêm sendo adotadas em algumas organizações. A segunda seção aborda o modelo de aprendizagem experiencial de Jarvis (2006), que inclui o afeto. A terceira seção apresenta algumas conclusões sobre as articulações entre a aprendizagem experiencial e a aprendizagem no trabalho. Adicionalmente, incluímos um caso de aprendizagem experiencial de treinamento para empreendedores, que poderá servir de exemplo de como essa modalidade de aprendizagem pode ser usada em contextos laborais.

Aprendizagem de adultos e aprendizagem experiencial

Um dos fatores que diferencia a aprendizagem de adultos da aprendizagem infantil é que os primeiros já passaram por uma educação formal e acumularam um conjunto de experiências, que os tornam portadores de um repertório de conhecimentos, habilidades e atitudes. De um lado, esse repertório auxilia a aprendizagem, na medida em que os conhecimentos anteriores podem ser relacionados com o que se aprende, ampliando as redes semânticas mais ativadas e complexas. Por outro, todavia, pode dificultar a aprendizagem, caso o que esteja sendo adquirido vá de encontro à aprendizagem anterior, dificultando a reorganização cognitiva. Em outras palavras, o que será adquirido pode exigir uma reformulação do conhecimento, das formas de fazer e das atitudes e valores incorporados até então, o que nem sempre é fácil colocar em prática (Knowles, 1984; Mezirow, 1996, 1997; Taylor, 2008).

Um dos princípios básicos da aprendizagem de adultos é o de que o aprendiz traz para a situação de aprendizagem sua experiência prévia, o que torna necessário que as estratégias de ensino-aprendizagem conciliem as diferenças individuais de conhecimentos, formas de pensar e agir, objetivos e também identidades pessoais, sociais e profissionais (Boud, 1994; Boud & Walker, 1990; Jarvis, 2006; Knowles, 1984; Rogers, 1969).

As motivações e o foco de interesse são outros elementos importantes na aprendizagem de adultos. Diferentemente das crianças que se engajam em atividades de aprendizagem, muitas vezes estimuladas por pais e professores, os adultos têm uma intencionalidade maior na busca por situações de aprendizagem. Essa intencionalidade, de um lado, assegura uma maior motivação intrínseca, o que aumenta a persistência para seguir adiante no processo mesmo diante de obstáculos. Entretanto, torna o indivíduo bem mais crítico sobre o método de ensino-aprendizagem e os conteúdos a serem aprendidos. Ou seja, o engajamento em ações de aprendizagem depende em parte da convicção do aprendiz potencial de que é necessário fazer algo para melhorar seu desempenho na vida pessoal ou profissional (Jarvis, 2006; Knowles, 1984; Merriam, Cafarela, & Baumgartner, 2007).

No contexto de trabalho, muitas vezes demandas de aprendizagem continuada provêm dos processos organizacionais, com a introdução de novas tecnologias, de estruturas e fluxos internos diferentes e de reorientações estratégicas para com consumidores e outras organizações. Daí a importância do método usado no processo de ensino-aprendizagem e do facilitador ou instrutor para tornar atraente a busca e o engajamento em novas aquisições. A abordagem experiencial pode ser uma ferramenta metodológica útil, uma vez que o adulto, ao dispor de um repertório prévio, aumenta sua exigência por maior instrumentalidade do conhecimento adquirido para que possa ser facilmente aplicado no seu cotidiano de trabalho.

A abordagem experiencial surge na década de 1980 como uma alternativa ao sistema tradicional de ensino, buscando incorporar novos elementos aos modelos teóricos de aprendizagem até então dominantes. Para Kolb (1984), essa abordagem não pretende ser uma alternativa às tradições cognitivista e behaviorista, mas apresentar um modelo mais amplo que inclua aspectos dessas duas abordagens e outros elementos adicionais.

A experiência como ativadora da aprendizagem foi defendida por Dewey (1938). Como estudioso da aprendizagem em contextos educacionais, esse autor defendia que a aprendizagem ocorre naturalmente, de dentro para fora, durante o processo de crescimento e desenvolvimento. Aos educadores caberia ajudar a direcionar essas experiências de aprendizagem de crianças com o objetivo de obter maior proveito pessoal. A aprendizagem experiencial parte da premissa de que a aquisição ocorrerá mediante a experiência pessoal anterior ou intencionalmente criada, como estratégia metodológica.

Entre os primeiros modelos de aprendizagem experiencial encontra-se o de Kolb (1984), o qual vem sendo muito usado. Esse autor define a aprendizagem experiencial como um processo pelo qual o conhecimento é criado via transformação da experiência, seguindo a trilha de outros autores como Jean Piaget (1969/2001), Carl Rogers (1969 como citado por Rogers & Freiberg, 1996) e Carl Gustav Jung (2013). São cinco as principais características da aprendizagem experiencial: (1) deve ser pensada mais como processo contínuo do que como resultado; (2) é fortemente fundamentada na experiência; (3) permite uma melhor adaptação ao mundo; (4) requer a melhoria das relações entre a pessoa e o ambiente; e (5) concebe a resolução de problemas como algo a ser manejado para melhor adaptação ao mundo.

Há dois modos de capturar a experiência. A primeira é via experiência concreta (EC) e a segunda via conceituação abstrata (CA). A primeira seria imediata e a segunda, mediada, haja vista a necessidade de maior elaboração cognitiva. Após capturar a experiência, é preciso mudar essa experiência, e dois outros processos estão aí envolvidos: a observação reflexiva (OR) e a experimentação ativa (EA) (Kolb, 1984). Esses quatro componentes formariam parte de um ciclo de aprendizagem cujo objetivo seria o de propiciar aprendizado que facilitasse a adaptação ao mundo. O ponto de partida do ciclo de aprendizagem seria a experiência concreta (sentir), que, para ser mais bem aproveitada, requer observação reflexiva, gerando ideias e conceitos abstratos (pensar), que, por sua vez, fazem emergir novas questões, a serem testadas pela experimentação ativa (fazer). Os resultados dessa experimentação orientariam a escolha e a criação de novas experiências concretas, alimentando continuamente o ciclo (Figura 2.1).

Em se tratando de estratégias intencionalmente criadas para gerar aprendizado, os educadores ofereceriam situações mais pertinentes à realidade concreta do aprendiz, favorecendo as suas escolhas estratégicas para melhor apreender ou transformar a experiência. Essas escolhas estratégicas estariam apoiadas em dois eixos de tensão da aprendizagem. A tensão ocorreria pela impossibilidade de usar de modo simultâneo o fazer, o observar, o sentir e o perceber. Duas decisões são necessárias: fazer ou observar, pensar ou sentir. O primeiro eixo – o da experiência transformadora – marca a tensão entre a experiência concreta (sentir) e a experiência abstrata (pensar e planejar). Envolve a decisão sobre como abordar a tarefa de aprendizagem, em que as emoções exercem um papel importante. O segundo eixo, o da experiência compreensiva, marca a tensão entre a observação reflexiva (observar) e a experimentação ativa (fazer). Envolve uma decisão sobre a maneira como a tarefa de aprendizagem deverá ser abordada (Chapman, 2006).

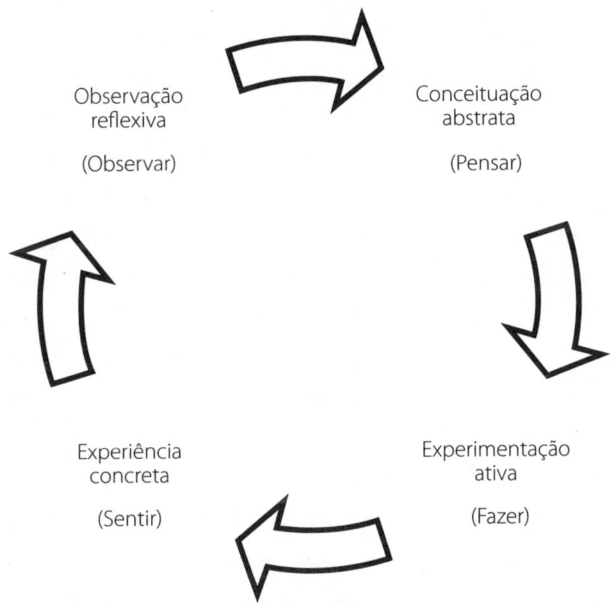

Fonte: adaptado de Kolb (1984).

Figura 2.1 Ciclo de aprendizagem

Apesar de o ciclo de aprendizagem ser geral, existem diferenças individuais no manejo das estratégias que indicam o melhor estilo de aprendizagem. Essas diferenças constituem quatro estilos ou preferências de aprendizagem: (1) divergência, (2) assimilação, (3) convergência e (4) acomodação (Kolb, Boyatzis & Manemelis, 2000). A escolha dos estilos de aprendizagem decorreria principalmente de três fatores: das experiências de aquisição e de desenvolvimento de habilidades desde o nascimento até a adolescência; das experiências decorrentes dos processos de escolarização e do início da vida adulta; e da integração que a pessoa é capaz de fazer dos dois tipos de experiências e de aplicar na sua vida adulta pessoal e profissional.

O estilo de aprendizagem divergência é caracterizado pelo uso conjunto do sentir e do observar. É um estilo adotado, sobretudo, por pessoas observadoras, que atentam para os detalhes de como os outros fazem e usam a sua imaginação e a capacidade de planejarem como atuar, engajando-se afetivamente na experiência de aprender. Preferem também aprender em contextos grupais, o que estimula a geração de ideias e os *feedbacks* dos outros.

O estilo de aprendizagem assimilação é caracterizado pelo uso conjunto do observar e do pensar. Orienta a aprendizagem por meio da conceituação abstrata e da observação reflexiva. Neste caso, conceitos e abstrações são mais importantes que aprender com as outras pessoas. Há maior preferência por leituras, por modelos analíticos e por dedicar tempo refletindo sobre as informações. Pessoas que fazem uso desse estilo são exigentes com as explanações claras que facilitem a sua capacidade de raciocinar e abstrair. Sentem-se mais atraídas por teorias logicamente construídas do que por abordagens muito práticas, mas sem uma elaboração cognitiva mais sofisticada.

O estilo de aprendizagem convergente caracteriza-se pelo uso conjunto do fazer e do pensar. A experimentação ativa e a conceituação abstrata constituem os seus dois principais modos de aprender. As pessoas que adotam esse estilo são mais atraídas por tarefas técnicas em que sejam requeridas soluções de problemas práticos. Sentem-se também estimuladas por experimentar e colocar em prática novas ideias, buscando soluções e aplicações práticas criativas. Atividades de simulação são, portanto, bastante atraentes para pessoas com estilo convergente.

Por último, o estilo de aprendizagem acomodação privilegia o fazer e o sentir. A experimentação ativa e a experiência concreta orientam a aprendizagem. Há uma confiança maior na intuição que na construção lógica dos argumentos e teorias, o que faz o aprendiz apoiar-se mais na informação de outras pessoas do que em sua análise pessoal. Pessoas que adotam esse estilo tendem a ter iniciativa no agir e a optar por tarefas que envolvem grupos para completarem-nas. Definem seus objetivos e experimentam alternativas práticas na busca por atingi-los.

A importância desses estilos, particularmente quando estamos analisando a aprendizagem de adultos para o trabalho, reside no fato de que identificar o melhor estilo de aprender pode potencializar o aprendizado. Isso se aplica tanto ao aprendiz quanto ao facilitador do processo de aprendizagem. Em síntese, Kolb (1984) propõe um modelo que possui fortes implicações práticas para o planejamento de eventos instrucionais, pois auxilia na orientação do processo de aprendizagem.

Avançando na compreensão da aprendizagem experiencial

A preocupação em compreender melhor de que modo a experiência poderia potencializar o aprendizado levou Boud, Keogh e Walker (1985) a empreenderem uma investigação sistemática para identificar os fatores que seriam importantes nesse processo. A conclusão dos autores foi a de que a reflexão seria o fator-chave. A aprendizagem não ocorreria mediante a mera exposição à experiência, mas seria fruto da reflexão que se faz sobre essa experiência. Em virtude dessa conclusão, Boud e Walker (1993) propuseram um modelo para explicar a transformação da experiência via reflexão sistemática antes e após a experiência.

A reflexão que antecede a experiência teria como função preparar essa experiência. No caso do aprendiz, a reflexão centra-se nas suas intenções, expectativas e experiências exteriores bem ou malsucedidas e nas estratégias de aprendizagem usadas. Nos ambientes estruturados de aprendizagem, as reflexões dirigem-se tanto para as regras dessa aprendizagem, e como elas devem ser transmitidas para o aprendiz, quanto para a escolha de estratégias que possibilitem ao aprendiz aproveitar melhor a situação de aprendizagem (Boud & Walker, 1993).

A reflexão subsequente pode ocorrer durante e após a experiência. O modelo dá ênfase a dois processos considerados fundamentais para que a aprendizagem ocorra de forma efetiva: notar (perceber) e intervir. O processo de notar envolve dar-se conta dos seus próprios pensamentos e sentimentos, e dos fatores envolvidos no ambiente de aprendizagem. Intervir é uma ação do aprendiz na tentativa de mudar algo no ambiente ou de checar sua compreensão prática da situação. Pode ser uma ação deliberada após reflexão ou mais automática, que ocorre como reação ao ambiente de aprendizagem. Ambas são importantes para a aprendizagem por modificarem o ambiente e gerarem informações para o processo de reflexão (Boud & Walker, 1990, 1993). Esses dois processos fundamentais estão fortemente relacionados com experiências pessoais e intenções do aprendiz ao se engajar em uma situação de aprendizagem. Então, o que e como o aprendiz vai perceber o ambiente e os momentos que irá intervir dependerão das suas experiências prévias e dos seus objetivos (Figura 2.2).

Uma vez concluída a experiência, tem lugar outro tipo de reflexão. Há um retorno à experiência, avaliando-a em termos de qualidade e de sentimentos a ela relacionados. O aprendiz tenta relacioná-la a outras experiências (associação), testa a sua validade (validação) e se apropria do conhecimento (apropriação) (Boud & Walker, 1993) (Figura 2.2).

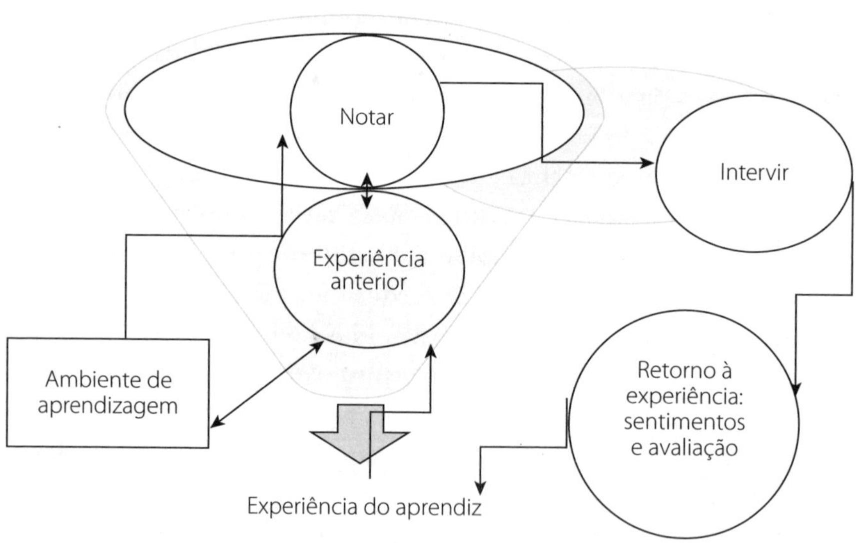

Fonte: adaptada de Boud *et al.* (1985).

Figura 2.2 Modelo proposto por Boud *et al.* (1985)

Nesse modelo, no momento de interação com a experiência, que pode ser uma atividade de ensino, uma conversa com o instrutor ou com um colega, são despertados sentimentos que irão contribuir no processo de reflexão sobre a experiência e sua incorporação aos seus conhecimentos e experiências anteriores.

Fica evidente o papel dos educadores e facilitadores para potencializar a reflexão durante e após a experiência, visando a obter maiores benefícios do processo. Esses atores sociais podem ajudar o aprendiz, trazendo elementos para a reflexão de sua experiência durante e após o processo de aprendizagem (Boud, 1994; Boud & Walker, 1990, 1993; Jarvis, 2006; Kolb, 1984).

Em se tratando de aprendizagem no trabalho, o desafio adicional é assegurar que a reflexão da experiência seja transferida para as diversas atividades que têm curso no ambiente laboral, que nem sempre se encontram bem especificadas, exigindo maior esforço para proceder a essa transferência.

Discorrendo um pouco sobre a aprendizagem no trabalho

A aprendizagem nos contextos de organizações de trabalho é marcada não só pela aquisição, retenção e generalização do conhecimento aprendido, mas também por sua transferência para situações distintas (Abbad, Loiola, Zerbini, & Borges-Andrade, 2013; Alvim & Loiola, 2010; Freitas *et al.*, 2006; Zerbini *et al.*, 2012).

A transferência pode ser horizontal ou vertical. A primeira refere-se à aplicação do aprendido em outras situações (generalização da aprendizagem) onde o requerido é apenas semelhante ao que foi aprendido. A segunda ocorre quando o aprendiz aumenta a complexidade de seu repertório de competências a partir de conhecimentos mais simples que adquiriu no processo de aprendizagem. Aprender a elaborar uma pauta de reunião pode ser aplicado a diversos contextos em que realizar reuniões seja requerido, com as devidas adaptações (transferência lateral). Aprender a elaborar uma pauta de reunião pode levar uma pessoa a dominar técnicas gerais de conduzir reuniões e fazer com que ela se torne mais apta a conduzir reuniões com objetividade, obtendo êxito também em buscar conciliação entre os diversos interesses em jogo (transferência vertical) (Abbad *et al.*, 2013; Alvim & Loiola, 2010).

A transferência também pode ser positiva ou negativa. Ela é considerada positiva quando o que foi aprendido facilita a transferência no cotidiano de trabalho, e negativa quando os comportamentos aprendidos, ao contrário, dificultam essa transferência. O domínio de um aplicativo informático que será usado no trabalho pode facilitar a aprendizagem dos demais, facilitando, portanto, a transferência. O domínio desse mesmo aplicativo informático pode dificultar a transferência, caso ele seja completamente distinto dos aplicativos informáticos usuais. A transferência também pode ser nula, em virtude de não ter qualquer impacto no desempenho individual.

Dois tipos de aprendizagem são identificados no ambiente de trabalho: um que seria informal e outro, formal. No primeiro caso, a aprendizagem se dá de modo espontâneo, intencional e automático, sendo fruto do ensaio e erro, da observação do comportamento alheio, das iniciativas individuais para aprender e das interações estabelecidas com os colegas de trabalho (Billet, 1999; Brandão & Borges-Andrade, 2011; Loiola, Pereira, & Gondim, 2011). Várias evidências empíricas reafirmam que a aprendizagem no trabalho se dá também de modo informal, tanto na aprendizagem técnica quanto de atividades de gestão (Osbi, 2007; Pantoja, 2004; Warr & Downing, 2000).

A aprendizagem formal, por sua vez, decorre da iniciativa da organização de trabalho, que de modo deliberado planeja o que será aprendido pelo trabalhador. Nesse último caso, a aprendizagem faz uso de tecnologias instrucionais visando à aquisição de competências (conhecimentos, habilidades e atitudes – CHAs)[1] para melhorar o desempenho no trabalho, propiciar a assunção de novas funções ou mesmo desenvolver a pessoa (Carbone *et al.*, 2006). Para o planejamento, torna-se necessário fazer uma análise das necessidades de treinamento (diagnosticando as lacunas entre o que é exigido e o domínio dos trabalhadores), planejar o treinamento e avaliá-lo em termos de efetividade. A avaliação é realizada mediante medidas de desempenhos e resultados pessoais, grupais e organizacionais.

---

[1] A competência é definida como um conjunto de qualificações de um indivíduo; para outros, como o resultado ou efeito da aplicação dessas qualificações no trabalho. Nesse sentido, a competência, resultado de processos de aprendizagem, inclui tanto a ação como o resultado da ação (Abbad & Borges-Andrade, no prelo).

Espera-se, portanto, que após o treinamento, o aprendiz seja capaz de mobilizar os conhecimentos, habilidades (cognitivas, motoras e interpessoais) e atitudes (afetos e valores) que foram adquiridos aplicando-os no seu desempenho no trabalho, em conformidade com os objetivos organizacionais e ocupacionais.

Articulando a aprendizagem experiencial com a aprendizagem no trabalho: a importância do afeto

Os afetos ocupam um papel relevante na aprendizagem experiencial. O afeto está sendo aqui considerado como uma categoria mais ampla que envolve emoções, sentimentos e humores. Inclui tanto as respostas psicofisiológicas desencadeadas por um estímulo interno ou externo que ativa a ação individual quanto a percepção e a avaliação subjetiva da situação emocional. As emoções e os sentimentos são considerados como inerentes à situação de aprendizagem, já que toda a cognição é imbuída de afeto e vice-versa, conforme apontado no Capítulo 1.

Estudos têm demonstrado que os afetos influenciam processos cognitivos, como a atenção, a memória e a recuperação de conhecimentos (Phelps, 2006). Embora seja precipitado concluir que afetos são preditores da aprendizagem, esses resultados permitem supor que, em uma situação de aprendizagem, o direcionamento da atenção, os conteúdos armazenados e a forma como eles serão compreendidos e recuperados sofrerão influência de um componente afetivo, mesmo que isso não ocorra de forma consciente para o aprendiz.

O que se apreende é sempre uma transformação de uma realidade, na abordagem de Jarvis (2006), e o componente afetivo exerce um papel importante nesse processo. Influi na seleção dos aspectos que serão ou não apreendidos e armazenados, além de contribuir na avaliação da qualidade da experiência: boa ou má, agradável ou desagradável, muito ou pouco importante. Desse modo, o afeto seria tão relevante quanto a cognição e a ação, podendo transformar a experiência de aprendizagem, como já foi discutido no Capítulo 1.

Embora alguns autores como Boud, Keogh e Walker (1985) já considerassem a importância dos afetos na aprendizagem experiencial, o modelo proposto por Jarvis (2006) foi o primeiro que se dedicou a explicar mais detalhadamente o seu papel. Insatisfeito com as pesquisas de aprendizagem em animais, este autor desenvolveu um projeto de pesquisa em aprendizagem humana que consistiu em pedir a cada participante de nove workshops que relatasse incidentes críticos de aprendizagem em sua vida e, que, posteriormente, e em grupo, tentasse adaptar esses incidentes ao ciclo de Kolb (1984).

Como resultado, foi proposto um ciclo de aprendizagem mais complexo, que prevê rotas de aprendizagem, as quais poderiam ter como consequência negativa a não aprendizagem e a aprendizagem não reflexiva (Jarvis, 2006). A falta de motivação, por exemplo, em que está em jogo um forte componente afetivo, pode contribuir para a não aprendizagem. A aprendizagem não reflexiva poderia ser decorrente, por exemplo, da incorporação automática de um conhecimento, mediante a simples memorização de procedimentos. Neste último caso, a pessoa aprende a fazer, mas não consegue transformar e transferir esse conhecimento para outras situações.

O modelo proposto foi criticado pelo próprio Jarvis (2006) porque não incluía a aprendizagem incidental, não oferecia respostas satisfatórias para o lugar da memória e da história passada do indivíduo, não considerava o caráter contínuo da aprendizagem, não contemplava o processo de avaliação dentro do processo de reflexão e, ainda, não relacionava razão e emoção.

Isso levou esse mesmo autor a redefinir a aprendizagem, concebendo-a como uma combinação de processos mediante os quais a pessoa, mobilizando corpo e mente, experimenta uma situação (no ambiente) em que o conteúdo percebido é modificado cognitiva, emocional e praticamente, integrando-se à biografia pessoal e provocando uma autotransformação (Jarvis, 2006, tradução livre, p. 12-13). Nessa definição, fica evidente a percepção de aprendizagem como transformação, tanto da experiência, no momento em que ela é percebida pelo indivíduo, quanto do próprio indivíduo, que, ao incorporar essa experiência, torna-se um indivíduo mais experimentado.

A partir dessa definição, Jarvis (2006) gera um novo modelo (Figura 2.3), acrescentando a possibilidade de se aprender não só mediante a reflexão (cognição), mas também pela prática (ação) e pela emoção. Além disso, acrescenta aos tipos de aprendizagem propostos anteriormente (não aprendizagem, aprendizagem não reflexiva e aprendizagem reflexiva) a aprendizagem incidental ou pré-consciente, que se refere a resultados não programados da aprendizagem, mas que sempre a acompanha, como mudanças com relação à autopercepção, autoeficácia, autoestima e autoconfiança. Esse aspecto da aprendizagem é, muitas vezes, negligenciado na elaboração de programas de aprendizagem para o trabalho, embora seja a aprendizagem que mais pode influenciar os futuros resultados dos aprendizes.

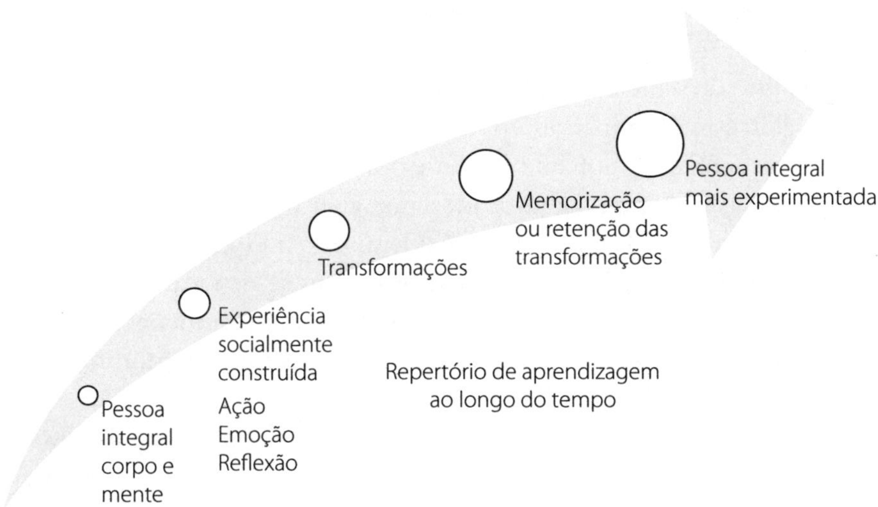

Fonte: adaptada de Jarvis (2006).

Figura 2.3 Modelo de experiência proposto porJarvis (2006)

Outra consideração do modelo de Jarvis (2006) é o destaque dado à motivação para a aprendizagem como decorrente da percepção da disjunção, ou seja, quando a pessoa sente que seu repertório é insuficiente ou inadequado para ela lidar com o mundo. Isso ajuda a compreender, em parte, porque apesar de a organização elaborar planos de treinamento com base no levantamento de necessidades (lacunas entre o que é esperado e o domínio que se dispõe), caso não haja uma clareza de percepção da pessoa da existência dessa lacuna, a motivação para a aprendizagem não é ativada, o que pode levar à não aprendizagem, mesmo tendo passado por um processo instrucional planejado, ou por uma aprendizagem pré-consciente, sem que haja uma consolidação da aprendizagem e sua consequente transferência.

Na aprendizagem para o trabalho, então, observa-se a importância de que a demanda por aprender parta também do indivíduo que necessita ampliar o seu repertório de habilidades para lidar com as situações de trabalho. Isso pode ocorrer, por exemplo, quando a organização faz com que o trabalhador assuma novas responsabilidades ou nos casos de mudança dos processos de trabalho. O planejamento de atividades instrucionais por parte da organização, destarte, precisa levar em consideração a motivação para aprender, visando reduzir os riscos de que a aprendizagem não ocorra, tendo em conta que o indivíduo não sente necessidade de mudar o seu repertório de habilidades.

Os afetos predominantes em situações de aprendizagem foram descritos e as situações em que as emoções podem dificultar ou facilitar a aprendizagem foram identificados por alguns autores (por exemplo, Antonacapoulou & Gabriel, 2001; Askham, 2001; Fineman, 1997; Mutti, 2008; Short & Yorks, 2002). Os afetos que mais se destacaram nesses estudos foram, no primeiro caso, aqueles sentimentos e emoções relativos à ansiedade, insegurança e medo. No segundo caso, foram a motivação e o sentimento de otimismo.

Em alinhamento com esses resultados, a falta de confiança e de autoestima, o medo do fracasso e da resposta dos outros, o arrependimento e a lembrança de experiências negativas anteriores com relação à aprendizagem inibem a aprendizagem (Short & Yorks, 2002). O desenvolvimento mútuo da confiança e afeto pelos colegas, a motivação e o engajamento emocional, ao contrário, facilitam a aprendizagem. A origem desses sentimentos e emoções pode estar nas experiências de aprendizagem anteriores bem ou malsucedidas, mas esses sentimentos também podem ser gerados durante o curso, pela relação com as tarefas e conteúdos da aprendizagem, e também pela relação com o instrutor.

Ao mapear os estados afetivos vivenciados em um curso experiencial para o desenvolvimento de empreendedores, Mutti (2008) concluiu haver uma coexistência de afetos negativos e positivos durante o tempo de curso. Os alunos relatavam experimentar tanto ansiedade em grau moderado quanto alta motivação. Isso está em concordância com os achados de outros autores, como Askham (2001), que defende que, em algum grau, a ansiedade pode contribuir para gerar curiosidade e exploração, comportamentos considerados fundamentais à aprendizagem. Apenas quando em grau excessivo, o sentimento de ansiedade se converte em medo que leva à desistência e ao bloqueio da aprendizagem. Isso também é consistente com a discussão traçada no Capítulo 1, que procurou articular aprendizagem e emoções.

A eficiência comportamental aumenta com a excitação até um nível ótimo, a partir do qual começa a diminuir, conforme prescreve a lei de Yerkes-Dodson, de acordo com Gazzaniga e Heatherton (2005). Daí infere-se que, em uma situação de aprendizagem, níveis muito baixos de ansiedade podem levar à desatenção e ao desinteresse, enquanto níveis muito elevados bloqueiam o pensamento e paralisam a ação, levando o aprendiz a desistir (ver Capítulo 1).

Esse pensamento de que a ausência de ansiedade pode ser prejudicial à aprendizagem é congruente também com a proposta de Jarvis (2006). Esse autor considera que quando a situação representa pouca novidade para o indivíduo, permitindo-lhe que lide com ela a partir de seu repertório atual, ela não ativa as emoções e tende a não levar à aprendizagem. Isso porque a aprendizagem ocorre a partir de situações de disjunção, ou seja, um rompimento no modo habitual de agir, gerando sentimentos e emoções que demandam novas formas de pensar e se comportar.

As situações de disjunção associadas a diferentes graus de otimismo ou pessimismo levam ao surgimento de diferentes estados afetivos e também a diferentes resultados de aprendizagem, para Jarvis (2006). Assim, a pessoa pode sentir-se inicialmente autoconfiante e autoeficaz, o que a leva a vivenciar sentimentos positivos com relação à situação de aprendizagem, favorecendo a obtenção de bons resultados. Entretanto, pode ocorrer o contrário, ao sentir-se insegura quanto a suas habilidades pessoais para superar os desafios, o que contribui para o surgimento de sentimentos de ansiedade e insegurança.

De fato, as características individuais dos aprendizes interferem nos estados emocionais vivenciados antes, durante e depois da aprendizagem, de acordo com o que foi preconizado no Capítulo 1. Tais características marcam os aprendizes com identidade frágil e os de identidade capaz, segundo Askham (2001). Os aprendizes com identidade frágil, quando expostos às tarefas de aprendizagem, normalmente se deparam com medos e ansiedades relacionados à sua capacidade de concluir com sucesso a tarefa, que podem levar à redução do humor, à falta de vontade de ir para os eventos educacionais ou à completa desmotivação. Ansiedade e desmotivação podem surgir logo no início ou ao longo do evento de aprendizagem como consequência de limitações percebidas ou como reação a eventos específicos ou frustrações no processo de aprendizagem.

Os aprendizes com identidade capaz, ao contrário, apresentam elevados níveis de autoestima, considerando-se, muitas vezes, no mesmo nível que os tutores, e lidam de modo mais eficiente com as situações de frustração no processo de aprendizagem, tendo facilidade de recuperar-se emocionalmente depois de algum fracasso. Esses fatores contribuem para que eles sejam participativos e não considerem os trabalhos difíceis, levando-os a não se sentirem inicialmente ansiosos, mas, sim, excitados para começar logo. Esses indivíduos apresentam-se motivados com relação à natureza do curso, pelas credenciais específicas que vão obter ao concluí-lo, mas, principalmente, pelo acréscimo das habilidades que esperam obter com o curso.

Em síntese, os mesmos eventos de aprendizagem podem levar a sentimentos relacionados à ansiedade ou à motivação, dependendo da pessoa que os vivencia e interpreta. Alguns teóricos da motivação, como Csikszentmihalyi e Lefebvre (1989), consideram que os sentimentos vivenciados diante de tarefas desafiantes relacionam-se com a avaliação da dificuldade da tarefa em comparação com as suas habilidades para enfrentar e superar o desafio, sendo que as pessoas são motivadas para alcançar um nível ótimo de excitação. Segundo esses autores, as experiências são vivenciadas como positivas quando as pessoas avaliam que o ambiente oferece possibilidades de ação desafiantes, mas que são compatíveis com as suas capacidades e habilidades. Quando tanto o grau de desafio quanto as habilidades se encontram em níveis altos, a pessoa vivencia sentimentos positivos e, ao mesmo tempo, amplia suas competências e habilidades. Esse processo é denominado experiência de fluxo, que dá origem à teoria homônima (Csikszentmihalyi, 1996).

Nessa linha de raciocínio, quando as atividades de aprendizagem encontram-se num nível de exigência inferior ao nível ótimo, as pessoas não experimentam emoções ou demonstram indiferença e tédio. Quando o nível ótimo é atingido, são despertados sentimentos positivos de satisfação, realização, motivação, e, quando ultrapassado, pode gerar sentimentos negativos como medo e ansiedade. Observam-se aqui novas articulações entre aprendizagem e emoções.

Torna-se recomendável que os programas de treinamento e desenvolvimento levem em consideração, além da motivação inicial do aprendiz, o seu perfil com relação às habilidades para enfrentar as tarefas. Deste modo, evita-se que o evento instrucional deixe de contribuir para o seu desenvolvimento por não representar de fato um desafio, levando-o a um estado de desestímulo diante das atividades. No entanto, é preciso estar atento também a um desafio muito alto para o repertório de habilidades do aprendiz diante do risco de levá-lo a desistir da aprendizagem.

Para finalizar esta seção, cabe fazer algumas considerações de como os afetos podem ser catalisadores da aprendizagem. A relação de confiança entre aprendizes e tutores ou instrutores favorece a expressão de sentimentos positivos e abre possibilidades para a busca de suporte social oferecido por eles, em caso de fracassos e emergência de sentimentos negativos sobre esses resultados (Askham, 2001). A falta de confiança é uma das principais barreiras à aprendizagem e só pode ser vencida com o tempo, mediante o estabelecimento de uma relação que permita haver *feedback* constante e que de fato oriente a melhoria do desempenho do aprendiz. Os *feedbacks* positivos fomentam a autoconfiança, e os *feedbacks* negativos contribuem para orientar sobre qual caminho seguir para obter um bom desempenho, diminuindo, assim, o medo do julgamento dos outros e a resistência em ser avaliado.

Nesse sentido, eventos educacionais planejados racionalmente, sem levar em consideração os sentimentos que podem emergir e cujo ambiente não dê espaço para a expressão e reflexão sobre esses sentimentos, são mais propícios para o surgimento de estados afetivos desfavoráveis à aprendizagem, como Short e Yorks (2002) defendem. Em contrapartida, um ambiente educacional previamente planejado para favorecer a expressão e a reflexão das emoções favorece sua utilização a favor da aprendizagem. Nesse caso, as emoções e os sentimentos tendem a contribuir para levar ao desenvolvimento mútuo do afeto, ao engajamento emocional, funcionando como cola social que faz ou quebra estruturas (Fineman, 1997).

No estudo realizado por Mutti (2008), em que foram mapeados os afetos vivenciados em diferentes estratégias de ensino/aprendizagem de um curso de empreendedores, uma das conclusões foi que as atividades mais ativadoras de afetos foram as de aprendizagem direta, ou seja, aquelas que, apesar de se tratarem de simulações, aproximam-se mais da realidade efetiva de trabalho, exigindo dos participantes comportamentos semelhantes aos apresentados em situações concretas. Nesse tipo de atividade, foram mais elevados tanto os afetos relativos à ansiedade quanto os que sinalizavam motivação. Isto fortalece evidências do papel das emoções na aprendizagem para o trabalho, especialmente em se tratando de aprendizagem experiencial.

Outra conclusão desse mesmo estudo foi que em tarefas colaborativas (em grupo), os participantes relataram aumento da intensidade da raiva, arrependimento e frustração, quando comparados a outras atividades, embora durante o curso esses afetos ainda permanecessem com médias baixas. Certamente, esse resultado convida a estudos adicionais, porque contradiz a máxima de que contextos grupais são favoráveis à aprendizagem, sendo amplamente usados nas escolas e no ambiente de trabalho. Ou seja, os resultados sugerem a necessidade de se investigar se as atividades colaborativas contribuem ou não para a redução da ansiedade.

Considerações finais

Ainda há muito o que ser desvendado quando o assunto é a relação entre emoção e aprendizagem para o trabalho. As recentes evidências empíricas de haver forte interação afeto-cognição (Gross & Barrett, 2011;

LeDoux, 1998; Phelps, 2006) em conjunto com as mudanças nas exigências organizacionais e estratégias de ensino-aprendizagem sinalizam a importância de se buscar compreender as interações entre afetos e aprendizagem para o trabalho para potencializar essa relação.

A aprendizagem experiencial mostra-se consonante com a nova tendência apontada nos estudos sobre aprendizagem para o trabalho, que têm valorizado a aprendizagem no próprio contexto de trabalho mediante a experiência e a interação social. Este capítulo apresentou alguns modelos teóricos de aprendizagem experiencial que podem orientar a utilização das emoções e dos sentimentos no processo da aprendizagem, visando a promover a aquisição de novos conhecimentos e habilidades que possam ser transferidos para o contexto de trabalho mais imediato. A reflexão sobre a ação é um elemento-chave no processo, e os afetos podem incentivá-la, contribuindo para a mudança de algumas atitudes em relação a si mesmo (autoimagem, autoconceito) e a capacidade pessoal de incorporar novos elementos ao repertório individual (autoeficácia e autoconfiança) (Jarvis, 2006).

O caso apresentado a seguir ilustra a importância dos estados afetivos durante o processo de aprendizagem em grupo, em que a reflexão sobre a ação e a ansiedade em doses moderadas podem vir a ser benéficas para motivar a aprendizagem.

Estudo de caso: a aprendizagem do comportamento empreendedor

Nesta seção, um caso prático de uma ação institucional de educação voltada para o trabalho é apresentado. O treinamento Empretec (denominação originada de um acrônimo entre as palavras espanholas empreendedorismo e tecnologia), com foco em desenvolvimento de competências para empreendedores, é uma ação instrucional oferecida pelo Serviço de Apoio às Micro e Pequenas Empresas (Sebrae). Os dados e relatos apresentados e discutidos a seguir são produtos das dissertações de mestrado de Alvim (2008) e Mutti (2008).

O Empretec tem sua origem nos estudos sobre traços e motivo de realização de David McClelland (1962, 1973), além de ser apoiado pelas pesquisas do autor no campo das competências. Seu objetivo, em linhas gerais, é desenvolver competências individuais relacionadas ao sucesso empreendedor (Cooley, 1990). Trata-se de um treinamento aberto ou extra-organizacional (realizado em ambiente não corporativo), cuja metodologia experiencial é baseada no ciclo de aprendizagem de Kolb (1984). Suas estratégias de ensino, envolvendo a participação ativa do aprendiz por meio de dinâmicas, jogos empresariais e exercícios estruturados, foram pensadas tendo em vista promover a aprendizagem de trinta comportamentos considerados fundamentais para aquele que escolhe empreender.

O modelo de aprendizagem vivencial ou experiencial de Kolb (1984) foi adaptado para o Empretec pela Management System International (MSI), empresa localizada em Washington, D.C., Estados Unidos, responsável pela formatação original do treinamento. Foi realizada uma adaptação do modelo de Kolb para adequação ao treinamento para empreendedores. O ciclo de Kolb de quatro etapas (experiência concreta, experimentação reflexiva, conceituação abstrata e experimentação ativa) foi adaptado para seis etapas: reconhecimento, compreensão, autoavaliação, experimentação, reflexão e aplicabilidade. As duas etapas adicionais contemplam reflexões sobre o processo ocorrido durante as dinâmicas ou jogos empresariais e suas possibilidades de aplicação. Nessas etapas, questiona-se o que interferiu para a obtenção de um resultado satisfatório ou insatisfatório de cada aprendiz. Busca-se também reconstituir os padrões de comportamento adotados para que ocorra o aprendizado. São também etapas muito importantes do ciclo, nas quais o aprendiz é guiado a analisar as facilidades e as dificuldades encontradas, e tem a oportunidade de analisar seu próprio desempenho e padrões de comportamento no grupo, discutindo as suas possibilidades de aplicação prática (Sebrae, 2002).

Partindo da premissa de que uma das formas de estimular o desenvolvimento é a formação de empreendedores e objetivando contribuir para essa formação, o Empretec focaliza seus esforços no desenvolvimento do aspecto comportamental e atitudinal do empreendedor. No curso não são aprofundadas questões técnicas e de conteúdo, estruturais ou contextuais, necessárias ao empreendedorismo, já que outras estratégias do programa foram utilizadas para o desenvolvimento de competências técnicas e transmissão de conteúdos sobre gestão e administração de empresas.

O curso tem como objetivo principal o desenvolvimento de dez competências empreendedoras que foram mapeadas em uma pesquisa conduzida pela Mc Ber & Co, de Boston, e pela MSI, de Washington, D.C., com empreendedores bem-sucedidos (Morales, 2004). Cada competência é definida operacionalmente por três comportamentos. A Tabela 2.1 apresenta as competências e os comportamentos a elas associados.

Tabela 2.1 Competências empreendedoras do Empretec

Competências	Descrição
Busca de oportunidades e iniciativa	• faz as coisas antes de solicitado ou forçado pelas circunstâncias; • expande o negócio a novas áreas, produtos e serviços; • aproveita as oportunidades para iniciar um negócio (obter financiamento, equipamentos, terrenos, local de trabalho etc.).
Correr riscos calculados	• avalia alternativas e calcula riscos; • age para reduzir riscos e controlar resultados; • coloca-se em situações de desafios moderados.
Exigência de qualidade e eficiência	• encontra maneiras de fazer as coisas melhor, mais rápido e mais barato; • age de maneira a fazer as coisas que satisfaçam padrões de excelência; • desenvolve procedimentos para assegurar que o trabalho seja terminado a tempo ou atenda a padrões de qualidade estabelecidos.
Persistência	• age diante de obstáculo significativo; • muda de estratégia a fim de enfrentar um desafio ou superar um obstáculo; • despende esforço adicional para completar a tarefa.
Comprometimento	• atribui a si mesmo as causas de seus sucessos e fracassos, assumindo responsabilidade pessoal pelos resultados obtidos; • colabora com os empregados para terminar uma tarefa; • age para manter os clientes satisfeitos e investe em ações mais de longo prazo que de curto prazo.
Busca de informações	• dedica-se pessoalmente a obter informações de clientes, fornecedores e concorrentes. • investiga pessoalmente como fabricar um produto ou proporcionar um serviço. • consulta especialistas para obter assessoria técnica ou comercial.
Estabelecimento de metas	• estabelece metas e objetivos que são desafiantes e que têm significado pessoal; • tem visão de longo prazo, clara e específica; • estabelece objetivos de curto-prazo mensuráveis.

Continua

Continuação

Planejamento e monitoramento sistemático	• planeja, dividindo tarefas de grande porte em subtarefas com prazos definidos; • constantemente revisa seus planos levando em conta os resultados obtidos e mudanças circunstanciais; • mantém registros financeiros e utiliza-os para tomar decisões.
Persuasão e rede de contatos	• utiliza estratégias deliberadas para influenciar ou persuadir os outros; • utiliza pessoas-chave como agentes para atingir seus próprios objetivos; • age para desenvolver e manter relações comerciais.
Independência e autoconfiança	• busca autonomia em relação a normas e controles de outros; • mantém seu ponto de vista, mesmo diante da oposição ou de resultados inicialmente desanimadores; • expressa confiança na sua própria capacidade de completar uma tarefa difícil ou de enfrentar um desafio.

Fonte: adaptada de Morales (2004).

A metodologia do Empretec emergiu de uma extensa pesquisa conduzida em 1990 sobre os métodos dos cursos com esse mesmo fim ao redor do mundo e seus resultados. Antes de se expandir para os diversos países em desenvolvimento, passou por um pré-teste em Malawi e na África do Sul. A partir desse projeto piloto, foram selecionados e treinados os primeiros instrutores do curso em diversos países subdesenvolvidos, inclusive no Brasil. A parceria com o Sebrae foi iniciada em 1993 e hoje sua aplicação se dá em todas as unidades federativas do país.

Pode-se afirmar que a metodologia adotada mescla características das teorias de aprendizagem do behaviorismo com os referenciais da aprendizagem experiencial. A influência da primeira é percebida na definição prévia das modificações esperadas no comportamento do aprendiz e nas orientações recebidas pelos instrutores para dar *feedback* e reforçar comportamentos. O curso visa a apresentar aos participantes situações nas quais eles possam praticar comportamentos empreendedores, sendo reforçados pelos instrutores ou autorreforçados.

A influência da abordagem experiencial pode ser observada quando os instrutores são orientados a assumir uma postura de aceitação diante dos aprendizes, baseando-se nos princípios propostos por Rogers (1969). Além disso, faz uso do ciclo de Kolb (1984) como base para a construção das atividades de ensino, como também se utiliza de estratégias para promover a reflexão, como a solicitação de registros sobre os comportamentos realizados, o estabelecimento de metas para o futuro e o planejamento dos passos para alcançá-las.

Em 2007/2008, na época da condução da pesquisa, o curso estava estruturado em 22 módulos, divididos em nove dias e contava com três instrutores simultâneos que se revezavam na condução dos módulos. Para se ajustar ao ciclo proposto por Kolb (1984), cada uma das competências e os comportamentos esperados são explicados detalhadamente e, em seguida, são dadas orientações com relação às atividades e tarefas que facilitam o entendimento e a prática dos comportamentos empreendedores. Devido à extensão do curso e grande quantidade de atividades e à crença de que esse processo pode resultar em diferentes estados afetivos e reflexões nos participantes, nove atividades foram selecionadas, com o auxílio de dois instrutores, para serem aqui analisadas. Os objetivos instrucionais relacionados às competências empreendedoras nomeadas e descritas anteriormente (Tabela 2.1), classificados de acordo com a taxonomia de Bloom, Krathwohl & Masia (1972), associados às nove atividades realizadas no treinamento e escolhidas para análise, assim como ao tipo de treinamento, constam da Tabela 2.2. Ao final dessas atividades, são apresentados aos aprendizes parâmetros quantitativos e qualitativos para avaliar seus resultados e sua atuação.

Os objetivos instrucionais estão fortemente centrados no desenvolvimento de habilidades (cognitivas e afetivas) e na mudança de valores, atitudes e afetos que visem a aumentar a motivação para transferir a aprendizagem do comportamento empreendedor (Tabela 2.2). Em virtude disso, o curso proporciona experiência prática para o exercício de habilidades e o espaço para reflexão do aprendizado e dos afetos despertados. Ou seja, as atividades realizadas durantes o curso favorecem a vivência prática dos conceitos e orientam comportamentos para que as competências sejam desenvolvidas. Os *feedbacks* de instrutores e a autorreflexão sobre o desempenho esperado e obtido e os sentimentos daí decorrentes são ferramentas-chave no processo de aprendizado.

Tabela 2.2 Objetivos instrucionais associados às atividades

Atividade*	Objetivos instrucionais	Tipo de **aprendizagem
1	• Avaliar se sua escolha pelo empreendedorismo está embasada na análise consciente das principais tarefas envolvidas no cotidiano deste tipo de atividade, como compra, venda, negociação, relacionamento com o ambiente externo (Domínio cognitivo).	• Interativa ou individual • Aprendizagem direta
2	• Defender a necessidade de assumir riscos calculados para o crescimento do negócio (Domínio atitudinal-afetivo). • Valorizar a busca de informações antes de decidir-se sobre o negócio (Domínio atitudinal-afetivo).	• Individual • Aprendizagem indireta
3	• Reconhecer os comportamentos que contribuem para a sinergia do trabalho em equipe (Domínio atitudinal-afetivo).	• Interativa • Aprendizagem indireta
4	• Elaborar roteiros de pesquisa para coletar e organizar informações sobre o mercado (Domínio cognitivo). • Prever os riscos envolvidos em uma situação mediante análise crítica das informações do mercado (Domínio cognitivo). • Valorizar a obtenção pessoal de informações junto a clientes, fornecedores e concorrentes (Domínio atitudinal-afetivo). • Valorizar a consulta a especialistas no caso de decisões técnicas (Domínio atitudinal-afetivo).	• Interativa • Aprendizagem direta
5	• Defender a importância de elaborar e persistir nas metas (Domínio atitudinal-afetivo). • Valorizar a persistência e a realização de sacrifícios pessoais para alcançar objetivos (Domínio atitudinal-afetivo).	• Individual • Aprendizagem direta

Continua

* As atividades consistiam, na maioria, em jogos com regras especificadas, visando a atingir os objetivos instrucionais. Após cada atividade, era dado *feedback* pelos instrutores e promovida autorreflexões pelos aprendizes.

** Atividades interativas são aquelas em que o jogo requer um nível de interação em duas ou mais pessoas. Quanto ao nível de simulação, as estratégias de aprendizagem podem ser indiretas ou diretas. A indireta envolve criar uma situação que possua alguns elementos da situação concreta, porém, os comportamentos esperados diferem daqueles esperados na situação real de trabalho, principalmente com relação ao nível de complexidade. As regras e possibilidades de atuação são prescritas e os resultados precisam ser, cognitivamente, transpostos para serem generalizados para a realidade dos participantes. A aprendizagem direta, apesar de ainda corresponder a simulações, aproxima-se mais da realidade efetiva de trabalho, exigindo dos participantes comportamentos semelhantes aos apresentados em situações concretas. A relação do conhecimento adquirido com a sua aplicação na realidade cotidiana é mais explícita, além de todas as demais decisões serem da responsabilidade dos participantes, de forma que essa atividade pode trazer resultados muito variados para cada um.

Continuação

6	• Identificar os fatores do relacionamento entre colaboradores que interferem no nível de eficiência da minha empresa (Domínio cognitivo). • Identificar os fatores da organização do trabalho que interferem no nível de eficiência da minha empresa (Domínio cognitivo). • Analisar a relação entre qualidade, tempo e custo nos processos de produção e oferta de serviços para decidir sobre a viabilidade de lançar um produto/serviços novo ou melhorar o existente (Domínio cognitivo). • Valorizar a adoção de práticas que levem à melhoria do relacionamento entre indivíduos que ocupam diferentes funções na empresa para melhorar o desempenho organizacional (Domínio atitudinal-afetivo). • Valorizar a busca constante de novas formas de tornar seus produtos, serviços e processos melhores, mais rápidos ou mais baratos como fundamental para a sobrevivência da empresa (Domínio atitudinal-afetivo). • Defender a importância de oferecer produtos/serviços de qualidade adequados ao meu mercado para a sobrevivência da empresa (Domínio atitudinal-afetivo).	• Interativa • Aprendizagem indireta
7	• Avaliar positivamente o próprio desempenho em situações de exposição (Domínio atitudinal-afetivo). • Expressar confiança na própria capacidade de realizar uma tarefa difícil (Domínio atitudinal-afetivo).	• Individual • Aprendizagem direta
8	• Identificar os comportamentos empreendedores em si mesmo (Domínio cognitivo). • Valorizar a melhoria do desempenho nas práticas de comportamento empreendedor como forma de alcançar melhores resultados nos negócios, ou melhor desempenho profissional (Domínio atitudinal-afetivo).	• Individual • Aprendizagem direta
9	• Identificar os elementos-chave de uma negociação "ganha-ganha", tais como: objetividade, transparência, preparação e conhecimento dos limites da negociação (Domínio cognitivo).	• Interativa • Aprendizagem indireta

Fonte: Alvim (2008); Mutti (2008).

Os estados afetivos podem ser favoráveis ou desfavoráveis ao engajamento no processo de aprendizagem. Os estados afetivos favoráveis à aprendizagem são aqueles que colaboram para aumentar o engajamento do aprendiz na atividade, o desenvolvimento do interesse pelo assunto abordado e o compromisso com a mudança de comportamento. Os estados afetivos desfavoráveis à aprendizagem são definidos como aqueles que geram reações de desistência ou bloqueio da assimilação dos conteúdos de aprendizagem (para uma discussão mais detalhada sobre o assunto, ver Capítulo 1).

Por meio de um mapeamento do estado afetivo dos aprendizes do *workshop* durante a realização das nove atividades, Mutti (2008) concluiu que as atividades CRIA e Livro dos Selos[2], categorizadas como aprendizagem direta, por envolverem tarefas similares às exigidas no cotidiano de trabalho, foram as que tiveram maior impacto emocional, gerando ansiedade e, ao mesmo tempo, motivando o engajamento no aprendizado do comportamento.

Em termos de capacidade para transferir as competências desenvolvidas para o contexto de trabalho, os resultados da pesquisa de Alvim (2008) com egressos do curso indicam que o Empretec gerou transferência de aprendizagem para o ambiente profissional (impacto). Em geral, o curso aumentou a autoconfiança em ser empreendedor, a autoimagem dos aprendizes, a motivação para o trabalho e para a gestão de uma empresa, a crença de que houve sucesso ao aplicar, na prática, o conhecimento aprendido. Além disso, ocorreu a aplicação do aprendido não só nas práticas relacionadas ao seu trabalho atual e/ou negócio, mas também em outras esferas da vida do aprendiz. Houve mudança na visão de futuro, com o aumento da propensão a assumir riscos. Pode-se inferir que os achados de Alvim (2008) também sugerem ganhos incrementais significativos dos aprendizes em suas atitudes positivas em relação a si mesmos. Esses resultados podem ser classificados como aprendizagem incidental, de acordo com a proposta de Jarvis (2006). As entrevistas realizadas por Mutti (2008) com alguns participantes do *workshop* durante e logo após o término do curso sinalizam de modo claro os afetos aí envolvidos.

---

[2] Uma das atividades é a CRIA, e se refere ao planejamento e criação de uma empresa. Os aprendizes são estimulados a criarem um negócio onde possam exercer as atividades de compra, venda, fabricação e prestação de serviços durante os seis dias de treinamento. A estratégia adotada envolve a ênfase dada pelos instrutores de que toda a operação da empresa deve ser real, embora não seja possível legalizá-la no tempo do treinamento. No último dia do treinamento, as receitas *versus* despesas de cada empresa são computadas pelos instrutores e essa informação serve de subsídio para o processamento da aprendizagem do exercício em si e do treinamento como um todo. Além disso, o proprietário ou os sócios da empresa que obtiver o maior lucro é premiado perante todo o grupo. Uma segunda atividade é denominada Livro dos Selos. Foi desenhada para funcionar como o local de relato das práticas deliberadas dos comportamentos empreendedores. Os aprendizes são encorajados a descrever um exemplo de cada comportamento empreendedor que tenham exercido durante o período do treinamento. No último dia, o participante que tiver alcançado o maior número de comportamentos empreendedores executados e validados pelos instrutores recebe um prêmio cujo nome é "prêmio de superação pessoal".

> A empresa era pra vender os *kits* natalinos, né? E a gente botou uma meta de apenas vinte (*kits*), subestimando a nossa capacidade. Aí, no meio do processo, esses *kits* foram vendidos em um único dia. Um dia só vendeu tudo... A gente aí comprou mais, aumentou a meta para sessenta, e aí corremos atrás, aí fomos tendo autoconfiança, adquirindo confiança naquilo que a gente tava (*sic*) fazendo, que o produto era bom, que as pessoas estavam comprando, então isso trouxe um ânimo muito grande pra a gente, a gente foi ficando feliz, ansioso pra comprar, pra vender, e aí fomos conseguindo atingir nossa meta, vender 61. Então, no início, a gente tava (*sic*) meio assim, sem saber se era aquilo, sem ter muita confiança, mas aí, com o passar do tempo, a gente foi adquirindo confiança e, no final, a gente estava completamente confiante no produto... E conseguimos. Então, a grande mudança foi essa... Adquirir confiança no que estava fazendo (com relação ao exercício CRIA).

> Meu sentimento hoje é esse... Tem muita coisa que eu achava que não poderia fazer e hoje eu sei que eu sou capaz de fazer. Se eu quiser fazer mesmo, eu tenho a capacidade de fazer. Esse é o sentimento que eu tenho hoje.

O aumento da autoestima, autoconfiança e autoeficácia aparecem associados aos resultados positivos obtidos nas atividades, porém, observou-se que ele pode ocorrer também mesmo diante de resultados negativos, como no caso deste participante:

> Olha... eu não me senti frustrado por não ter conseguido... Eu senti que eu poderia conseguir. Se eu não conseguisse da primeira vez, eu ia conseguir da segunda... Se não fosse pra eu conseguir da segunda, eu ia da terceira, ia até ver o ponto em que eu ia conseguir. Não fiquei frustrado, de forma alguma, não me deu desânimo, de forma alguma... (com relação ao resultado do Jogo dos Aros).

Casos de sucesso e de insucesso podem fortalecer aprendizagens e estados emocionais positivos, a depender de como os insucessos são vistos e tratados, como foi visto no Capítulo 1. No caso em pauta, explicações possíveis recaem sobre o engajamento afetivo dos participantes ao treinamento e às sessões de *feedbacks* ocorridas durante a etapa de processamento-reflexão do ciclo de aprendizagem experiencial, quando os participantes são levados a expor seus sentimentos em relação ao erro e/ou acerto e a refletirem sobre as suas próprias decisões e ações. Os instrutores são orientados a reforçar positivamente as atitudes de autoeficácia e autoconfiança ligadas diretamente ao propósito do treinamento e negativamente as atitudes que vão de encontro a isso, seguindo o modelo de Jarvis (2006).

No Empretec, assume-se como premissa que uma das condições para que uma pessoa desenvolva comportamento empreendedor é que ela atribua a si mesma a responsabilidade pessoal por suas decisões, ações e resultados. Ou seja, que tenha reforçado seu lócus de controle interno.

O lócus interno contribui para a utilização de estratégias de autorregulação para manter a motivação diante dos resultados negativos nas atividades, que auxilia, por sua vez, para que o aprendiz sinta-se confiante na sua capacidade de obter um bom resultado no futuro se apresentar os comportamentos estimulados pelo curso.

Além disso, foram observados e encontrados em avaliações de processo (durante o treinamento) e de reação (no final do treinamento) depoimentos ou relatos de aprendizes sobre as emoções presentes durante as atividades propostas.

Como exemplo, faz parte do método a utilização da técnica conhecida como AMIO (Aprendizagem Mais Importante do dia de Ontem), aplicada todos os dias no início da manhã. Nesse momento se indagava aos aprendizes qual a aprendizagem mais importante do dia anterior. As respostas sobre o que aprenderam trazem consigo uma carga emotiva que precisa ser acolhida e manejada pelo instrutor que lidera a atividade. O choro é comum, expressões de angústia e de ansiedade também emergem, principalmente nos primeiros dias do treinamento. À medida que as atividades avançam, os depoimentos também tendem a mudar, e atitudes de orgulho e sentimento de realização tornam-se mais frequentes.

Os resultados de Mutti (2008) sinalizam para um estado de desequilíbrio constante nas diferentes etapas do treinamento que interfere na oscilação dos estados afetivos dos participantes. De um lado, diz-se que o aprendiz é capaz de alcançar resultados melhores, de outro, os resultados por ele obtidos podem ser avaliados como insuficientes, o que ativa a motivação para a aprendizagem do comportamento, mesmo quando os afetos negativos estão presentes.

O caso prático aqui apresentado indica o quanto aspectos cognitivos e afetivos mesclam-se no processo de aprendizagem de novas competências para o trabalho. A afirmação de que o domínio afetivo deverá constituir-se como prioridade nas próximas décadas sugere o que ainda está por vir nesse campo de estudo.

Referências

Abbad, G. S., Loiola, E., Zerbini, T., & Borges-Andrade, J. (2013). Aprendizagem em organizações e no trabalho. In L. de O. Borges & L. Mourão (Orgs.), *O trabalho e as organizações – Atuações a partir da psicologia* (1a ed., Vol. 1, p. 497-527). Porto Alegre: Artmed.

Alvim, S. (2008). *Impacto em profundidade e amplitude: Avaliando um treinamento extra-organizacional com foco em empreendedorismo.* 223f. Dissertação de Mestrado, Programa de Pós-graduação em Psicologia, Universidade Federal da Bahia, Salvador.

Alvim, S., & Loiola, E. (2010). Construção e validação de escala de impacto em profundidade: O caso do Empretec. *Revista Psicologia: Organizações e Trabalho, 10*(1), jan.-jun., 37-51. Recuperado de http://submission-pepsic.scielo.br/index.php/rpot/index ISSN 1984-6657

Antonacapoulou, E. P., & Gabriel, Y. (2001). Emotion, learning and organizational change: Towards an integration of psychoanalytic and other perspectives. *Journal of Organizational Change Management, 14*(5), 435-451.

Askham, P. L. (2001). *The feeling's mutual: Excitement, dread and trust in adult learning and teaching.* Tese de doutorado. Departamento de Educação, Sheffield Hallam University, Sheffield, South Yorkshire, United Kingdom.

Billet, S. (1999). Guided learning at work. In D. Boud. & J. Garrick (Eds.), *Understanding learning at work* (pp. 151-164). London: Routledge.

Bloom, B. S., Krathwohl, D. R., & Masia, B. B. (1972). *Taxonomia de objetivos educacionais: Domínio afetivo.* Porto Alegre: Editora Globo e UFRS.

Boud, D. (1994). Conceptualizing learning from experience: Developing a model for facilitation. In *35th Adult Education*

Research Conference (pp. 49-54). Knoxville, Tennessee: College of Education, University of Tennessee.

Boud, D., Keogh, R., & Walker, D. (1985). *Reflection: Turning experience into learning.* London: Croom Helm.

Boud, D., & Walker, D. (1990). Making the most of experience. *Studies in continuing education, 12*(2), 61-80.

Boud, D., & Walker, D. (1993). Barriers to reflection on experience. In D. Boud, R. Cohen & D. Walker. (Eds.), *Using experience for learning.* Buckingham, UK: Open University Press.

Brandão, H. P., & Borges-Andrade, J. E. (2011). Desenvolvimento e validação de uma escala de estratégias de aprendizagem no trabalho. *Revista Psicologia: Reflexão e Crítica, 24*(3), 448-457.

Carbone, P. P. *et al.* (2006). Gestão por competências e gestão do conhecimento. Rio de Janeiro: FGV.

Chapman, A. (2006). *Kolb's learning styles,* 1984. Recuperado em 1° de setembro de 2013, de http://www.businessballs.com/kolblearningstyles.htm

Cooley, L. (1990). *Entrepreneurship training and the strengthening of entrepreneurial performance.* Final Report. Contract No. DAN-5314-C-00-3074-00. Washington: USAID.

Csikszentmihalyi, M., & LeFevre, J. (1989). Optimal experience in work and leisure. *Journal of Personality and Social Psychology, 56*(5), 815-822.

Csikszentmihalyi, M. (1996). *Creativity: Flow and the psychology of discovery and invention.* New York: Harper Collins.

Dewey, J. (1938). *Experiência e educação* (A. Teixeira, trad.). São Paulo: Nacional.

Fineman, S. (1997). Emotion and management learning. *Management Learning, 28*(1), 13-25.

Freitas, I. A. *et al.* (2006). Medidas de avaliação de impacto de TD&E no trabalho e nas organizações. In J. E. Borges-Andrade, G. Abbad & L. Mourão (Orgs.), *Treinamento, desenvolvimento e educação em organizações e trabalho: Fundamentos para a gestão de pessoas* (pp. 489--504). Porto Alegre: Artmed.

Gazzaniga, M. S., & Heatherton, T. F. (2005). Emoções, estresse e coping. In M. S. Gazzaniga & T. F. Heatherton. *Ciência psicológica: Mente, cérebro e comportamento* (pp. 240-279). Porto Alegre: Artmed.

Gross, J. J., & Barrett, L. F. (2011). Emotion generation and emotion regulation: One or two depends on your point of view. *Emotion Review, 3*(8), 8-16.

Honey, P., & Mumford, A. (1992). *The manual of learning styles*. Oxford, UK: Peter Honey Publications.

Jarvis, P. (2006). *Towards comprehensive of human learning: Life long learning and the learning society* (vol.1). London, UK: Broutledge.

Jung, C. G. (2013). *Obra completa de Carl Gustav Jung* (Vol. 6 – Tipos psicológicos). Madrid: Editorial Trotta.

Knowles, M. (1984). *Andragogy in action: Applying modern principles of adult learning.* London: Jossey-Bass Publihers.

Kolb, D. (1984). The process of experiential learning. In *Experiential learning: Experience as the source of learning and development.* New Jersey: Prentice Hall.

Kolb, D. A., Boyatzis, R. E., & Manemelis, C. (2000). Experiential learning theory: Previous research and new directions. In R. J. Sternberg & L. F. Zhang (Eds.), *Perspectives on cognitive, learning, and thinking styles.* New Jersey: Lawrence Erlbaum.

LeDoux, J. (1998). *O cérebro emocional: Os misteriosos alicerces da vida emocional.* Rio de Janeiro: Objetiva.

Loiola, E., Pereira, M. E., & Gondim, S. (2011). Aprendizagem e mecanismos de aprendizagem de trabalhadores em empresas da fruticultura irrigada do Baixo Médio São Francisco. *Gestão & Produção, 18*(1), 91-104.

McClelland, D. C. (1962). Business drive and national achievement. *Havard Business Review, 40*(4), 99-112.

McClelland, D. C. (1973). Testing for competence rather than for intelligence. *American Psychologist, 28*, 1-14.

Merriam, S., Cafarela, R., & Baumgartner, L. (2007). *Learning in adulthood: A comprehensive guide.* San Francisco: Jossey-Bass.

Mezirow, J. (1996). Contemporary paradigms of learning. *Adult Education Quarterly, 46*(3), 158-173.

Mezirow, J. (1997). Transformative learning: Theory to practice. *New Directions for Adult and Continuing Education, 74,* 5-12.

Morales, A. S. (2004). *Relação entre competências e tipos psicológicos junguianos nos empreendedores.* Tese de Doutorado, Programa de Pós--Graduação em Engenharia de Produção, UFSC, Florianópolis.

Mutti, C. (2008). *Emoções e aprendizagem em um curso para o desenvolvimento de competências empreendedoras.* Dissertação de Mestrado, Programa de Pós-Graduação em Psicologia, UFBA, Salvador.

Osbi, L. (2007). *Estratégias de aprendizagem no desenvolvimento de competências gerenciais: Um estudo qualitativo.* Dissertação de Mestrado, Programa de Pós-Graduação em Psicologia da Universidade Federal da Bahia, Salvador, 140p.

Pantoja. M. J. (2004). *Estratégias de aprendizagem no trabalho e percepções de suporte à aprendizagem – uma análise multinível.* Tese de Doutorado, Instituto de Psicologia, Universidade de Brasília, Brasília, 211p.

Phelps, E. A. (2006). Emotion and cognition. Insights from studies of the human amygdale. *Annual Review of Psychology, 57*, 37-53.

Piaget, J. (2001). Psicología y pedagogía. Barcelona: Crítica. (Trabalho original publicado em 1969)

Pozo, J. (2002). Aprendizes e mestres: A nova cultura da aprendizagem. Porto Alegre: Artmed.

Rogers, C. R. (1969). *Liberdade para aprender.* Belo Horizonte: Interlivros.

Rogers, C., & Freiberg, H. J. (1996). Libertad y creatividad en la educación. Barcelona: Ediciones Paidós Ibérica.

Serviço Brasileiro de Apoio às Micro e Pequenas Empresas (Sebrae) (2002). Manual do Instrutor do Programa Empretec. Brasília: Sebrae.

Short, C. D., & Yorks, L. (2002). Analyzing training from an emotions perspective. *Advances in Developing Human Resources*, *4*(1), 80-96.

Taylor, E. (2008). Transformative learning theory. *New Directions for Adult and Continuing Education, 119*, 5-17.

Tonet, H., & Mota, L. M. O. (2000). Metodologia ativa em TD&E com ênfase no role-playing. In J. Warr, P. & Downing, J. Learning strategies, learning anxiety and knowledge acquisition. *British Journal of Psychology, 91*, 311-333.

Warr, P., & Downing, J. (2000). Learning strategies, learning anxiety and knowledge acquisition. *British Journal of Psychology*, *91*(3), 311-333.

Zerbini, T. *et al.* (2012). Transferência de treinamento e impacto do treinamento em profundidade. In Abbad, G. *et al.* (Orgs.), *Medidas de avaliação treinamento, desenvolvimento e educação: Ferramentas para a gestão de pessoas* (pp. 127-146). Porto Alegre: Artmed.

CAPÍTULO 3

Emoções grupais, aprendizagem e comportamento social

Jesús M. Canto
Universidad de Málaga (Espanha)

Marcos Emanoel Pereira
Universidade Federal da Bahia

José Luís Álvaro Estramiana
Universidad Complutense de Madrid (Espanha)

Resumo

Grande parte do comportamento social dos seres humanos ocorre nos grupos. Por meio deles, construímos nossa identidade e aprendemos um conjunto de comportamentos fundamentais para a vida em sociedade. Analisar os grupos na vida cotidiana dos seres humanos demanda especificar melhor aspectos conceituais e descrever os principais processos envolvidos nas manifestações dentro e entre grupos. O capítulo inicia definindo o que é um grupo, para depois se deter nos benefícios do pertencimento aos grupos. Na sequência, define-se o que é emoção grupal visando destacar a importância das emoções no contexto grupal. O desenvolvimento emocional do grupo, incluindo alguns de seus processos, é também abordado neste capítulo. Para finalizar, são abordadas as relações entre emoções e relações intergrupais e destacadas as principais conclusões gerais sobre as emoções e grupos.

Introdução

A psicologia acadêmica há muito tem reconhecido a importância das emoções para o entendimento do comportamento humano (Cacioppo & Gardner, 1999). Ainda que não tenham se firmado como um tópico de interesse prioritário na psicologia social (Canto & Montilla, 2008), ao analisarmos detalhadamente os processos estudados pelos psicólogos sociais, encontramos sinais de que as emoções sempre despertaram interesse dos estudiosos da área.

O tema tem sido objeto de análise não só porque a psicologia social vem estudando sistematicamente emoções complexas como o amor (Sternberg & Barnes, 1988) ou o ciúme (Pines, 1998), mas também porque as emoções desempenham um papel de destaque em fenômenos intrapsíquicos e intragrupos. Como assinala Parrot (2004), o tema das emoções está no cerne de muitos fenômenos psicossociais e, como tal, não poderia estar distante dos interesses dos psicólogos sociais.

Esse interesse da área pelo estudo das emoções se reflete no grande número de elaborações teóricas e investigações. Ao se basear nos estudos de Keltner e Haidt (1999) sobre a pesquisa psicossocial das emoções, Huici (2008) enumerou cinco níveis de análise com que o tema tem sido abordado: intrapsíquico, interpessoal, grupal, intergrupal e cultural/social. No nível intrapsíquico, o foco dos estudos está na adaptação individual às alterações ambientais. No nível interpessoal, em que se encontram maior número de estudos, o foco está na análise e na compreensão do impacto das emoções nas relações interpessoais e no modo como elas tornam significativas as interações dos indivíduos. No nível grupal, por sua vez, a ênfase dos estudos reside na avaliação do modo como as emoções beneficiam os grupos ou as organizações sociais, particularmente o sentimento de "nós" (Tiedens & Leach, 2004). No nível intergrupal, os estudos se dirigem para as emoções envolvidas em diferentes processos intergrupais, a exemplo dos preconceitos, estereótipos e da discriminação. Por último, no nível cultural e social, os estudos têm buscado analisar como as emoções são influenciadas por fatores culturais, econômicos e históricos. A suposição é de que a cultura ajuda a interpretar o significado das emoções e condiciona práticas e normas sociais que são elementos fundamentais na experiência emocional (Mesquita & Fridja, 1992).

Há relativo consenso a respeito do entendimento de que os estados emocionais devem ser concebidos como processos que envolvem componentes cognitivos, motivacionais e comportamentais (Lazarus, 1991), além de múltiplos sistemas individuais (fisiológico, cognitivo, comportamental) e contextuais (sociais e culturais) (Dreu, West, Fisher, & MacCurtain, 2001). Conforme assinalam Keltner e Haidt (1999), é possível considerar as emoções como padrões de respostas aos desafios e oportunidades ambientais, o que inclui as percepções, as experiências fisiológicas, a ação e a comunicação. As emoções também envolvem a avaliação (*appraisal*) da situação, a experiência subjetiva, as tendências para a ação e os comportamentos, podendo provocar mudanças cognitivas, comportamentais, fisiológicas e expressivas.

As situações sociais parecem ter grande poder de desencadear emoções (Lindesmith, Strauss, & Denzin, 2006). Embora seja o indivíduo que experimenta a emoção, é preciso ter claro que a natureza, a intensidade, a presença ou ausência das emoções vão além dele. A emoção, além de envolver a tomada de consciência (ao assinalar para o indivíduo a importância de um determinado evento ou situação), também pode ser interpretada como uma forma de comunicação.

Em resumo, o senso comum e os principais modelos teóricos das emoções compartilham o entendimento de que elas ocorrem no indivíduo, de modo que o nível mais adequado para analisá-las é o individual (Parkinson, Fischer, & Manstead, 2005). No entanto, por mais que o indivíduo a considere como parte da realidade interior, o que ele sente é, em grande parte, influenciado pelas relações sociais. Somado a isto, as emoções podem ser compartilhadas no nível do grupo (emoções grupais). Expressões como "o povo do país está orgulhoso porque a sua seleção de futebol ganhou o campeonato mundial" comunica que cada cidadão experimenta a mesma emoção. A experiência grupal dos torcedores de futebol ao assistir à vitória de seu time provoca emoções que os indivíduos como membros de grupos compartilham.

Porém, a noção de grupo requer uma melhor definição. Em que sentido os grupos diferem conceitualmente de um aglomerado de indivíduos?

As pessoas que aguardam numa fila, os passageiros de um meio de transporte ou os pedestres que se aglomeram numa faixa à espera do sinal verde para atravessar a rua podem se definir como grupos? De fato, as pessoas, nesses casos, constituem mais um aglomerado do que um grupo. Mas um mero aglomerado pode se converter em um grupo, particularmente motivado por aspectos emocionais? A resposta é sim.

Imaginemos a situação de passageiros de avião na fila do *check-in* sendo surpreendidos por um aviso de que o seu voo terá um atraso de oito horas! É previsível que, movidos pelos interesses individuais frustrados, alguns manifestem protestos seguidos de expressão de sentimentos em relação à companhia aérea e a seus funcionários. Olhares de indignação trocados entre indivíduos inicialmente desconhecidos dão lugar a protestos, tímidos a princípio, que, se mal gerenciados, podem se transformar numa ruidosa manifestação. Expressões de indignação, ou mesmo revolta, começam a se fazer presentes. Toma corpo, aos poucos, um estado de ânimo que muitas vezes se converte em um conflito de proporções nada desprezíveis.

Fica claro, então, que embora as emoções sejam dos indivíduos, elas adquirem um novo sentido na interação humana. É ao outro que a emoção se dirige. A interação mediante o olhar se transforma numa cacofonia de gestos e expressões faciais, como sorrisos irônicos, o franzir da testa e posturas espalhafatosas. Aos poucos, as exclamações se tornam interjeições e logo evoluem para frases articuladas. Em pouco tempo, muitos se encontram, se não para conversar, pelo menos para esboçar fragmentos de diálogos, nos quais todos se fazem entender quão insatisfeitos estão com a situação. Esse contexto torna possível a criação de agenciamentos coletivos, capazes de produzir ações tão eficientes quanto às decorrentes de motivações individuais.

Este capítulo tem como objetivo discorrer sobre as emoções grupais e suas relações com a aprendizagem de comportamentos sociais. Os grupos e as normas grupais não apenas impõem modelos de comportamento, como também normas emocionais. Quando um indivíduo expressa a pertença a um grupo, ele também expressa sua conformidade emocional, pois é a forma mais simples de ser reconhecido como membro desse grupo.

Inicialmente, procuraremos definir com mais detalhes o que é um grupo, para depois nos deter nos benefícios do pertencimento a grupos, visando a preservar a autoestima e a orientar atitudes e comportamentos sociais. Em sequência, iremos definir emoção grupal, com o objetivo de destacar a importância das emoções no contexto dos grupos, para depois discorrer sobre o desenvolvimento grupal, no qual aspectos emocionais estão fortemente implicados. Três processos grupais e suas relações com as emoções serão objeto de análise: coesão, contágio emocional e processamento de informação. Para finalizar, serão abordadas as relações entre emoções e relações intergrupais e destacadas as principais conclusões gerais sobre as emoções e grupos.

Definição de grupo

Há muitas definições de grupo social. Algumas são mais abrangentes, uma vez que indicam todas as funcionalidades e características que definem o grupo, enquanto outras se detêm nos requisitos mínimos para que um agregado humano possa vir a ser considerado um grupo social.

Ao partir dos sistemas de classificação desenvolvidos por Cartwright e Zander (1968) e Shaw (1979), Turner (1987) elegeu três critérios a serem adotados para definir um grupo: identidade, estrutura social e interdependência.

O critério de identidade

Para Turner (1981), a formação de um grupo social ocorre quando duas ou mais pessoas compartilham uma identidade comum e se percebem como membros de uma mesma categoria social. A existência de um grupo requer que duas ou mais pessoas se definam como membros do grupo e que sua existência seja reconhecida por ao menos outra pessoa ou outro grupo de pessoas. Um grupo seria, nesse sentido, um conjunto de indivíduos que se percebem como membros da mesma categoria social, compartilham algum envolvimento emocional fundamentado nessa percepção e possuem certo grau de consenso sobre a avaliação do grupo e seu grau de pertença (Tajfel, 1978).

O critério da estrutura social

Algumas definições enfatizam a estabilidade na composição do grupo, bem como a formação de um sistema constituído por uma série de papéis, normas e valores que influenciam o comportamento e as atitudes dos membros relevantes para o grupo. De acordo com Sherif e Sherif (1953), o grupo é uma unidade social formada por indivíduos que compartilham o mesmo *status*, que exercem papéis sociais mais ou menos definidos, mantendo um sistema próprio de valores e normas que regulam a conduta de seus membros, ao menos em assuntos de consequência para o grupo.

Critério de interdependência

Muitas definições destacam a interdependência dos membros. As pessoas se reúnem para colaborar e daí atingirem objetivos que seriam impossíveis de serem alcançados individualmente, ou então para buscar apoio nas outras pessoas. Esse critério é consistente com a definição de grupo proposta por Lewin (1951), que o concebe como "[...] um todo dinâmico em que os membros mantêm relação de interdependência entre si" (p. 142), e de Cartwright e Zander (1968), para quem a interdependência é uma propriedade do grupo.

Algumas definições, como a de Cattell (1951), enfatizam a relação entre interdependência e motivação, ao sugerir que as pessoas se unem para satisfazer necessidades individuais. O critério de interdependência, todavia, pode ser percebido de modo mais flexível (Baron, Kerr, & Miller, 1992), associado ao conceito de exercício da influência na interação social, tal como o concebe Forsyth (2006).

Em resumo, os principais elementos que estão presentes nas definições de grupo social são:

- um grupo é constituído por dois ou mais indivíduos com algum vínculo entre si;
- que compartilham conteúdos (normas, objetivos, sistemas de comunicação, emoções etc.);
- interagem entre si;

- para empreenderem ações e cooperarem no alcance de objetivos acordados coletivamente;
- mantendo uma identidade social compartilhada.

Para finalizar esta seção, destacaremos uma definição de grupo social de Turner (1987, p. 24), que integra diversos elementos mencionados. Em termos descritivos, o grupo se constitui por ser significativo para cada um de seus membros, o que lhes permite a aquisição de normas e valores compartilhados que servem de referência para a avaliação das crenças, atitudes, capacidades, opiniões e ações, orientando seus comportamentos. Para além do pertencimento, o grupo é uma referência para os seus membros (endogrupo) e serve de comparação social (em relação a outros grupos – exogrupos).

Sentimento de pertença ao grupo: referência para o comportamento social

Ao se tornar membro de um grupo, o indivíduo sofre algum tipo de mudança cognitiva, comportamental ou emocional. Todos nós pertencemos a vários grupos simultaneamente: família, trabalho, amigos, clube esportivo, partidos políticos, grupos religiosos etc. Cada grupo de pertencimento oferece modelos comportamentais distintos, o que pode fazer com que haja alguma descontinuidade comportamental no nível individual, em virtude da situação em que se encontre (Sherif, 1966).

As contribuições dos psicólogos sociais, como Sherif, Lewin, Asch, Newcomb etc., foram essenciais para assinalar a importância psicológica da experiência grupal. Uma vez que os grupos são reais, eles possuem objetivos, aspirações e características distintas de cada um dos seus membros constitutivos.

Stangor (2004) enumerou oito benefícios dos grupos para os indivíduos:

1. **Sobrevivência** – a espécie humana sobrevive há milhares de anos sob a forma de organização grupal (Buss & Kenrick, 1998).
2. **Redução da ansiedade** – os grupos ajudam a avaliar os riscos mediante a comparação social e, consequentemente, contribuem para a redução dos medos e ansiedades (Cohen & Wills, 1985).

3. **Autoestima positiva** – ao comparar o grupo de pertencimento com os demais grupos e avaliar estes últimos como inferiores, os membros do grupo fazem uma avaliação mais positiva de si mesmos (Goethals & Darley, 1987).
4. **Precisão social** – a comparação social valida os pontos de vista, particularmente em relação aos valores socialmente compartilhados (Suls & Miller, 1997).
5. **Identidade social** – a identificação afetiva com os membros do endogrupo (grupo de pertencimento) desencadeia sentimentos positivos sobre os membros do grupo de pertença e o próprio grupo (Tajfel, 1981).
6. **Efetividade** – o grupo ajuda a desenvolver novas ideias e a completar tarefas importantes (González, Silva, & Cornejo, 1996), como também ajuda a produzir mudança social (Moscovici, 1976).
7. **Apoio social** – os grupos proporcionam sentimentos de amor, carinho e valorização, o que gera efeitos positivos na saúde física e mental (Harlow & Cantor, 1996).
8. **Associação** – os grupos ajudam no combate à solidão ao desenvolver relações positivas e duradouras com outras pessoas (Baumeister & Leary, 1995).

Pode-se inferir que alguns benefícios estão fortemente relacionados a aspectos emocionais. Uma das justificativas apresentadas por Parkinson *et al.* (2005) é a de que os membros de um mesmo grupo social tendem a expressar-se de modo semelhante em termos emocionais e a compartilhar as mesmas avaliações dos eventos emocionais, o que proporciona uma elevada uniformidade no padrão emocional e tom afetivo do grupo.

Emoção grupal

Os componentes emocionais há muito são considerados elementos essenciais da vida em grupo, embora apenas nas últimas décadas tenham começado a ser investigados com maior profundidade (Barsade, 2002; Barsade & Gibson, 1998).

A emoção grupal é aquela emoção que influencia e é influenciada pelos membros do grupo. Ou seja, a experiência compartilhada no grupo influencia o modo de as pessoas experimentarem e expressarem suas emoções, o que se concretiza nas semelhanças de modos de sentir e de se comportar dos membros do grupo (endogrupo). Para Parkinson *et al.* (2005), a experiência emocional compartilhada no grupo decorre: (1) dos membros estarem expostos aos mesmos tipos de eventos emocionais; (2) da interação direta entre os membros do grupo; (3) das normas e dos valores compartilhados entre os membros; e (4) do compartilhamento de uma identidade social.

Enfim, o compartilhamento da experiência emocional no grupo tem implicações atitudinais e comportamentais. Se os membros de um grupo se identificam como pertencentes ao mesmo grupo, ficam suscetíveis a fazerem interpretações e avaliações semelhantes de eventos emocionais que têm implicações para todo o grupo. Além disso, se um indivíduo não compartilha as emoções e os comportamentos comuns aos membros do grupo ao qual pertence, pode deixar de ser considerado um membro desse grupo.

Após definir grupo social e ressaltar os aspectos emocionais envolvidos na pertença a grupos, torna-se relevante discorrer um pouco sobre o desenvolvimento grupal, cujos aspectos emocionais têm grande importância na aprendizagem de comportamentos sociais.

Desenvolvimento do grupo

Os grupos sociais estão em constante movimento, sofrendo mudanças ao longo do tempo. Uma vez que o grupo esteja formado, a dinâmica grupal passa por diferentes fases (Huici, 1987). Três modelos tentam explicar o desenvolvimento dos grupos: lineares, não lineares e integradores.

Modelos lineares: as etapas de desenvolvimento do grupo são ordenadas

Os modelos lineares assumem que os grupos se desenvolvem segundo uma ordem definida de etapas, caracterizada por estados e desafios emocionais específicos (Agazarin & Gantt, 2003). Sugerem também que um grupo não chega à maturidade sem vencer todas as etapas anteriores de desenvolvimento. Se o grupo não é capaz de superar alguma etapa, ele termina por se dissolver.

As pesquisas sobre desenvolvimento grupal se iniciaram com o estudo de Bales e Strodbeck (1951) sobre a tomada de decisões nos grupos. De acordo com Bales (1950), todo grupo possui duas principais características: (1) seus membros desenvolvem atividades relacionadas com as atividades grupais; e (2) estão sujeitos a uma série de problemas nas relações e nos contatos sociais. Para Bennis e Shepard (1956), os grupos passam por duas etapas: a primeira inclui problemas decorrentes da autoridade e da estrutura grupal para então chegar à segunda etapa, na qual tem lugar a intimidade e a interdependência.

Bion (1961) sugeriu que em qualquer grupo ocorreriam simultaneamente dois tipos de atividade mental: a do grupo de trabalho e a do grupo de base. O grupo de trabalho se refere a qualquer grupo que se reúne para executar uma determinada tarefa, sendo que cada membro coopera conforme suas capacidades individuais. Aspectos emocionais que emergem na interação dos membros do grupo de trabalho ajudam ou dificultam a realização da tarefa. Bion (1961) descreve o que ele denomina mentalidade grupal, que envolve três suposições básicas de funcionamento dos grupos, em que as emoções de amor e ódio, afeto e exclusão, decisão e insegurança se encontram presentes. São elas: dependência, luta-fuga e emparelhamento. Na fase de dependência emocional, o grupo busca um líder que os proteja emocionalmente e lhes dê segurança. Na fase de luta-fuga, o grupo supõe haver um inimigo que ameaça a estabilidade emocional do grupo, a quem se deve combater. Em decorrência disso, ora os membros se tornam agressivos, ora fogem das situações de enfrentamento e conflito. Na fase de emparelhamento, os vínculos emocionais entre os membros são mais profundos, permitindo-se vivenciar alegria e tristeza, tranquilidade e ansiedade, fruto da maior confiança nas relações e da maior sensação de intimidade.

O modelo linear mais influente foi desenvolvido por Tuckman (1965), que, a partir dos fundamentos encontrados na literatura disponível à época, sugeriu que os grupos passam por cinco estágios, conforme ilustrado na Figura 3.1.

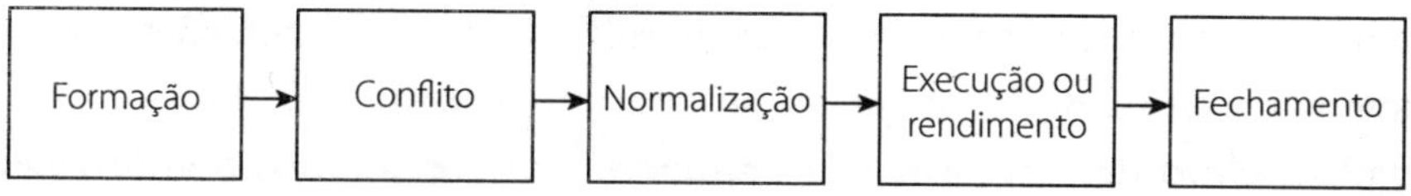

Fonte: adaptada de Tuckman (1965).

Figura 3.1 Modelo linear de Tuckman (1965) sobre o desenvolvimento dos grupos

1. Na fase de formação, os membros do grupo se familiarizam uns com os outros e avaliam se o grupo pode atender às suas necessidades e expectativas. Nessa fase, tenta-se determinar o grau de pertencimento ao grupo e os papéis que podem desempenhar.
2. Na fase de conflito, aparece a insatisfação decorrente de os indivíduos fazerem comparações entre as suas expectativas iniciais e o que foi, de fato, alcançado pelo grupo. Os conflitos podem ser interpessoais e relacionados à realização de tarefas, podendo levar a uma oposição em relação aos líderes.
3. Na fase de normalização, ocorre a superação dos conflitos anteriores, pelo fortalecimento da coesão e da emergência de sentimentos positivos para com o grupo.
4. Na fase de execução ou desempenho, os grupos resolvem os seus problemas estruturais, o que facilita a execução das tarefas, além de adotarem comportamentos mais flexíveis e funcionais.
5. Na fase do fechamento, os grupos atingem os seus objetivos e a partir desse momento podem continuar a funcionar de forma eficaz ou se dissolverem.

Modelos não lineares: negando uma ordem no desenvolvimento grupal

Esses modelos rejeitam qualquer suposição sobre a existência de fases de desenvolvimento na trajetória de um grupo, pois assumem haver influência de fatores contingenciais na orientação das metas. Ou seja, os modelos não lineares concebem os grupos como sistemas abertos, assumindo a importância das variáveis ambientais e das relações com o meio exterior na dinâmica grupal.

O modelo do equilíbrio interrompido, desenvolvido por Gersick (1989), é um dos exemplos mais representativos dessa perspectiva. Sustenta-se no entendimento de que os grupos avançam e se modificam de forma descontínua, alternando períodos de estabilidade e de rotinas bem especificadas, com períodos de transição, mais ou menos abruptos. O autor assinalou que na metade do ciclo de vida, os grupos experimentam uma fase de transição em que os progressos em direção à realização das metas são reavaliados, e os processos e procedimentos utilizados para cumprir as tarefas são igualmente revisados. Isso leva a uma reorientação dos esforços e das metas definidas pelo grupo.

Modelos integradores de desenvolvimento grupal

O modelo de identidade social proposto por Worchel (1996) afirma que o desenvolvimento grupal apresenta um caráter cíclico, uma vez que as etapas podem ser repetidas muitas vezes durante a existência do grupo. A passagem de uma etapa a outra depende de fatores intra e intergrupais, e pode ocorrer de forma gradual ou abrupta, dependendo do sucesso ou fracasso do grupo, do comportamento do líder ou das pressões para finalizar a tarefa.

Conforme descrito por esse modelo, a partir do momento em que os membros do grupo estabelecem sua identidade grupal, passam a se ocupar dos elementos relacionados com a execução de tarefas e a produtividade. Em primeiro lugar, os membros do grupo tentam encontrar um equilíbrio entre seu desejo de pertencer a um ou vários grupos e a preocupação com a manutenção da sua própria identidade pessoal. Uma vez que os membros do grupo se identificam como pertencentes a um dado grupo, a produtividade se firma. A partir desse ponto, ocorre a fase de individualização, em que cada membro destaca-se comparativamente em relação aos demais, até chegar à etapa final do grupo, em que há o declive e sua possível dissolução (Figura 3.2).

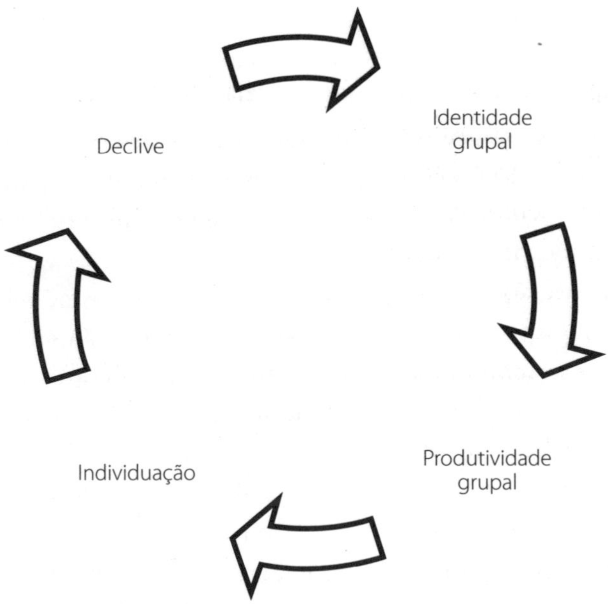

Fonte: adaptada de Worchel (1996, p. 294).

Figura 3.2 Etapas do desenvolvimento do modelo de identidade social de Stephen Worchel

Todo grupo possui um senso de finitude, pois reconhece que sua existência no tempo é limitada. Se um grupo não chega a se constituir no sentido pleno do termo, os membros experimentam um sentimento de alívio com a sua dissolução. Contudo, se já existe um senso de pertença acompanhado de sentimentos para com o grupo e consciência de sua existência, a dissolução pode estar associada à alta tensão emocional. Em outras circunstâncias, em especial quando o conflito interno é intenso, a dissolução ou a cisão do grupo é praticamente inevitável.

Processos grupais e emoções

Como parte do desenvolvimento dos grupos, alguns processos se destacam e estão bastante relacionados a aspectos afetivo-emocionais. Nesta seção, serão descritos alguns deles: a coesão grupal, o contágio emocional e os julgamentos.

Coesão grupal

Um grupo, para existir, depende da relativa união entre os seus membros, considerado requisito indispensável para caracterizar um ente social como um grupo. A coesão do grupo está relacionada a um tipo de afeto que une seus membros e pode ocorrer mesmo que os indivíduos não estejam próximos fisicamente.

O termo coesão tem uma longa história na psicologia social. Etimologicamente, se origina do latim *cohaesus*, que significa aderir, juntar-se. Coesão pode ser entendida como um processo dinâmico, que se caracteriza pela tendência a permanecer junto na busca de metas e objetivos. A definição apresentada por Carron (1988) incorpora as características inicialmente apresentadas por Festinger, Schachter e Back (1950, p. 124), que definem coesão como "o campo das forças que atuam sobre os membros de um grupo para nele permanecerem". Essa definição influenciou fortemente os estudos realizados na área da psicologia dos grupos. Desde a década de 1950, foram identificadas as duas grandes forças centrípetas que atuam sobre o grupo e seus membros: a atratividade do grupo (isto é, o desejo de os indivíduos estabelecerem interações interpessoais com os outros membros do grupo e seu desejo de envolvimento em atividades grupais) e o controle dos recursos, ou seja, os benefícios que cada membro pode obter devido à sua integração ao grupo.

O período entre 1950 e 1970 conheceu muitas definições de coesão grupal (Weinberg & Gould, 1996). Todas elas, embora levemente diferentes entre si, destacavam um eixo comum, que ressalta as duas dimensões centrais da coesão: (1) a coesão em relação à tarefa, em que se destaca o grau em que os membros do grupo trabalham de forma conjunta para alcançar os objetivos comuns, em que um esforço coordenado de trabalho é requerido; e (2) a coesão social, que se refere ao grau em que os membros do grupo sentem simpatia recíproca e desfrutam da relação de companheirismo com os demais membros do grupo, desenvolvendo-se fortes laços afetivos.

Muitos psicólogos sociais identificam a coesão grupal com a atração interpessoal entre os membros do grupo (Festinger *et al.*, 1950). A maioria das teorias psicossociais sobre os grupos (Shaw, 1979) incorporou essa característica ao conceito de coesão grupal, assumindo que a interdependência é o processo fundamental mediante o qual os grupos são formados. Destacaram, com isso, o papel decisivo desempenhado pela atração interpessoal, ao permitir que o grupo se mantenha unido. Boa parte do conhecimento sobre a atração interpessoal, considerada a atitude positiva de uma pessoa em relação à outra, seria fundamental para a conduta de afiliação.

Houve, no entanto, um grupo de teóricos da autocategorização que se dedicou a enfatizar as diferenças entre coesão grupal e atração interpessoal. Hogg (1992) assinalou que a interdependência (atratividade) nem sempre gera efeitos positivos na direção da coesão e na formação de grupos, podendo, em alguns casos, gerar conflito entre as partes. Para Hogg, haveria dois tipos de atrações interpessoais: a relacionada à pertença a uma categoria social comum (atração grupal, por exemplo, gênero) e a que se fundamenta nas características peculiares da personalidade de um indivíduo (atração pessoal).

A coesão grupal está associada positivamente ao desempenho grupal (Mullen & Cooper, 1994). Essa relação se expressa de modo mais visível quando a coesão é definida como comprometimento com a tarefa, ocorrendo decréscimo quando é definida como atração interpessoal.

Para finalizar, salienta-se que os graus de coesão podem variar dependendo das características dos membros e também da fase do grupo. Grupos com alto grau de coesão (Carron & Brawley, 2000) são descritos como aqueles em que: (1) os membros se comunicam com frequência; (2) os padrões de interação e seus conteúdos têm uma direção mais positiva; (3) há maior influência mútua entre seus membros; (4) há maior eficácia na realização das metas; e (5) seus membros se sentem mais satisfeitos.

Contágio emocional

Desde os primeiros modelos teóricos acerca do comportamento das multidões (Le Bon, 1896; McDougall, 1920), o papel desempenhado pelo contágio emocional tem sido identificado nos grupos sociais. As pessoas que interagem com mais frequência, a exemplo dos membros de um grupo, estão mais sujeitas aos processos de contágio de emoções positivas e negativas.

O contágio emocional é definido por Hatfield, Cacioppo e Rapson (1994) como a tendência para imitar e sincronizar automaticamente as expressões faciais, vocalizações, posturas e movimentos de outras pessoas, cumprindo funções adaptativas. Embora a noção de contágio emocional tenha se originado no contexto do estudo do comportamento das multidões (Le Bon, 1896), recentemente as pesquisas têm acentuado as formas de contágio emocional em que as pessoas se encontram expostas aos estados emocionais de outra.

Preston e Waal (2002) procuraram diferenciar contágio emocional e empatia. A empatia seria uma reação emocional experimentada por uma pessoa ao reconhecer o estado emocional de outra. A resposta emocional empática é congruente e semelhante aos sentimentos identificados na outra pessoa. Hoffman (1990) assinala que a empatia está composta por dois elementos definidores: um cognitivo, que compreende o reconhecimento dos sentimentos alheios, e um componente afetivo, que supõe o compartilhamento desses sentimentos.

A empatia envolve a consciência e o reconhecimento do outro e a sua experiência emocional, ao passo que essa consciência não é decisiva para o contágio emocional, que requer apenas "contaminar" ou "ser contaminado" pelo estado emocional da outra pessoa (Nilson, 2003). Nem todas as pessoas são igualmente suscetíveis ao contágio emocional. Para Doherty (1997), o que caracteriza as pessoas especialmente suscetíveis é a capacidade de perceber e interpretar as expressões emocionais dos outros, enxergando-as como interdependentes e inter-relacionadas, o que leva a uma tendência a imitar expressões faciais, vocais e posturais.

Estudos constatam a existência de várias formas de sincronia nas condutas, a exemplo dos ritmos de conversação (Warner, 1988) ou do comportamento não verbal (Tickle-Degnen & Rosenthal, 1987). Essa sincronização emocional é tão intensa que durante uma conversação entre dois amigos, ambos podem começar a respirar em um mesmo ritmo (McFarland, 2001), sendo essa sincronia respiratória maior, quanto menor a distância física entre eles. Na mesma linha argumentativa, Bernieri e Rosenthal (1991) afirmam que quanto mais coordenados os movimentos de duas pessoas em interação, mais positivos são os sentimentos entre elas.

A convergência emocional decorrente do contágio emocional é um fenômeno recorrente nos grupos. O contágio impõe que os membros do grupo convirjam em uma mesma direção durante a interação, impondo uma homogeneidade nos afetos. O papel exercido pelos líderes não é desprezível, pois eles influenciam significativamente os seus grupos (Goleman, Boyatzis, & Mackee, 2002). As pessoas com maior capacidade de liderança de fato são mais hábeis para canalizar as emoções dos membros do grupo para alcançar as metas.

Processamento da informação, comportamento social e emoções

As pesquisas evidenciam uma ampla influência das emoções e dos estados de ânimo na cognição e nas condutas (Kelly, 2003). As emoções distorcem as decisões e os julgamentos, tornando-os compatíveis com os estados emocionais prévios (Isen, 1984), ou seja, estados de ânimo positivos levam a julgamentos de vieses positivos, enquanto os estados negativos levam a vieses de julgamento negativos.

Forgas (1995) propôs um modelo da infusão do afeto para explicar a influência dos afetos nas estratégias de processamento cognitivo. O modelo supõe que a natureza e a extensão da influência do afeto dependem da estratégia de processamento adotada para a realização da tarefa. Estados emocionais positivos tendem a promover o processamento heurístico de informações, enquanto estados de ânimo negativos favorecem o processamento mais sistemático da informação. Os estados emocionais positivos estão associados a um estilo de processamento heurístico, focado em esquemas de conhecimento prévio, o que inibe o processamento mais crítico das novas informações. As emoções negativas, ao contrário, alertam que alguma coisa não funciona bem e contribuem para uma análise mais detalhada e exaustiva da situação.

De acordo com Forgas (1995), o tipo de tarefa é importante na direção do efeito do estado afetivo prevalente no grupo. Por exemplo, estados de ânimo positivos e o processamento heurístico facilitarão o desempenho em tarefas simples ou rotineiras, enquanto o processamento sistemático associado a estados emocionais negativos são mais eficazes em tarefas complexas ou não rotineiras. Estados emocionais positivos também estão associados a um melhor desempenho nas atividades, a uma maior satisfação no trabalho, e também a comportamentos pró-sociais e de cooperação (Kelly, 2003).

No contexto da negociação entre grupos, os resultados de Forgas (1998) indicaram que as pessoas em estado de humor mais positivo planejam e adotam estratégias mais cooperativas durante o processo de negociação quando comparadas às de estado de humor negativo. Hertel e Fiedler (1994) também examinaram o efeito dos estados de humor sobre o comportamento cooperativo ou competitivo em grupos de quatro pessoas que participavam de alguns jogos e encontraram evidências de que o estado de humor positivo leva a uma congruência com o tipo de jogo. Ou seja, indivíduos com estado de humor positivo em jogos cooperativos tendem a cooperar e em jogos competitivos tendem a competir, diferentemente dos indivíduos com estado de humor negativo.

Em contrapartida, os estados emocionais negativos estão associados com o processamento mais sistemático de informações, o que favorece a identificação mais minuciosa de ameaças potenciais no ambiente (Kelly, 2003). Em outras palavras, pessoas em estado de humor negativo estão mais atentas aos sinais de ameaça ao grupo e a si mesmos.

Até o momento foi dedicada atenção ao grupo e aos processos que ocorrem no interior do grupo e seus membros. Dedicaremos a próxima seção às emoções que têm lugar nas relações entre grupos.

As emoções nas relações intergrupais

Diferentes grupos mantêm relações entre si e, em muitos casos, essas interações acarretam situações de alta intensidade emocional. Os meios de comunicação rotineiramente relatam conflitos intergrupais significativos (por exemplo, o conflito entre judeus e palestinos), nos quais podem ser constatadas fortes emoções negativas (raiva, medo, ódio).

A psicologia social se interessa amiúde pelo estudo e pela pesquisa das relações intergrupais. Sherif (1966, p. 12) definiu o comportamento intergrupal como "aquele que se dá sempre que os indivíduos que pertencem a um grupo interagem coletivamente com outro grupo ou com seus membros em função de sua identificação com o grupo". Em consonância com essa definição, Parkinson *et al.* (2005) caracterizaram as emoções intergrupais levando em conta o objeto e o sujeito, conforme exemplificado na Tabela 3.1. Emoções intergrupais, portanto, seriam aquelas em que o objeto e o sujeito da emoção são o grupo.

Tabela 3.1 Emoções interpessoais, grupais e intergrupais

	Objeto	
Sujeito	**Indivíduo**	**Grupo**
Indivíduo	Emoções interpessoais	Emoções individuais dirigidas a um grupo
Grupo	Emoções grupais dirigidas a um indivíduo	Emoções intergrupais

Fonte: Parkinson *et al.* (2005, p. 116).

Embora haja grande interesse da psicologia social pelo estudo das relações intergrupais, há poucos estudos sobre o tema (Huici, 2008). Segundo Smith e Mackie (2006), isso foi uma consequência do predomínio da perspectiva cognitivista na psicologia social (ênfase nos processos cognitivos individuais; sobre o assunto, ver Capítulo 1). Mesmo no caso dos estudos desenvolvidos sobre os estereótipos na perspectiva da cognição social (a cognição influenciada por aspectos sociais) (Hamilton, 1981), ou do favoritismo endogrupal (tendência a favorecer os membros do próprio grupo) na perspectiva da identidade social (Tajfel 1981), as investigações sobre as emoções nos grupos não se firmaram como um tema prioritário de pesquisa.

Na perspectiva de Bodenhausen (1993) há dois tipos de afetos nas relações intergrupais: o afeto incidental e o afeto integral. O afeto incidental se refere às emoções suscitadas por situações alheias ao contexto intergrupal. Por exemplo: um líder de uma equipe pode estar com raiva por ter se envolvido em um acidente de trânsito e acaba tratando de forma discriminatória um membro de sua equipe que pertence a uma minoria étnica. O afeto integral se refere às emoções suscitadas pelas relações intergrupais propriamente ditas.

O afeto incidental nas relações intergrupais

Muitos estudos abordaram os efeitos do afeto incidental sobre o favoritismo endogrupal e sobre os preconceitos e estereótipos em relação a outros grupos (Huici & Gomez-Berrocal, 2004). Estudos experimentais de indução de afeto positivo ou negativo antes da avaliação de membros de outros grupos (exogrupos) concluíram haver consistência entre a valência (positiva ou negativa) do afeto e a avaliação posterior. Em outras palavras, emoções positivas e negativas desencadeiam cognições respectivamente positivas e negativas, de modo que o afeto positivo facilita a assunção de julgamentos, sentimentos e comportamentos favoráveis ao exogrupo, enquanto o inverso ocorreria no caso de emoções ou estados afetivos negativos (Forgas, 1995). Esse resultado sinaliza a importância dos estados afetivos dos grupos na manifestação de atitudes preconceituosas (atitude negativa para com membros do outro grupo) e estereotipadas (tendência a ver os membros do grupo como compartilhando os mesmos atributos), podendo desencadear conflitos intergrupais.

O afeto integral nas relações intergrupais

Os estudos conduzidos por Dijker (1987) são bastante ilustrativos do afeto integral. O referido autor estudou as reações emocionais que os surinameses, os imigrantes turcos e os marroquinos despertavam nos holandeses e concluiu que os sentimentos gerados eram mistos: estados de humor positivos, ansiedade, irritação e preocupação.

Cottrell e Neuberg (2005) conduziram uma pesquisa na qual analisaram os diferentes tipos de sentimentos associados à percepção de ameaças de diversos grupos sociais. A Tabela 3.2 ilustra as possíveis relações entre as emoções e as várias ameaças percebidas pelo endogrupo.

Tabela 3.2 Relações entre percepção de ameaça ao endogrupo e emoções provocadas por tais ameaças

Percepção de ameaça	Emoções desencadeadas	Tendências de ações associadas
Obstáculos ao grupo	Raiva	Eliminar os obstáculos Exigir o controle
Contaminação do grupo	Asco	Minimizar a contaminação Prevenção de enfermidades perigosas Manter e confirmar os valores do grupo
Segurança física	Medo	Proteger-se a si mesmo e aos outros
Relações de reciprocidade	Pena	Retornar a uma relação de intercâmbio apropriada
Moralidade do grupo	Culpa	Confirmar sua posição como grupo moral

Fonte: Cottrell e Neuberg (2005).

Os exogrupos podem suscitar um tipo particular de ameaça percebida e emoções correspondentes, podendo-se supor a existência de relações funcionais entre as ameaças e as emoções. Ao se perceber que um exogrupo compete pelos mesmos recursos que o endogrupo, o exogrupo é percebido como um obstáculo ao próprio grupo, o que faz despertar a raiva nos membros do endogrupo, e leva esse grupo a planejar um conjunto de ações destinadas a remover o obstáculo e a retomar o controle. Da mesma forma, se o outro grupo é percebido como perigoso, por se acreditar que ele é muito violento, os membros do endogrupo têm medo e buscam empreender ações de proteção para seus membros.

É previsível que a percepção de ameaça esteja associada à ansiedade e a manifestações verbais e não verbais de carga emocional negativa em relação ao outro grupo, o que acaba por gerar conflitos intergrupais. Faremos algumas considerações sobre estes dois aspectos: a ansiedade entre grupos e as manifestações preconceituosas.

A ansiedade intergrupal

Indivíduos que interagem com grupos externos, ou imaginam que essas interações irão necessariamente ocorrer, podem antecipar consequências negativas dos contatos intergrupais. O modelo proposto por Stephan e Stephan (1985) destaca o papel da ansiedade provocada pelo contato intergrupal. O modelo identificou uma série de antecedentes da situação intergrupal que podem influenciar o grau de ansiedade vivida pelos indivíduos, bem como uma série de consequências do contato intergrupal. A frequência e a qualidade das relações prévias com o outro grupo podem fazer aumentar ou diminuir a ansiedade na interação intergrupal.

O conhecimento da cultura do outro grupo, suas crenças, sua concepção de mundo (estereótipos, preconceitos, entre outros) e as atitudes já desenvolvidas pelo endogrupo em relação ao exogrupo também são variáveis que interferem no grau de ansiedade experimentado na interação intergrupal. O terceiro fator que interfere na ansiedade é o nível de estruturação da relação entre os grupos. Dois aspectos estruturais serão aqui destacados: o tipo de interação requerida e o tamanho do grupo. Se a interação exigir cooperação entre os membros dos dois grupos, o nível de ansiedade intergrupal será menor do que no caso de competição intergrupal. No que tange ao tamanho do grupo, quanto maior a proporção de membros do exogrupo em relação aos do endogrupo, maior será a ansiedade entre os membros do endogrupo.

As consequências da ansiedade intergrupal são principalmente comportamentais, cognitivas e afetivas. Do ponto de vista comportamental, a ativação causada pela ansiedade intensifica a pressão para a conformidade no interior do grupo. Ou seja, o alto grau de ansiedade faz com que as normas endogrupais fiquem ressaltadas, o que acarreta maior tendência a segui-las com rigidez e a adotar um padrão comportamental comum. Em relação às consequências cognitivas, a ansiedade contribui para o uso de processamento heurístico de informações, fazendo com que os membros do grupo tendam a fazer julgamentos enviesados que se compatibilizam com os estereótipos já esboçados em relação a esse outro grupo.

Por último, as consequências afetivas da ansiedade se referem à intensificação das reações emocionais entre os membros do endogrupo com relação aos membros do outro grupo. Isso explica reações exageradas em situações moderadamente negativas, como no caso de uma leve provocação de um membro do grupo externo acarretar uma resposta negativa intempestiva.

O preconceito nas relações intergrupos

O preconceito pode ser definido como uma atitude negativa (crenças carregadas de afetos negativos) dirigida aos membros de um grupo que pertencem a uma categoria social (Allport, 1954). Alguns autores, como Smith (1993), criticam essa definição, em virtude de essa concepção de preconceito ter uma série de limitações. A principal delas é a incapacidade de poder explicar a especificidade situacional envolvida no preconceito, ou seja, o preconceito contra um grupo não se mantém constante. O mesmo grupo pode provocar diferentes emoções negativas (raiva, medo, entre outras), que podem levar a diferentes condutas (agressão, fuga, evitação etc.).

Inspirado na teoria da autocategorização de Turner (1987) e na teoria da avaliação emocional (Lazarus, 1991), o modelo proposto por Smith (1993), Mackie e Smith (1998) e Smith e Mackie (2002) acentua as relações entre as emoções sociais e a identidade social, supondo que os preconceitos deveriam ser conceituados como emoções sociais. Com base na teoria de Turner (1987), Smith (1993) afirma que o investimento afetivo na pertença a um grupo social ativa a identidade e, ao se tornar saliente, contribui para que sejam desencadeados sentimentos positivos em relação ao grupo de pertença (e de identidade) e sentimentos negativos contra o outro grupo (exogrupo). Em atividades de competição intergrupal, por exemplo, o exogrupo é percebido como uma ameaça, sendo ativada a identidade social (sentimento de pertença, identificação afetiva), que, por sua vez, desencadeia sentimentos negativos para com os membros externos.

Lazarus (1991) caracteriza a emoção como uma síndrome complexa na qual coexistem cognições, sentimentos e uma tendência para a ação. A síndrome é ativada a partir de avaliações que estão associadas a emoções específicas. Avaliações em relação ao eu e em relação ao grupo de pertencimento desencadeiam emoções sociais dirigidas para os membros de outros grupos. Ao incorporar a concepção de avaliação defendida por Lazarus, Smith (1993) argumenta que quando os membros de um grupo avaliam que os membros do exogrupo estão recebendo benefícios injustificados, aparece um sentimento de raiva (emoção negativa em relação ao outro grupo), que poderia contribuir para a emergência de outros sentimentos negativos em relação a este grupo (sentimentos preconceituosos) e a consequente expressão de comportamentos discriminatórios para com ele.

A interpretação do preconceito como emoção social não se opõe sistematicamente à concepção de preconceito como uma atitude, porque, como reconhecido por Smith (1993), apesar da especificidade situacional, certos indivíduos podem ter atitudes que não são influenciadas pelo contexto. Ou seja, percebem os membros de exogrupos com características homogêneas e negativas independentemente das circunstâncias.

Considerações finais

Há décadas a psicologia dos grupos se tornou consciente da importância das emoções nos processos intra e intergrupal (Canto, 1998; Canto & Moral, 2005; Huici, 2008). Desde o nascimento da dinâmica dos pequenos grupos (Cartwright & Zander, 1968), em que se constata o interesse pelos aspectos emocionais dos indivíduos nos grupos, teorias, pesquisas empíricas e técnicas grupais dão destaque à dimensão emocional no comportamento humano.

Em resumo, apesar do reconhecimento da existência de emoções primárias que têm lugar nos processos evolutivos, as emoções são principalmente aprendidas nos contextos sociais e culturais, tendo inúmeros efeitos em aspectos intrapsíquicos e também nos processos que envolvem a interação dos membros dentro do próprio grupo e entre grupos sociais (Gondim & Álvaro, 2010).

No decorrer do capítulo, procurou-se dar destaque ao fato de que em todas as fases constitutivas dos grupos e em sua dinâmica interna, as emoções têm um papel fundamental na coesão interna, no tom emocional do grupo (contágio interno), nos julgamentos dos grupos em relação aos outros grupos, na emergência de conflitos intergrupais e na efetividade do grupo.

Os grupos, portanto, são fundamentais para compreender e explicar os comportamentos sociais, pois o reconhecimento de pertencimento a um grupo diz muito sobre os comportamentos adotados por seus membros (Mead, 1934/1974). A natureza social do ser humano se constitui a partir de seu pertencimento e identificação com os diferentes grupos, visto que com eles se mantêm uma maior interação. As emoções são essenciais também porque dão significado e sentido às relações com as demais pessoas, fortalecendo laços intragrupais, demarcando diferenças com outros grupos e criando um sentimento de identidade que unifica os comportamentos diante de situações e objetos sociais. Um forte componente emocional contribui para explicar a aceitação ou a rejeição, a cooperação ou a competição, a tolerância ou intolerância em relação aos outros grupos (os diferentes de nós), aumentando ou reduzindo os conflitos intergrupais.

Referências

Agazarin, E., & Gantt, S. (2003). Phases of group development: Systems-centered hypotheses and their implications for research and practice. *Group Dynamics: Theory, research and practice,* 7, 238-252.

Allport, G. W. (1954). *The nature of prejudice.* Cambridge, MA: Addison-Wesley.

Bales, R. F. (1950). *Interaction process analysis: A method for the study of small group.* Chicago: Chicago University Press.

Bales, R. F., & Strodbeck, F. L. (1951). Phases in group problem solving. *Journal of Abnormal and Social Psychology, 46,* 485-495.

Baron, R. S., Kerr, N. L., & Miller, N. (1992). *Group processes, group decision, group action.* Buckingham, UK: Open University Press.

Barsade, S. G. (2002). The ripple effect: Emotional contagion in groups. *Administrative Science Quartely, 47,* 644-677.

Barsade, S. G., & Gibson, D. E. (1998). Group emotion: A view from the top and bottom. In D. Gruenfeld, M. Mannix & M. Neale, *Research on managing groups and teams* (pp. 81-102). Stanford, CT: JAI Press.

Baumeister, R. F., & Leary, M. (1995). The need to belong: Desire for interpersonal attachment as a fundamental human motivation. *Psychological Bulletin, 117,* 497-529.

Bennis, W. G., & Shepard, H. A. (1956). A theory of group development. *Human Relations, 9,* 415-437.

Bernieri, F. J., & Rosenthal, R. (1991). Interpersonal coordination: Behavior matching and interactional synchrony. In R. Feldman & B. Rimé. *Fundaments of nonverbal behavior* (pp. 47-68). New York: Cambridge University Press.

Bion, W. R. (1961). *Experience in groups.* New York: Basic.

Bodenhausen, G.V. (1993). Emotions, arousal, and stereotypic judgments: A heuristic of affect and stereotyping. In D. M. Mackie & D. L. Hamilton (Eds.). *Affect, cognition, and stereotyping. Interactive processes in group perception* (pp. 13-38). San Diego, CA: Academic Press.

Brown, R. (1988). *Group processes. Dynamics within and between groups.* Oxford, UK: Blackwell.

Buss, D., & Kenrick, D. T. (1998). Evolutionary social psychology. In D. T. Gilbert, S. T. Fiske & G. Lindzey (Eds.), *The handbook of social psychology* (pp. 982-1026). New York: McGraw-Hill.

Cacioppo, J., & Gardner, W. (1999). Emotion. *Annual Review of Psychology, 50,* 191-214.

Canto, J. M. (1998). *Psicología de los grupos. Estructura y procesos.* Málaga, España: Aljibe.

Canto, J. M., & Moral, F. T. (2005). El sí mismo desde la teoría de la identidad social. *Escritos de Psicología,* 7, 59-70.

Canto, J. M., & Montilla, V. (2008). *Dinámica de grupos y autoconciencia emocional. Perspectivas teóricas y ejercicios prácticos.* Málaga, España: Aljibe.

Carron, A.V., & Brawley, L. R. (2000). Cohesion: Conceptual and measurement issues. *Small Group Research, 31*(1), 89-106.

Carron, A.V. (1988). *Groups dynamics in sport.* London: Spodym Publishers.

Cartwright, D., & Zander, A. (1968). *Group dynamics: Research and theory.* New York: Harper & Row.

Cattell, R. B. (1951). New concepts for measuring leadership in terms of group syntality. *Human Relations, 4*, 161-184.

Cottrell, C. A., & Neuberg, S. L. (2005). Differential emotional reactions to different groups: A sociofunctional threat-based approach to prejudice. *Journal of Personality and Social Psychology, 88*, 770-789.

Cohen, S., & Wills, T. A. (1985). Stress, social support, and the buffering hypothesis. *Psychological Bulletin, 98*, 310-357.

Dijker, A. J. (1987). Emotional reactions to ethnic minorities. *European Journal of Social Psychology, 17,* 305-325.

Doherty, R. W. (1997). The emotional contagion scale: A measure of individual differences. *Journal of Nonverbal Behavior, 21*, 131-154.

Dreu, C. de., West, M., Fischer, A., & MacCurtain, S. (2001). Origins and consequences of emotions in organizational teams. In P. Payne & C. Cooper (Eds.), *Emotions at work* (pp. 199-216). New York: John Wiley & Sons.

Festinger, L., Schachter, S., & Back, K. W. (1950). *Social pressures in informal groups*. New York: Harper & Row.

Forgas, J. P. (1995). Mood and judgment: The affect infusion model (AIM). *Psychological Bulletin, 117*, 39-66.

Forgas, J. P. (1998). On feeling good and getting your way: Mood effects on negotiator cognition and bargaining strategies. *Journal of Personality and Social Psychology, 74*, 565-577.

Forsyth, D. (2006). *Group dynamics*. New York: Thompson.

Gersick, C. J. (1989). Making time: Predictable transitions in task group. *Academic of Management Journal, 2*, 274-309.

Goethals, G. R., & Darley, J. M. (1987). Social comparison theory: Self--evaluation and group life. In B. Mullen & G. R. Goethals (Eds.), *Theories of group behavior* (pp. 21-47). New York: Springer Verlag.

Gondim, S. M., & Álvaro, J. L. (2010). Naturaleza y cultura en el estudio de las emociones. *RES, 13*, 31-47.

Goleman, D., Boyatzis, R., & McKee, A. (2002). *El líder resonante.* Barcelona: Plaza & Janés.

González, P., Silva, M., & Cornejo, J. M. (1996). *Equipos de trabajos efectivos.* Barcelona: EUB.

Hamilton, D. L. (1981). *Cognitive processes in stereotyping and intergroup behavior.* Hillsdale, NJ: Erlbaum.

Harlow, R., & Cantor, N. (1996). Social pursuits of academia: Side effects and spillover of strategic reassurance seeking. *Journal of Personality and Social Psychology, 66,* 386-397.

Hatfield, E., Cacioppo, J. T., & Rapson, R. (1994). *Emotional contagion.* New York: Cambridge University Press.

Hertel, G., & Fiedler, K. (1994). Affective and cognitive influences in a social dilemma game. *European Journal of Social Psychology, 24,* 131-145.

Hoffman, M. L. (1990). Empathy and justice motivation. *Motivation and Emotion, 14,* 151-172.

Hogg, M. A. (1992). *The social psychology of group cohesiveness: From attraction to social identity.* New York: New York University Press.

Huici, C. (1987). *Estructura y procesos de grupo.* Madrid: UNED.

Huici, C. (2008). Las emociones intergrupales. In J. F. Morales, C. Huici., A. Gómez & E. Gaviria, *Método, teoría e investigación en psicología social* (pp. 281-299). Madrid: Prentice-Hall.

Huici, C., & Gómez-Berrocal, C. (2004). Las relaciones intergrupales. In C. Huici, *Psicología de los grupos* (pp. 369-408). Madrid: UNED.

Isen, A. M. (1984). Toward understanding the role of affect in cognition. In R. S. Wyer & T. Srull (Eds.), *Handbook of social cognition* (pp. 179--236). Hillsdale, NJ: Erlbaum.

Kelly, J. R. (2003). Mood and emotion in group. In M. A. Hogg & R. S. Tindale (Eds.), *Blackwell handbook of social psychology: Group processes* (pp. 164-181). Oxford, UK: Blackwell Publishing.

Keltner, D., & Haidt, J. (1999). Social functions of emotions at four levels of analysis. *Cognition and Emotion, 13,* 505-521.

Lazarus, R. S. (1991). *Emotion and adaptation*. New York: Oxford University Press.

Le Bon, G. (1896). *The crows: A study of the popular mind*. London: Ernest Benn.

Lewin, K. (1951). *Field theory in social science*. New York: Harper.

Lindesmith, A. R., Strauss, A. L., & Denzin, N. K. (2006). *Psicología social*. Madrid: CIS.

Mackie, D. M., & Smith, E. R. (1998). Intergroup relations: Insight from a theoretically integrative approach. *Psychological Review, 105*, 499-529.

Mead, G. (1974). *Espíritu, persona y sociedad*. Buenos Aires: Paidós. (Trabalho original publicado em 1934)

McDougall, W. (1920). *The group mind*. New York: Putnam's Sons.

McFarland, D. (2001). Respiratory markers of conversational interaction. *Journal of Speech, Language, and Hearing Research, 44*, 128-145.

Mesquita, B., & Fridja, N. H. (1992). Cultural variations in emotions: A review. *Psychological Bulletin, 112*, 179-212.

Moscovici, S. (1976). *Social influence and social change*. London: Academic Press.

Mullen, B., & Cooper, C. (1994). The relation between group cohesiveness and performance: An integration. *Psychological Bulletin, 115*, 210-227.

Nilson, P. (2003). *Empathy and emotion: On the notion of empathy as emotional sharing*. Umea, Suécia: Umea University Print & Media.

Parkinson, B., Fisher, A. H., & Manstead, A. S. (2005). *Emotions in social relations*. New York: Psychology Press.

Parrot, W. G. (2004). The nature of emotion. In M. Brewer & M. Hewstone, *Emotion and motivation* (pp. 5-20). Malden, MA: Blackwell Publishing.

Pines, A. M. (1998). *Romantic jealousy. Causes, symptoms, cures*. New York: Routledge.

Preston, S., & Waal, F. (2002). The communication of emotions and the possibility in animals. In S. Post, L. Underwood, J. Schloss & W. Hurlburt (Eds.), *Altruistic love: Science, philosophy, and religion in dialogue* (pp. 284-308). New York: Oxford University Press.

Shaw, M. E. (1979). *Group dynamics: The psychology of small group behavior.* New York: McGraw-Hill.

Sherif, M. (1966). *Group conflict and cooperation. Their social psychology.* London: Routledge.

Sherif, M., & Sherif, C. W. (1953). *Groups in harmony and tension.* New York: Harper.

Smith, E. R. (1993). Social identity and social emotions: Toward new conceptualization of prejudice. In D. M. Mackie & D. L. Hamilton (Eds.), *Affect, cognition, and stereotyping. Interactive processes in group perception* (pp. 297-315). San Diego, CA. Academic Press.

Smith, E. R., & Mackie, D. M. (2002). *From prejudice to intergroup emotions: Differentiated reactions to social groups.* Philadelphia, PA: Psychology Press.

Smith, E. R., & Mackie, D. M. (2006). It´s about time: Intergroup emotions as time-dependence phenomena. In R. Brown & D. Capozza (Eds.), *Social identities. Motivational, emotional and cultural influences* (pp. 173-187). Hove, UK. Psychology Press.

Stangor, C. (2004). Social groups in action and interaction. New York: Psychology Press.

Stephan, W. G., & Stephan, C. (1985). Intergroup anxiety. *Journal of Social Issues, 41*, 157-175.

Sternberg, R. J., & Barnes, M. L. (1988). *The psychology of love.* New Haven, CT: Yale University Press.

Suls, J., & Miller, R. (1997). *Social comparison processes.* Washington, D.C.: Hemisphere.

Tajfel, H. (1978). *Differentiation between social groups: Studies in the social psychology of intergroups relation.* London: Academic Press.

Tajfel, H. (1981). *Human groups and social categories*. Cambridge: University Press.

Tickle-Degnen, L., & Rosenthal, R. (1987). Group rapport and nonverbal behaviour. *Review of Personality and Social Psychology, 9*, 113-136.

Tiedens, L. Z., & Leach, C.W. (2004). *The social life of emotions*. Cambridge, UK: Cambridge University Press.

Tuckman, B.W. (1965). Developmental sequence in small groups. *Psychological Bulletin, 63*, 384-399.

Turner, J. C. (1981). Toward a cognitive definition of the social group. *Cahiers of Psychologie Cognitive, 1*, 93-118.

Turner, J. C. (1987). *Rediscovering the social group: A self-categorization theory*. Oxford, UK: Blackwell.

Warner, R. (1988). Rhythm in social interaction. In J. E. McGrath (Ed.), *The social psychology if time: New perspectives* (pp. 64-88). Newbury Park, CA: Sage.

Weinberg, R. S., & Gould. D. (1996). *Fundamentos de psicología del deporte y del ejercicio físico*. Barcelona: Ariel.

Worchel, S. (1996). Las estaciones en la vida grupal... y su impacto en la conducta intergrupal. In J. F. Morales, D. Páez, J. C. Deschamps & S. Worchel (Eds.), *Identidad social. Aproximaciones psicosociales a los grupos y a las relaciones entre grupos* (pp. 287-321). Valencia, España: Promolibro.

Notas para reflexão

Emoções, aprendizagem e comportamento social: focando os grupos

Sonia Gondim
Universidade Federal da Bahia

Elisabeth Loiola
Universidade Federal da Bahia

Mônica Loiola
Secretaria de Educação da Bahia (SEC/BA)

Lidar com grupos faz parte da rotina de profissionais que atuam em contextos educacionais e de trabalho. Professores, gestores e profissionais que trabalham com formação de pessoas poderiam fazer com que suas ações fossem mais efetivas se compreendessem melhor de que modo os processos grupais funcionam e como eles estão associados à aprendizagem de comportamentos sociais, que, por sua vez, são influenciados por processos pessoais de significação das emoções, por meio das experiências de vida, considerando-se nessa construção os fatores culturais, econômicos e históricos, conforme sinalizado no texto. Assim, não se pode perder de vista que aspectos emocionais estão implicados nos sujeitos, e, por consequência, nos grupos, os quais repercutem na aprendizagem de comportamentos que poderão vir a favorecer comportamentos pró-sociais, bastante valorizados nas interações em sociedade.

No capítulo que acaba de ser lido há conhecimentos bastante úteis para a prática nesses espaços de formação e procuraremos destacar aqui nessas notas alguns deles, mostrando sua aplicabilidade. Particularmente, são de interesse os fatores intragrupais e intergrupais e as suas inter-relações.

No que tange aos processos intragrupais, cabe ressaltar que, independente dos critérios de constituição do grupo – identidade, estrutura social e interdependência –, há objetivos comuns que unem os membros de um mesmo grupo, assim como estes compartilham, em algum grau, um conjunto de crenças que orienta sua visão e ações em relação a temas e conteúdos afins ao grupo. Adicionalmente, orientam sentimentos, atitudes e comportamentos dos membros do grupo para com outros grupos, configurando-se as relações intergrupais.

A grande atratividade entre os membros, que está relacionada com o tempo de existência do grupo e a frequência com que os membros interagem, faz com que haja uma maior influência dos processos intragrupais no estado de ânimo do grupo, na pressão para a conformidade às normas e também para a adesão pessoal a crenças e valores coletivos, contribuindo para a manifestação de comportamentos congruentes com essa orientação. Em grupos em que a atratividade entre seus membros é forte, também se pode identificar maior contágio emocional, visto que o estado de ânimo de um membro, principalmente se ele exercer um papel importante no grupo, como o líder, afeta o comportamento dos demais.

Torna-se importante que os professores, educadores e profissionais de gestão de pessoas que lidam com grupos estejam atentos a esses processos intragrupais para poder compreender e intervir de maneira a ajudar o grupo, tanto no suporte emocional quanto no melhor exercício da tarefa. Nesta direção, a observação dos estilos de aprendizagem e das emoções associadas a processos de aprendizagem e o registro desses aspectos constituem estratégias formativas que auxiliam no acompanhamento e na reflexão sobre o percurso de aprendizagens dos participantes do grupo, indicando caminhos a serem seguidos ou refeitos, retomados. Esses elementos ficaram muito claros no caso apresentado no Capítulo 2, do curso de formação de empreendedores. Muitas vezes, a simples tomada de consciência pelos membros do grupo de que esses processos estão em curso ajuda-os na aprendizagem de novas estratégias mais efetivas de superação, que poderão ser usadas em contextos semelhantes futuros.

No que tange aos processos intergrupais, o educador necessita ter claro que a simples composição de um grupo faz emergir a crença em uma demarcação entre "nós" (o grupo de pertencimento) e "eles" (o grupo de não pertencimento), ativando processos internos que envolvem emoções positivas em relação ao próprio grupo e emoções negativas em relação ao outro grupo. Certamente que a intensidade de manifestação desse processo pode variar, principalmente por intervenção externa. É prática comum entre professores e treinadores de equipes de trabalho o uso de atividades competitivas entre os grupos visando a motivá-los a atingir os objetivos e a criar um espírito de equipe. Afinal, competir é uma prática bastante usada em diversos contextos sociais e pode ser considerada uma forma meritória de concessão de benefícios.

No entanto, há riscos no uso abusivo desse tipo de modalidade de atividade. É preciso estar atento aos processos de desenvolvimento do grupo para avaliar se esse tipo de estratégia está permitindo de fato alcançar os objetivos pretendidos sem prejuízo ao bem-estar ou para a aprendizagem dos membros do grupo. No contexto da educação infantil e séries iniciais, por exemplo, esse tipo de atividade não é aconselhável, uma vez que as crianças estão em franco desenvolvimento moral, sendo vulneráveis às emoções negativas geradas pela competitividade. Ao mesmo tempo em que é o momento propício para construir suas primeiras impressões, e que sejam positivas, sobre a diversidade humana refletida também nos diferentes estilos de aprendizagem descritos no Capítulo 1.

Comparações excessivas entre os atributos que diferenciam os grupos, enaltecendo as qualidades de um e os defeitos de outro grupo, contribuem para aumentar a ansiedade no relacionamento com outro grupo, acirrando os processos de favoritismo intragrupal e também a adoção de atitudes negativas para com o outro grupo, levando a manifestações de preconceito e discriminação, favorecendo a formação de comportamentos de intolerância diante da diversidade. Em outras palavras, o estado afetivo dos grupos repercute nos processos cognitivos e favorece os vieses de julgamentos, positivos e negativos. No caso de haver prevalência de estados de afetos negativos entre os membros do grupo, os julgamentos acabam sendo mais minuciosos e críticos, o que pode aumentar os conflitos com os membros do outro grupo. Não se deve esquecer que os grupos oferecem padrões de conduta que são aprendidos e reproduzidos, muitas vezes, como hábitos, naturalizando-se. Quando as comparações surgem dos próprios componentes do grupo, a liderança deve encontrar modos de neutralizar esse comportamento, por meio do diálogo e da ressignificação das impressões e emoções.

Fazer uso somente de atividades cooperativas nos grupos escolares e de trabalho, indubitavelmente, não assegura que as pessoas tornar-se-ão mais solidárias umas com as outras e farão julgamentos mais justos com os demais. Em parte, porque cada pessoa recebe influências de vários grupos que podem ser mais salientes que outros em termos de identificação (e identidade social) e referência comportamental. No entanto, é importante reconhecer que as experiências sociais e culturais influenciam sobremaneira atitudes e comportamentos e, portanto, os espaços de formação formal e intencional devem promover experiências pautadas na cultura colaborativa, em contraposição à competitiva. Há que se levar em conta que educadores têm uma responsabilidade na formação de pessoas e são muitas vezes modelos de referência para os membros do grupo.

Questões orientadoras da prática pedagógica

1. Consigo identificar as fases de desenvolvimento grupal (fase inicial, disputa de papéis, consolidação, finalização), procurando levar isto em conta no planejamento de minhas ações pedagógicas?
2. Consigo identificar a emergência de subgrupos dentro do grupo e fazer uso de estratégias pedagógicas que favoreçam a melhor interação entre esses subgrupos, visando a amenizar aspectos negativos decorrentes do excessivo grau de pertencimento com repercussões negativas para com os membros de outros subgrupos?
3. Faço uso de estratégias de competitividade entre grupos, preocupando-me com que a meta seja a superação do próprio grupo, mais do que a derrota de outro grupo? Quando necessário, faço mais uso de estratégias cooperativas, visando a incentivar a colaboração entre alunos ou trabalhadores que sinalizam pouca proximidade?
4. Sou capaz de identificar se o grupo necessita de suporte emocional ou mais diretividade, com foco na realização de tarefas, reorientando minhas ações pedagógicas quando necessário?

5. Incentivo os alunos e trabalhadores a refletirem sobre a influência dos processos grupais no seu comportamento, visando a ampliar sua consciência sobre a pressão para a conformidade, a atração grupal e a tendência a valorizar o grupo de pertencimento em relação ao exogrupo (grupo de não pertencimento)?
6. Ajudo alunos e trabalhadores a refletirem sobre a influência dos estados de humor e do contágio emocional no clima grupal e nos processos de tomada de decisão, repercutindo em julgamentos enviesados positiva ou negativamente?
7. Faço uso de registros reflexivos do percurso de aprendizagem e sobre as principais emoções manifestadas com a intenção de planejar novas intervenções?
8. Construo o mapeamento das respostas dadas pelo grupo sobre as atividades propostas, com vistas a identificar novas necessidades de rotas de intervenção?
9. Promovo um ambiente colaborativo que oportuniza aos membros do grupo expressar opiniões divergentes e emoções contraditórias?
10. Observo atentamente os diferentes estilos de aprendizagem e refaço o planejamento de modo a agregar a diversidade pessoal?

PARTE II

ARTICULANDO EMOÇÕES E APRENDIZAGEM EM CONTEXTOS SOCIAIS E DE TRABALHO

CAPÍTULO **4**

Emoções na formação e no desenvolvimento dos preconceitos

Cícero Roberto Pereira
Universidade Federal da Paraíba

Dalila Xavier de França
Universidade Federal de Sergipe (UFS)

Ana Raquel Torres
Universidade Federal da Paraíba (UFPB)

Marcus Eugênio Oliveira Lima
Universidade Federal de Sergipe (UFS)

Marcos Emanoel Pereira
Universidade Federal da Bahia (UFBA)

Resumo

Neste capítulo, analisamos a dimensão emocional do preconceito e sua relação com os processos de aprendizagem e socialização na infância. Para tal, na primeira parte do texto discutimos conceitualmente os fenômenos do preconceito, do racismo e da discriminação, produzindo um panorama analítico que distingue e ao mesmo tempo aproxima esses fenômenos das relações de conflito, real ou simbólico, entre grupos sociais. Na segunda parte são apresentadas e discutidas as teorias mais clássicas e as mais modernas sobre a relação do preconceito com as emoções e os sentimentos, com ênfase para a influência dos sentimentos de culpa e constrangimento coletivos nas atitudes diante das reparações contra as injustiças sofridas pelas minorias sociais. A terceira parte analisa o preconceito como estando sujeito às lógicas dos processos de aprendizagem acerca das diferenças e desigualdades entre os grupos, considerando que a dinâmica da aquisição e da expressão ou controle do preconceito na infância passa pela relação dos indivíduos e grupos com as normas sociais, numa perspectiva de desenvolvimento psicossocial. Finalmente, são sumarizadas as principais contribuições de entendimento das relações entre preconceito, afeto e aprendizagem e sinalizados pontos ou tópicos a se ter em conta para a produção de uma agenda de pesquisa e discussão do tema na psicologia.

Introdução

Em 1948, três anos depois do fim da Segunda Guerra Mundial, ainda sob os efeitos da hecatombe do nazismo, Kurt Lewin escreveu:

> Os membros da maioria estão habituados a pensar numa minoria como um grupo homogêneo, que possam caracterizar por um estereótipo como o 'judeu' ou o 'negro'. Demonstrou-se que este estereótipo é criado na criança em desenvolvimento pela atmosfera social em que cresce e que o grau de preconceito é praticamente independente do teor e tipo de experiência real que o indivíduo teve com membros do grupo minoritário (Lewin, 1948/1978, p. 208).

Poucos anos depois, Allport (1954) afirmou que a criança pequena está desamparada no que se refere aos valores, e por isso mimeticamente segue os valores e crenças dos pais, incluindo a hostilidade ou a tolerância diante de outros grupos sociais. Para esse autor, o conteúdo afetivo que estaria na base desse fenômeno seria a identificação, o conteúdo cognitivo da aprendizagem.

Sessenta anos de estudo sobre esse tema têm mostrado que afetos e aprendizagem permanecem tendo enorme influência na formação e expressão dos estereótipos, preconceitos e discriminação (ver Fiske, 2000, para uma revisão). O preconceito é uma atitude eminentemente afetiva, que possui uma face mais cognitiva (estereótipos) e outra mais conativa (discriminação). A literatura em psicologia social das atitudes indica que estas são aprendidas nos processos de socialização (ver Fazio & Olson, 2003, para uma revisão), seja por influência direta ou indireta. Neste sentido, o preconceito é um tipo de fenômeno das relações entre grupos sociais em que está envolvido forte componente afetivo, objetivado por emoções "quentes", como desprezo, raiva e mesmo ódio, ou emoções "frias", tais como a indiferença, a antipatia ou o descaso. Com efeito, as emoções estão na base dos processos psicológicos, de forma geral (Zajonc, 1998), e dos encontros interétnicos, de forma particular (Dijker, 1999). São elas que deflagram os processos avaliativos e comportamentais que interferem poderosamente nos encontros intergrupais.

Neste capítulo, apresentamos e discutimos parte da literatura sobre a aprendizagem do preconceito na infância e sobre a relação entre emoções, preconceitos, racismo e discriminação. Na primeira parte do capítulo, traçamos um panorama conceitual do preconceito, racismo e discriminação, no qual discutimos as especificidades e convergências entre esses fenômenos das relações intergrupais. Na segunda parte, analisamos as relações entre emoções e preconceito, utilizando a literatura clássica e mais recente da psicologia social para estudar a influência das emoções na produção, expressão e controle de atitudes intergrupais negativas. Na terceira parte, discutimos como o preconceito é ensinado às crianças e como elas o apreendem, com que idade uma criança já é capaz de expressar preconceito aberto contra minorias sociais e com que idade elas assumem as formas mais veladas e indiretas de preconceito que caracterizam as expressões adultas. Finalmente, na última parte do capítulo, sumarizamos as principais contribuições da literatura especializada para o entendimento do fenômeno e destacamos pontos para a produção de agenda de análise das relações entre emoções, aprendizagem e preconceito na psicologia social.

A expressão dos afetos no preconceito, no racismo e na discriminação

As definições que as ciências sociais têm apresentado para a natureza dos fenômenos que são o seu objeto de estudo são normalmente ambíguas, imprecisas e pouco consensuais. Esta é uma das características dos conceitos disponíveis na literatura sobre o preconceito, o racismo e a discriminação. Apresentamos aqui uma visão geral das propostas de definição para esses conceitos, mas sempre tentando identificar as suas similaridades e especificidades.

O que é o preconceito?

O preconceito[1] tem sido definido como uma atitude[2] negativa. No entanto, não há consenso na literatura sobre a dimensão da atitude que melhor descreve o preconceito (Ehrlich, 1973). Por exemplo, Katz e Braly (1933, p. 191-192) realçam fatores cognitivos e emocionais ao definir o preconceito racial como "um conjunto generalizado de estereótipos com elevado grau de consistência que inclui reações emocionais dirigidas a categorias raciais e crenças em traços típicos dessas categorias"[3]. Em outra referência clássica nesse domínio, Gordon Allport (1954, p. 7) enfatiza ainda mais os aspectos afetivos do preconceito, definindo-o como "uma atitude de prevenção ou hostilidade contra um membro de um grupo, simplesmente porque ele ou ela pertence a este grupo e, portanto, se presume ter os traços negativos atribuídos a esse grupo". O mesmo autor realça as dimensões afetivas e cognitivas das atitudes na sua definição de preconceito étnico: uma antipatia baseada numa generalização falha e inflexível, que pode ser expressa ou sentida e pode se dirigir a um grupo como um todo ou a um indivíduo porque faz parte do grupo.

A definição clássica de Allport influencia diretamente a grande maioria da teorização recente sobre preconceito, permanecendo o destaque para a dimensão afetiva ou emocional do fenômeno. É assim, por exemplo, na definição de Ashmore (1970) e em outras mais recentes, como a

---

[1] Literalmente, a palavra "preconceito" significa um conceito formado antecipadamente, i.e., pré-conceito, ideia preconcebida ou juízo prévio. Neste sentido, como Brown (1995) sublinhou, do ponto de vista lógico, o preconceito, como todo julgamento antecipado, pode ser uma conotação positiva, negativa ou mesmo ambivalente. Entretanto, é a forma negativa do preconceito que a psicologia social tem teorizado e que é objeto de análise neste capítulo.

[2] É importante lembrar que, além do fato de as definições para a atitude não serem consensuais, a própria noção de atitude é demasiado ambígua (McGuire, 1985).

[3] Traduzimos para o português todas as definições originalmente publicadas em língua estrangeira.

de Jackson, Brown e Kirby (1998), na qual se assegura que o preconceito é um conjunto de atitudes em relação a um grupo, as quais abrangem afetos (emoções), estereótipos (crenças) e intenções (disposições comportamentais) negativas em relação a um grupo ou aos seus membros. Tal definição é análoga à proposta por Brown (1995), em outro livro clássico sobre o tema.

Maior realce à dimensão emocional do preconceito é dado por Smith (1993), ao considerá-lo uma emoção social relacionada à identificação com um grupo por oposição a outro grupo. Mesmo os autores que discordam da definição de preconceito como uma atitude, paradigma dominante na psicologia social, afirmam a importância dos afetos na definição do fenômeno. Por exemplo, Blumer (1958) defende que é um equívoco definir o preconceito simplesmente como uma atitude ou sentimentos contra outros grupos. A consciência da posição grupal está na origem do preconceito racial, sendo constituído por quatro sentimentos: o sentimento de superioridade, que coloca as pessoas subordinadas abaixo; o sentimento de diferenciação, que as coloca além ou aquém; o sentimento de propriedade, que as exclui dos benefícios e direitos da posição; e, finalmente, o sentimento de medo, relacionado à evitação da invasão ou da ameaça à posição do grupo. Em direção semelhante, Dovidio, Hewstone, Glick e Esses (2010) situam o preconceito como produto de relações desiguais de poder, quando afirmam que se trata sempre da ação de um grupo majoritário contra uma minoria, sendo uma atitude contra um grupo ou seus membros, com a finalidade de preservar relações de *status* hierarquizadas.

Jones (1972) propõe uma articulação entre a principal característica da definição proposta por Allport (1954) – o preconceito como atitude – e a proposta feita por Blumer (1958) – o preconceito como uma "consciência" de posição do grupo que seus membros têm em relação aos membros do outro grupo. Para viabilizar essa articulação, Jones (1972) lança mão do conceito de comparação social, processo por meio do qual os indivíduos formam crenças e percepções sobre si, comparando-se com outros (Festinger, 1954). Assim, para Jones (1972), o preconceito é uma atitude negativa baseada em um processo de comparação social no qual o endogrupo, que já foi objeto de discussão no Capítulo 3, é tomado como ponto de referência. Além disso, esse autor propõe que esse padrão é usado de forma injusta, na medida em que a identificação com o endogrupo é sempre o polo positivo do processo de comparação.

Neste argumento, podemos destacar um elemento importante para a delimitação do preconceito, que é a noção de justiça, ou mais especificamente, a noção de que a atitude, ou mesmo o conjunto de sentimentos e afetos direcionados aos membros do exogrupo, noção esta também já abordada no Capítulo 3, é injustamente fundamentada. Esse elemento também foi enfatizado por Pettigrew (1998, p. 265), que sublinhou a natureza irracional do preconceito ao defini-lo como "atitudes negativas irracionalmente baseadas contra outros grupos e seus membros".

Nesta mesma linha de raciocínio, Fishbein (2002) define o preconceito como uma atitude irracionalmente motivada, mas que pode ser revertida, uma vez que a ênfase proposta por esse autor não está na acepção do preconceito como uma atitude negativa, mas em não ser justificável. Essa ideia está relacionada com o caráter não racional do preconceito, especificamente com o fato de a atitude em relação ao outro grupo não ter uma base lógica e não corresponder a qualquer dado da realidade (ver, especialmente, LaPiere, 1936). Assim, de acordo com essa interpretação, uma ideia preconcebida e os afetos nela envolvidos em relação a um grupo social são preconceito se faltarem aos seus fundamentos uma base racionalmente justificável, ou seja, se não corresponderem à realidade[4].

Ao faltar uma base lógica, como a atitude negativa pode encontrar formas de expressão, considerando-se as pressões normativas por justiça social? É neste sentido que, nas sociedades democráticas, a expressão do preconceito precisa recorrer a algum elemento externo à sua própria constituição, o que denominamos fator justificador (Pereira, Vala, & Costa-Lopes, 2010). Nessas sociedades, a discriminação com base no preconceito racial é antinormativa, pois é injusto discriminar com base em julgamentos preconcebidos falsos. Assim, pensamos que a compreensão da natureza do preconceito e das suas consequências deve envolver a

[4] Ver Tajfel (1983) para uma crítica às teorizações dos aspectos irracionais do preconceito e ênfase nos seus aspectos estratégicos de dominação.

análise dos mecanismos de legitimação e de justificação da discriminação de maneira que, embora não sejam justificáveis as bases de formação da atitude preconceituosa, a ocorrência de comportamentos discriminatórios pode ser motivada por atitudes preconceituosas, mesmo quando a discriminação parece ser socialmente "justificável" (Pereira & Vala, 2011).

Em síntese, embora as definições de preconceito sejam difusas na literatura, podemos identificar algum grau de consenso quando as diferentes perspectivas salientam que o preconceito possui um poderoso componente afetivo, sendo geralmente definido como: (1) atitude; (2) negativa; e (3) direcionada a um alvo específico. Esse alvo é um grupo social ou os seus membros, por fazerem parte do grupo.

O que é o racismo?

As definições de racismo, na prática, têm sido uma aplicação das definições de preconceito e, portanto, são mais ambíguas, menos consensuais e mais problemáticas do que as definições do preconceito, como pode ser constatado nos manuais de psicologia social. A confusão conceitual ocorre porque o racismo se baseia numa falsa crença, a de que existem raças; a psicologia social muitas vezes tenta reduzir o racismo a uma atitude, à semelhança das análises sobre o preconceito; o racismo possui um amplo espectro, podendo ocorrer desde um nível intrapsíquico até um nível institucional, a exemplo de uma ideologia e prática social de organização do Estado (Wieviorka, 1995).

Por exemplo, Jones (1972), ao propor a classificação do racismo em subtipos (individual, institucional e cultural), afirma a semelhança entre racismo e preconceito racial. Para ele, existe: (1) o racismo individual, definido como uma crença de que existem "raças" biologicamente superiores, que gera comportamentos discriminatórios; (2) o racismo institucional, definido como uma forma de aplicação do racismo individual, ou seja, a manipulação intencional das instituições para que os recursos econômicos e sociais estejam disponíveis apenas para algumas "raças"; e (3) o racismo cultural, um sistema de crenças sobre a superioridade das características culturais do "endogrupo" em relação às dos outros grupos.

Ainda que posteriormente Jones (1998) tenha defendido que racismo não se iguala ao preconceito, ele seguiu caracterizando o racismo a partir das mesmas dimensões utilizadas para descrever as atitudes.

As dificuldades em identificar as especificidades conceituais do racismo e do preconceito se tornam mais evidentes na definição proposta por Richards (1997, p. xi): "o termo racismo será usado para referir atitudes e práticas explicitamente hostis e inferiorizadoras contra pessoas definidas como pertencendo a outra raça. Isto implica algum envolvimento emocional da parte do racista".

Em outras definições, mesmo quando o racismo não é confundido com o preconceito, há a necessidade de um grupo-alvo da atitude, nomeadamente as pessoas de cor negra, a exemplo da definição de Essed (1991, p. 39): "o racismo é definido em termos de cognições, ações e procedimentos que contribuem para o desenvolvimento e perpetuação de um sistema em que os brancos dominam os negros". Assim, com relativa frequência, racismo é entendido como semelhante ao preconceito racial, especialmente quando se põe ênfase na sua dimensão afetiva ou emocional.

A definição de racismo como preconceito contra pessoas negras também aparece nas teorias sobre os "novos racismos". Essas teorias foram elaboradas com base no pressuposto de que as pessoas não justificam as suas ações contra os negros a partir da crença numa hierarquia biológica dos grupos, uma vez que a crença numa supremacia branca se tornou uma ideia fora de moda depois da Segunda Guerra Mundial. Kinder e Sears (1981), por exemplo, definem o racismo simbólico como uma atitude formada por afetos contra os negros associando-os à crença de que eles violam os valores tradicionais estadunidenses típicos da ética protestante. Katz e Hass (1988) também definiram racismo como sentimentos ambivalentes caracterizados pela tensão entre a crença de que os negros são injustamente vítimas de discriminação socioeconômica e a crença ainda socialmente partilhada de que os negros são biologicamente inferiores. O racismo seria uma atitude ambivalente porque a sua expressão envolveria a presença simultânea de afetos favoráveis e desfavoráveis em relação aos negros. Gaertner e Dovidio (1986) também definiram o racismo aversivo como uma atitude ambivalente caracterizada pelo conflito entre a adesão das pessoas aos valores igualitários e sentimentos e crenças negativas sobre os negros, as quais não seriam conscientemente percebidas. De forma similar, Pettigrew e Meertens (1995) argumentam que o racismo é uma atitude e definiram o racismo sutil como uma forma encoberta de expressar preconceito, diferente da expressão do preconceito tradicional ou flagrante.

No entanto, nem sempre o racismo é definido como preconceito. Bobo e Fox (2003, p. 319), seguindo as ideias de Blumer (1958), definiram o racismo como "um conjunto de condições institucionais da desigualdade social e uma ideologia de dominação racial, em que esta é caracterizada por um conjunto de crenças sobre a inferioridade biológica ou cultural do grupo subordinado em relação ao grupo racial dominante". Um conjunto de noções, originalmente desenvolvidas fora dos domínios da psicologia social, procura ampliar a definição de racismo. Fredrickson (2002), um historiador, afirmou que o racismo não é meramente uma atitude ou uma crença, sendo mais apropriado tratá-lo como práticas institucionalizadas, justificadas e validadas pela percepção de diferença profunda, fixa e inultrapassável entre os grupos sociais. A ideia de "práticas", no entanto, não é muito clara, podendo mesmo se referir à dimensão conativa da atitude. Uma definição que integra diferentes características do racismo foi apresentada no âmbito da antropologia física por van den Berghe (1967, p. 11):

> [...] qualquer conjunto de crenças de que diferenças orgânicas transmitidas geneticamente entre os grupos estão intrinsecamente associadas com a presença ou ausência de certas habilidades ou características sociais relevantes; de forma que tais diferenças se tornam a base de legitimação de distinções odiosas contra os grupos socialmente definidos como raça.

Ainda que essa definição reúna características importantes do racismo (ou seja, a percepção de diferença e biologização das características sociais), o recurso à ideia de "conjunto de crenças" torna a definição similar às concepções de preconceito antes apresentadas. Entretanto, é no domínio da psicologia social que encontramos uma definição mais distintiva e menos ambígua. Nesse sentido, Operario e Fiske (1998) conceituaram o racismo como a categorização das pessoas com base na ideia de "raça". Definiram "raça" como "um esquema de categorização socialmente construído que permite inferir diferenças entre grupos humanos (biológicas, psicológicas, culturais e ideológicas) a partir de traços superficiais ou físicos" (pp. 39-40). Importante nessa definição é o fato de o racismo não ser descrito como uma atitude, nem ser direcionado a um alvo específico, além de diferenciar claramente o racismo do preconceito.

Ainda no que diz respeito à diferença conceptual entre preconceito e racismo, Lima (2002) identificou que: (1) o racismo é a crença na distinção natural entre os grupos, associada à ideia de que as diferenças assentam em essências fixas que fazem os grupos serem diferentes, enquanto que o preconceito não implica necessariamente naturalização e essencialização; e (2) o racismo não existe apenas em nível individual, mas, sobretudo, ao nível institucional e cultural, enquanto o preconceito é uma atitude negativa, normalmente operacionalizada em termos de avaliações individuais sobre um grupo-alvo.

Em síntese, embora seja aceita amplamente na psicologia social a definição do racismo como a aplicação do preconceito contra pessoas negras ou pessoas percebidas como membros de grupos "étnicos", essa definição não especifica de maneira satisfatória o conceito de racismo, nem cobre de maneira ampla as suas diversas dimensões. Do nosso ponto de vista, o racismo e o preconceito, ainda que possam manter algum grau de sobreposição, são fenômenos diferentes. A primeira limitação em definir racismo como preconceito (ou seja, uma atitude negativa em relação a um grupo) é o fato de a noção de preconceito pressupor a existência de um grupo-alvo (isto é, de uma suposta "raça") contra o qual se direciona a atitude negativa. Como sabemos, "raças", na condição de categorias objetivas, não são aplicáveis para caracterizar os seres humanos e, por isso, o argumento que aproxima racismo e atitude preconceituosa perde consistência na medida em que não há alvo para a atitude. Essa ideia também foi apresentada por Reicher (2001, pp. 279-280), para quem:

> Para que possa existir preconceito racial ou racismo, é preciso que haja "raça". Afinal, como alguém que não existe pode ser odiado, oprimido e mal tratado? Este ponto é tão óbvio que nas discussões sobre o racismo e o preconceito geralmente pressupomos a existência de grupos raciais.

Esse argumento explicita de forma clara a incongruência em definir o racismo como preconceito. No entanto, o que torna esses conceitos parecidos pode ser o fato de o preconceito ser uma atitude dirigida a um grupo ou categoria social. O racismo, por sua vez, refere-se ao processo por meio do qual são criadas as categorias que são os objetos de preconceito. Portanto, o racismo não pode ser definido como uma atitude. O racismo é a elaboração do alvo da atitude. O racismo em nível conceptual antecede o preconceito, ou seja, as pessoas têm uma atitude em relação a um grupo que só existe enquanto representação, produto do pensamento racista. Nessa perspectiva, Vala e Pereira (2012) propuseram que o racismo não é uma simples avaliação negativa de um determinado grupo-alvo, embora possa estar relacionado a atitudes negativas e ser aplicado a grupos-alvo específicos, como o racismo aplicado a pessoas percebidas como negras. Esses autores definiram o racismo como uma representação social amplamente compartilhada sobre a natureza da humanidade. Eles propuseram também que essa representação está baseada nas seguintes características: categorização (a crença de que a humanidade está organizada em grupos raciais ou grupos étnicos); diferenciação (a crença de que as pessoas que estão classificadas em grupos são profundamente diferentes entre si); hierarquia (a crença de que alguns grupos percebidos como diferentes são melhores do que outros); essencialização (a crença de que as diferenças percebidas entre as pessoas classificadas em grupos são fixas, naturais e imutáveis); e "alteridade radical" (a crença de que nem todos os grupos partilham as características percebidas como essencialmente humanas).

Além disso, esses autores propuseram que essas características do racismo podem ser organizadas em duas dimensões: o racismo biológico – quando as pessoas organizam a sua representação da humanidade objetivada na ideia de "raça" (ou seja, a ideia de que os seres humanos podem ser classificados em grupos raciais) –; e etnismo (racismo cultural) – quando as pessoas organizam a sua representação da humanidade baseada na ideia de "etnicidade" (a ideia de que os seres humanos podem ser classificados em grupos étnicos).

O que é a discriminação?

Considerando que a discriminação é um fenômeno mais objetivo, que se materializa nas relações sociais, as suas definições são também mais precisas e principalmente menos polêmicas do que aquelas apresentadas para preconceito e para racismo. Em geral, a discriminação é definida como um comportamento ou conjunto de ações contra um grupo-alvo ou membros desse grupo (Allport, 1954; Gaertner & Dovidio, 1986). Para Dovidio, Brigham, Johnson e Gaertner (1996), dois critérios demarcam o campo conceitual da discriminação: (1) o tratamento não apropriado; e (2) a falta de justificação. Pensamos que este segundo critério é problemático porque exclui a maior parte das ações discriminatórias contra grupos minoritários. Como mostraram Pereira *et al.* (2010), é possível existir discriminação na presença de justificações, ou seja, um comportamento negativo justificado contra um grupo minoritário pode ser discriminatório (Crandall & Eshleman, 2003; Jost & Banaji, 1994; Sidanius & Pratto, 1999). No entanto, pensamos que esse comportamento negativo pode ser condição suficiente para falarmos em discriminação se for compreendido em uma perspectiva "intergrupal" e relativista. A discriminação ocorre quando há uma diferença entre o tratamento e/ou os recursos recebidos por um membro de um grupo e o que ele/ela receberia se pertencesse a outro grupo (Quillian, 2006).

Também problemáticos são os critérios propostos por Mummendey e Otten (2001). Esses autores especificaram duas condições necessárias para que um comportamento possa ser descrito como discriminatório: primeiro, é necessária uma categorização social e, segundo, envolve não apenas um agente, mas também um alvo da ação discriminatória. A exploração de grupos minoritários pode ser legitimada com o argumento de que essas ações não são discriminatórias porque o grupo-alvo não a reconhece como tal. De fato, as ações discriminatórias podem ocorrer mesmo quando o grupo-alvo não tem plena consciência de sua condição, principalmente quando essas ações resultam de um processo de legitimação (ver especialmente o papel da alienação na teoria da justificação do sistema proposta por Jost e Banaji, 1994).

Nesta perspectiva, o tratamento diferencial entre os grupos (ou seja, a ação que beneficia um grupo relativamente a outro grupo) é condição suficiente para a ocorrência da discriminação. As ações são aqui compreendidas no seu sentido amplo (ver Fabrigar, Petty, Smith & Crites, 2006). Assim, podem-se considerar ações discriminatórias não apenas os comportamentos objetivamente observados (como a contratação de maior proporção de candidatos brancos do que de negros para um emprego), mas também as orientações comportamentais contra os grupos sociais, tais como o apoio a políticas discriminatórias (por exemplo, a oposição à imigração, ver Pereira *et al.*, 2010; aos casamentos homoafetivos, ver Pereira & Vala 2011) e a oposição às políticas de inclusão social (como a oposição às ações afirmativas nos países com história de discriminação dos grupos minoritários no acesso aos recursos socioeconômicos; ver Bobo, 1997).

A expressão do preconceito e da discriminação por meio das emoções

Como vimos, os afetos são o principal aspecto definidor do preconceito e ocupam lugar central também no racismo e na discriminação. A análise do papel dos afetos no preconceito e na discriminação é um aspecto do estudo do preconceito que pode ser considerado, ao mesmo tempo, antigo e novo. Antigo porque, desde a publicação do trabalho de Allport (1954), as relações entre emoções, preconceito e discriminação têm despertado o interesse dos especialistas na área. A definição de preconceito cunhada por ele já mencionava a antipatia generalizada direcionada ao indivíduo ou a um grupo como um todo. Esse interesse pode ser notado também nos trabalhos de Dollard, Doob, Miller, Mowrer e Sears (1939) sobre as relações entre frustração e agressão e, um pouco depois, no trabalho de Hovland e Sears (1940), no qual verifica-se uma correlação entre o preço do algodão no sul dos EUA no final do século XIX e início do século XX e o número de linchamentos de negros na região. A ideia subjacente a esses estudos é a de que o sentimento de frustração geraria a agressão. Ainda que muitas críticas tenham sido feitas a esses estudos, e não cabe aqui reproduzi-las (ver Brown, 2000, para revisão), permanece incontestável a importância de sentimentos e emoções na formação de preconceito.

Tomados em conjunto, esses estudos realizados em meados do século XX, considerados bases nas quais se assentaram os principais trabalhos sobre preconceito e discriminação, mostram que as emoções já estavam presentes nas formulações iniciais acerca do preconceito e nas primeiras pesquisas sobre discriminação racial. Em anos recentes, o interesse pelas relações entre emoções e preconceito vem ganhando cada vez mais espaço. Um dos estudos mais importantes dessa área é o de Fiske, Cuddy, Glick e Xu (2002) sobre a estereotipia que demonstra que o conteúdo dos estereótipos pode ser organizado em duas dimensões: competência e cordialidade[5]. Igualmente relevante é o fato de as emoções servirem como critério para a diferenciação de quatro modalidades de sentimentos comuns nas relações e percepções intergrupais: a inveja, que se relaciona com alta competência e baixa cordialidade; o sentimento de pena, com alta cordialidade e baixa competência; a admiração, com alta cordialidade e competência alta; e o desprezo, com baixa cordialidade e baixa competência.

É ter em conta que a formação de estereótipos, assim como as emoções direcionadas aos membros de determinados grupos-alvo, dependem do contexto intergrupal. De fato, Fiske *et al.* (2002) demonstraram uma forte correlação entre a percepção de competência dos membros de um grupo e seu *status*: quanto mais elevado o *status* do grupo, mais forte a percepção de que seus membros são competentes. Também Dijker (1987) mostrou que diferentes emoções aparecem de acordo com o *status* dos grupos, sendo que os membros de minorias sociais despertam mais emoções negativas do que os das maiorias. Posteriormente, o estudo de Yabar (2000) confirmou os resultados de Dijker (1987) de maneira contundente. Inicialmente, ele identificou os estereótipos e tendências comportamentais que usualmente são atribuídas a belgas e a norte-africanos. No segundo momento, mulheres belgas responderam a um instrumento sobre preconceito e foram classificadas em forte ou fracamente preconceituosas. No terceiro momento, essas mulheres viram fotos muito rapidamente (500 ms) de belgas e norte-africanos que não demonstravam

5 *Warmth*, no original em inglês.

nenhuma emoção. As participantes tinham de decidir quais, entre uma série de emoções, correspondiam a cada rosto. As respostas negativas possíveis eram imagens estereotípicas de belgas, de norte-africanos ou de nenhum dos dois grupos. Apesar da neutralidade das faces mostradas, as atribuições feitas pelas participantes correspondiam exatamente aos conteúdos estereotípicos esperados. Mais importante foi o fato de isso ser ainda mais forte nas participantes altamente preconceituosas. Ou seja, apesar da neutralidade facial, as participantes "viram" os conteúdos estereotípicos esperados.

Outra importante linha de pesquisa nessa área tem sido desenvolvida por Leyens *et al.* (2000) sobre a infra-humanização por meio da atribuição de características tipicamente humanas a membros do endogrupo e exogrupo, como a capacidade das pessoas de exprimirem sentimentos. Leyens *et al.* (2000) argumentaram que no pensamento do senso comum as pessoas diferenciam emoções primárias de emoções secundárias (isto é, os sentimentos). Emoções primárias seriam aquelas características que não são unicamente humanas. Estão baseadas em manifestações fisiológicas e podem ser exprimidas tanto por seres humanos como por animais. Caracterizam-se por um rápido início, uma curta duração, além de aparecerem muito cedo na vida das pessoas e dos animais (Ekman, 1992; Sroufe, 1979). Alguns exemplos de emoções primárias são raiva, surpresa, medo, alegria, tristeza. Estão mais relacionadas a emoções consideradas naturais, podendo ser pouco influenciadas por aspectos culturais. Emoções secundárias são aquelas que são percebidas como características do que se acredita ser "a essência humana" e resultam de uma associação de novos rótulos de vários aspectos das interações sociais (Kemper, 1987). Caracterizam-se por terem uma longa duração, serem menos intensas, envolverem mais julgamentos morais e cognições. Além disso, são menos visíveis e surgem mais tarde na vida das pessoas. Resultam dos processos de socialização e de aprendizagem. Alguns exemplos de emoções secundárias são mágoa, desprezo, felicidade, vaidade, admiração etc.

Com base nessa diferenciação entre emoções primárias e secundárias, Leyens *et al.* (2001) verificaram que as pessoas consideram que os membros do endogrupo têm uma maior capacidade para exprimir sentimentos (ou sentir emoções secundárias) do que pessoas percebidas como sendo de outros grupos, enquanto os membros do exogrupo são percebidos como mais habilitados a expressar as emoções primárias do que secundárias, o que os tornaria mais facilmente infra-humanizáveis. De fato, numa pesquisa realizada por Lima (2002), essa mesma tendência foi verificada numa amostra de 114 estudantes universitários brasileiros, evidenciando a assimetria no modo como as pessoas representam os grupos sociais, infra-humanizando os exogrupos (ver também Leyens *et al.*, 2000; Pereira, Vala, & Leyens, 2009).

Uma terceira linha de investigação nesse campo refere-se aos estudos sobre as relações entre culpa e constrangimentos coletivos e o apoio a políticas públicas que combatem a discriminação social. O primeiro estudo realizado por psicólogos sociais sobre a culpa coletiva foi conduzido por Doosje, Branscombe, Spears e Manstead (1998). Com base nas teorias da identidade social e da autocategorização (Tajfel & Turner, 1986; Turner, Hogg, Oakes, Reicher, & Wetherell, 1987), esses autores propuseram que, uma vez que as pertenças grupais e os atributos a elas associados podem se tornar internalizados no autoconceito do indivíduo, seria plausível assumir que as ações de outros membros do endogrupo teriam implicações afetivas para esse indivíduo. A ideia é a de que as ações socialmente valorizadas dos membros do endogrupo podem fazer com que se sintam orgulhosos (Cialdini *et al.*, 1976), enquanto que ações consideradas socialmente condenáveis podem gerar algum tipo de remorso ou arrependimento no grupo (Lickel, Schmader, Curtis, Scarnier, & Ames, 2005).

Muitos estudos têm procurando analisar a natureza, os antecedentes e as consequências dessas emoções grupais. A partir das ideias de Weiner (1995) e de Leach, Snider e Iyer (2002), Branscombe, Slugoski e Kappen (2004) defenderam que a culpa coletiva surge principalmente quando os membros de um grupo percebem que eles têm alguma responsabilidade pelas ações do seu grupo. Por outro lado, Branscombe *et al.* (2004) também sugerem que o constrangimento coletivo surge quando os membros do grupo não se sentem com o controle das ações do endogrupo. Esses autores hipotetizaram que a culpa coletiva levaria ao desejo de reparação de algum dano cometido contra minorias sociais, enquanto que o constrangimento coletivo levaria à evitação e ao afastamento dessas minorias.

Lickel, Schmader e Barquissau (2004), analisando também a relação entre culpa e desejo de reparação, propõem que, estando a culpa associada ao endogrupo por algum evento, as variáveis moderadoras mais importantes dessa relação seriam o sentimento de interdependência, já que isso implica sentimento de controle das ações presentes e passadas do endogrupo, e também a percepção de que o endogrupo possui alguma característica "essencialista" (Haslam, Rothschild, & Ernst, 2000; Yzerbyt, Rocher, & Schadron, 1997). Neste último caso, existirá maior probabilidade de as ações consideradas amorais serem atribuídas a algum fator interno e provavelmente imutável. A partir desse processo de atribuição causal, Lickel *et al.* (2004) também propuseram que os sentimentos de culpa coletiva deveriam instigar a motivação para reparar o dano causado, enquanto que o constrangimento coletivo deveria levar ao distanciamento dos eventos que originaram esses sentimentos, uma vez que isso representa uma ameaça à imagem do endogrupo. Resumindo, o antecedente primário das ações que levaria à reparação por danos cometidos contra minorias sociais seria o sentimento de culpa coletiva e não o de constrangimento coletivo.

As pesquisas realizadas nesta área têm demonstrado a existência de relações significativas entre culpa coletiva e diferentes indicadores intergrupais. Por exemplo, Doosje *et al.* (1998) apresentaram a jovens holandeses um curto parágrafo onde era relatado o tratamento que a Holanda havia dispensado à Indonésia quando esta última era sua colônia. Nesse estudo, havia três condições: na primeira, os colonizadores holandeses apareciam de uma maneira mais "favorável". Na segunda, eles apareciam de forma "desfavorável". Na terceira, eles eram apresentados de uma maneira "ambígua". Em seguida, os autores investigavam os níveis de culpa coletiva dos participantes pelas ações da Holanda durante o período colonial. Analisaram, especificamente, o apoio que os participantes davam às ações de reparação do governo atual e os níveis de identificação com a Holanda como nação. Os participantes, estudantes universitários, relataram níveis moderados de culpa e o desejo de reparar os danos causados, especialmente na condição de "colonizador desfavorável". Um importante resultado desse estudo revelou que o sentimento de culpa e o desejo de reparação estavam positivamente correlacionados.

De forma semelhante, os estudos realizados por Swim e Miller (1999), tendo como participantes jovens estadunidenses brancos, demonstraram que a culpa consistentemente prediz o desejo de reparação em relação aos negros norte-americanos na forma de apoio às ações afirmativas e também níveis baixos de preconceito racial. Esse resultado foi confirmado por Iyer *et al.* (2003), que demonstraram que a culpa estava relacionada apenas com o que eles denominaram formas "compensatórias" de ações afirmativas (cotas nas universidades, reserva de vagas em concursos públicos etc.), mas não estava relacionada com as políticas de "oportunidades iguais" (aumentar os esforços para atrair mais negros para as inscrições em empregos). Essa segunda forma de ação reparadora estava fortemente relacionada com a simpatia pelos negros.

A discussão empreendida até este ponto nos leva a concluir que o preconceito e o racismo são normas sociais, pois refletem nas suas expressões e no seu controle processos diferenciados de rejeição, aceitação, identificação e internalização da norma da igualdade, tal como descrito por Kelman (1958/1993). Seguindo esta lógica, podemos pensar que as emoções envolvidas no conflito intergrupal são os elementos disparadores do tipo de expressão do preconceito: emoções "frias" conduzem às formas mais veladas e as emoções "quentes", às mais flagrantes. Enquanto norma social, o preconceito é resultado dos processos de socialização ou aprendizagem cultural, que começam desde muito cedo nas nossas vidas. Assim, a questão que agora colocamos é a de saber como o preconceito e a sua expressão por meio de sentimentos e de comportamentos discriminatórios contra membros dos grupos externos é internalizado ou aprendido.

A aprendizagem do preconceito

A partir de 1930 surgem as primeiras investigações do preconceito na infância e, apesar das dificuldades metodológicas dos estudos sobre o que ocorre nessa fase da vida, recentemente tem-se intensificado o interesse nesse tema. Os estudos enfatizam diversas questões: quando surge o preconceito racial nas crianças? Como é adquirido? Existem estágios de desenvolvimento do preconceito?

Quando surge e como é adquirido o preconceito racial?

Há pelo menos quatro explicações para o surgimento do preconceito na infância (Nesdale, 2001b; Wittig & Grant-Thompson, 1998), e cada uma situa o fenômeno numa perspectiva de análise, a qual pode dar mais saliência ao papel desempenhado pela aprendizagem social, pelas diferenças individuais e de personalidade, por fatores motivacionais ou pela cognição social.

Por exemplo, na perspectiva da aprendizagem social, a teoria do reflexo social do preconceito propõe que as atitudes e os valores das crianças em relação aos grupos humanos refletem os valores e ideias da sua comunidade em relação a diversos grupos sociais (ver Aboud, 1988; Nesdale, 2001b). Os teóricos, nesse campo de análise, concebem a criança e o seu desenvolvimento de modo unidirecional como um reflexo de meio social. Acreditam que as atitudes e os valores são transmitidos pelos pais, outras pessoas significativas ou pela mídia. Neste sentido, as atitudes e os afetos seriam, assim, adquiridos por meio de um processo de aprendizagem social, no sentido proposto mais tarde por Bandura (1977).

Autores como Horowitz e Horowitz (1938) e Allport (1954) afirmam que as atitudes das crianças para grupos sociais particulares são aprendidas ou por contato direto ou pela observação e imitação do comportamento dos pais. Essas aprendizagens estariam associadas a recompensas pela imitação e identificação com os pais ou pela necessidade de querer agradá-los. Para Horowitz e Horowitz (1938), as atitudes das crianças para outros grupos são mais determinadas pelo contato com as ideias e atitudes dominantes do que pelos contatos diretos mantidos com tais grupos. Nesta mesma perspectiva, Vaughan (1987) considera que as crianças aos três ou quatro anos começam a desenvolver a compreensão das relações intergrupais inerentes à sua comunidade.

Allport (1954), por sua vez, propõe que a criança é capaz de perceber a diferença na cor da pele das pessoas por volta dos dois anos e meio de idade. Nessa fase a percepção dessa diferença desperta apenas um sentido de curiosidade e interesse. Para o autor, o preconceito é aprendido pela criança no convívio com os familiares, mais especificamente com os pais. Os sentimentos que caracterizam o preconceito seriam, assim, socialmente aprendidos.

A aprendizagem do preconceito se dá por duas formas. A primeira seria a transferência de aprendizagem, na qual a criança adota visão e atitudes étnicas dos pais. A segunda está intrinsecamente vinculada aos modos de tratamento dados pelos pais à criança. Os pais podem ou não expressá-lo, contudo, o modo de tratar a criança determinará o desenvolvimento de sentimentos negativos que podem fixar-se sobre grupos minoritários. Seguindo a teoria da personalidade autoritária do grupo de Frankfurt, Allport (1954) afirma que o tratamento baseado na obediência, controle dos impulsos e na prepotência leva a criança a ficar alerta para seus próprios impulsos e a tentar combatê-los, na esperança de obter a aprovação e a consideração dos pais. Assim, a criança aprende que o poder e a autoridade dominam as relações humanas.

As evidências empíricas para essas afirmações são contraditórias. Um conjunto de estudos verifica a ausência de relação entre as atitudes raciais dos filhos e aquelas de seus pais (Aboud & Doyle, 1996; Weigl, 1995); outros mais recentes sugerem que as atitudes dos pais podem afetar alguns aspectos das atitudes ou comportamentos raciais dos filhos, tais como a tolerância (Robinson, Witenberg & Sanson, 2001) ou a expressão de racismo (Nesdale, 2001a).

Essa abordagem tem sido alvo de crítica principalmente por estar assente numa representação da criança como ser passivo que absorve tudo aquilo que os pais dizem e fazem. Já é amplamente conhecido que as crianças são processadoras ativas de suas próprias experiências e, nesse processo, procuram compreender, controlar e operar o seu mundo social e cognitivo (Durkin, 1995). Essa concepção produzirá outras abordagens da aprendizagem do preconceito na infância, sobre as quais falaremos a seguir.

O papel do desenvolvimento cognitivo

A teoria sócio-cognitiva do desenvolvimento proposta por Aboud (1988) salienta a noção de estágios do desenvolvimento cognitivo para fundamentar a compreensão do desenvolvimento das atitudes étnicas nas crianças. Nessa perspectiva, as crianças aos três anos de idade são capazes de perceber as diferenças raciais (Katz, 1987; Ramsey, 1997) e uma parcela delas apresenta preconceito étnico a partir dos cinco anos de idade.

Uma das principais afirmações teóricas de Aboud (1988) é a de que por volta dos sete anos de idade as crianças alcançam níveis elevados de preconceito que se reduzem quando elas alcançam os oito anos de idade. Sendo assim, a teoria visa a explicar, entre outras coisas, a variação no nível de preconceito que ocorre na infância.

Segundo essa teoria, as atitudes das crianças para com os outros grupos dependem de duas sequências sobrepostas de desenvolvimento. A primeira envolve os processos que dominam a experiência: os afetos, as percepções e as cognições. A segunda envolve o posicionamento do foco de sua atenção: do eu para o grupo ou do eu para o indivíduo. A maior implicação dessa sequência de passos é que, em certo momento, as atitudes das crianças serão determinadas pelos processos afetivos/perceptivos ou cognitivos e pelo foco de atenção, quer no eu, no grupo ou no indivíduo (Aboud, 1988).

Na primeira sequência de desenvolvimento, as crianças são a princípio dominadas por suas emoções e preferências, as quais determinarão suas atitudes étnicas. Elas procurarão informações importantes do ponto de vista afetivo sobre a pessoa-alvo; se são boas ou más, por exemplo. As pessoas desconhecidas podem despertar receio e medo, que começam por volta dos nove meses e tornam-se menos generalizados pelos três anos de idade, podendo se estender para desconhecidos que são percebidos como diferentes. A princípio, então, segundo Aboud (1988), as atitudes étnicas das crianças são determinadas por processos afetivos e não ainda pela sua autoidentificação e pertenças grupais.

Aos poucos as crianças vão se apercebendo das semelhanças e diferenças de algumas pessoas em relação a elas próprias. A partir desse momento, as percepções, ou seja, o que é observável externamente mais do que as qualidades internas, vão determinar as suas atitudes étnicas. Aspectos como a cor da pele, a linguagem, a roupa e a textura do cabelo tornam-se salientes para as crianças, pois constroem sua autoidentificação étnica e modificam suas preferências com base nessas percepções.

Quando suas atitudes étnicas tornam-se dominadas pelos processos cognitivos, suas percepções tornam-se organizadas e estruturam-se na classificação das pessoas em categorias sociais. Neste momento, as crianças adquirem a capacidade de descentração, favorecendo a percepção das qualidades individuais das pessoas. As crianças começam a interiorizar crenças socialmente partilhadas de que a etnia está mais fundamentada em critérios objetivos e permanentes, como a hereditariedade, do que naqueles superficiais, como o vestuário. Esse seria o momento em que se daria o princípio do enraizamento de crenças e sentimentos preconceituosos e racistas.

O desenvolvimento cognitivo anuncia algumas mudanças nas atitudes étnicas das crianças. Uma delas é a neutralização das preferências intensas e bipolares, comuns às crianças menores de sete anos; a outra mudança seria a tomada de consciência das qualidades internas das pessoas, que as permitem individualizarem suas avaliações. Tudo isso se associa com uma mudança na compreensão das bases das pertenças étnicas, que passam a ser vistas como imutáveis, ou seja, como parte do *background* hereditário do indivíduo. Segundo Aboud (1988), quando somadas, essas cognições resultam na redução do preconceito observado em crianças de oito a dez anos. Todavia, essa afirmação recebe uma série de críticas, como veremos mais à frente.

Como vimos, a segunda sequência de desenvolvimento envolve a mudança no foco de atenção do eu para o grupo e posteriormente para o indivíduo. Os processos que dominam a experiência (primeira sequência) e a mudança do foco de atenção (segunda sequência) ocorrem paralelamente. Considerando o foco de atenção, Aboud (1988) afirma que as crianças que têm menos de sete anos tendem a ser centradas no eu, isto é, elas são egocêntricas e por isso não conseguem perceber a perspectiva do outro. Nessa idade, a maneira pela qual as outras pessoas são percebidas pelas crianças é influenciada pelo modo como essas pessoas se relacionam com elas próprias.

À medida que se desenvolvem, as crianças tendem a perceber os outros e a si próprias enquanto membros de uma categoria ou grupo. As crianças estão sensíveis a similaridades e diferenças percebidas entre as pessoas e começam a se identificar e gostar dos membros do próprio grupo. A princípio, vão exagerar os contrastes, a fim de ampliar sua compreensão do grupo. Sua reação para cada grupo vai ser determinada pelas regras sociais, de modo que suas atitudes serão bastante influenciadas pelas atitudes dos pais e dos pares porque estes representam as regras. Para Aboud (1988), perceber as similaridades e as diferenças entre as pessoas em relação ao seu próprio e a outros grupos dá às crianças certa flexibilidade e leva a um declínio no nível de preconceito.

Essa flexibilidade permite que o foco da atenção mude, de modo que as crianças tendem a considerar as qualidades internas dos indivíduos. O eu e o outro são vistos em termos dos aspectos que os individualizam. As outras pessoas são percebidas de maneira ampla, e não apenas como pertencentes a grupos específicos, mas pela sua personalidade, pelas disposições individuais, pelo conhecimento que têm sobre o outro.

Aboud (1988) afirma que o desenvolvimento da aquisição do preconceito étnico na criança é comparável ao desenvolvimento do julgamento moral e do papel sexual. Conforme Kohlberg (1976), o julgamento moral na criança evolui de julgamentos baseados no gosto ou em suas preferências para julgamentos centrados nas regras sociais ditadas pelas figuras de autoridade, para finalmente serem baseados nas concepções pessoais sobre o que é certo ou errado. O desenvolvimento do papel sexual segue um percurso que vai desde uma definição fluída do papel sexual, ou seja, o comportamento da criança é orientado pelo que ela quer fazer para, em seguida, ser orientado pelos estereótipos sexuais e, finalmente, passar a ser determinado pelas próprias avaliações pessoais.

O papel da socialização por meio da internalização de normas sociais

Como referido, a teoria sócio-cognitiva do desenvolvimento proposta por Aboud (1988) afirma que por volta dos sete anos de idade as crianças alcançam níveis elevados de preconceito e favoritismo endogrupal que se reduzem quando alcançam os oito anos. Todavia, estudos apontam que não só os níveis de preconceito permanecem após os sete anos de idade, mas também assumem a forma adulta de se expressar, ou seja, já se apresenta indireto (França & Monteiro, 2004).

Os referidos autores demonstraram em três estudos realizados com crianças brancas que a expressão do preconceito contra negros é condicionada pela percepção das normas sociais presentes no contexto das relações intergrupais. No primeiro estudo, foi utilizada uma tarefa de distribuição de recursos para dois alvos – branco e negro –, representados por fotografias de crianças. Os participantes, crianças de cinco a sete anos e oito a dez anos, distribuíam seis caramelos de fantasia para os alvos que trabalhavam numa tarefa de construção. As crianças foram alocadas em um de dois contextos normativos. O primeiro contexto era um no qual não havia justificação para discriminação; nele, os grupos-alvo de avaliação eram descritos como tendo desempenho igual na realização de uma tarefa, ou seja, crianças negras e brancas carregavam a mesma quantidade de tijolos. No segundo contexto, havia a presença de uma informação que poderia ser interpretada como uma justificação para a discriminação; nele, o desempenho dos grupos-alvo era diferente: numa tarefa o alvo branco tinha desempenho melhor do que o do alvo negro (o alvo branco carregava três tijolos e o alvo negro carregava um tijolo); em outra tarefa, era o alvo negro que tinha o melhor desempenho (o alvo negro carregava três tijolos, enquanto o alvo branco carregava apenas um tijolo). Os resultados mostraram que as crianças mais velhas discriminam o alvo negro apenas no contexto que justificava a discriminação (desempenho aparentemente diferente), enquanto as mais novas discriminavam nos dois contextos.

No segundo estudo, utilizou-se uma tarefa de distribuição de recursos em contextos de saliência e de não saliência da norma antirracista. Esses dois contextos foram colocados em saliência por meio da presença ou ausência de uma entrevistadora negra durante a realização da distribuição de recursos pela criança. Observou-se que as crianças mais novas discriminaram o alvo negro em ambos os contextos. Já crianças mais velhas só discriminaram o alvo negro no contexto em que a norma antirracista não estava saliente. Esses dois primeiros estudos sugerem que as crianças mais velhas (a partir de oito anos) já interiorizam as normas que prescrevem o que deve e o que não deve ser realizado num determinado contexto de avaliação interétnica, mas também indicam que elas interpretam ativamente as situações nas quais a expressão do preconceito é normativa, diferenciando das situações onde o antipreconceito é a norma. A questão que se apresenta é a de saber como a interpretação é realizada e que papel os adultos desempenham nesse processo.

Para responder a essa questão, o terceiro estudo foi planejado para analisar a partir de que idade as crianças interiorizam a norma antirracista dos adultos. Assim, perguntou-se a um grupo de crianças o quanto gostavam ou não de onze grupos (doentes de Aids, homossexuais, índios, motoristas barbeiros, negros, cegos, pessoas feias, gordos, racistas, pessoas sujas e políticos). Perguntou-se também a um grupo de mães se achavam certo ou não ter sentimentos negativos para os mesmos onze grupos. De acordo com as mães, os grupos normativamente alvos de preconceito foram os políticos, as pessoas racistas e os homossexuais. Já os grupos em que o preconceito é antinormativo foram os cegos, os índios, os negros, as pessoas feias, as pessoas gordas, os doentes de Aids, os condutores de risco e as pessoas sujas. Verificou-se que a partir dos sete anos de idade as crianças interiorizam as normas relativas ao racismo do seu grupo de referência, quer dizer, as crianças exprimem preconceito contra grupos-alvo para os quais as suas mães acham certo exprimir preconceito. Em síntese, os três estudos mostram que as crianças a partir dos sete anos percebem a norma de seu grupo de referência e a adotam como sua, sobretudo a norma antirracista.

Outros autores também encontram evidência de que o preconceito racial permanece após os sete ou oito anos de idade. Por exemplo, Baron e Banaji (2006), utilizando uma adaptação do IAT (teste psicológico) para crianças e uma medida de escolha forçada das preferências (fotografias emparelhadas de rostos de crianças negras e brancas e imagens de insetos e de flores), verificaram que crianças norte-americanas brancas, já aos seis anos de idade, apresentam viés implícito pró-branco e antinegro e preferência endogrupal em medidas mais explícitas. Aos dez anos de idade, embora as crianças apresentassem atitudes implícitas pró-branco e antinegro como os adultos, demonstravam preferência racial menos preconceituosa. Nos adultos não foram encontradas preferências raciais explícitas.

Em estudo mais recente, Monteiro, França e Rodrigues (2009) reafirmam que a pressão da norma social antirracista é o que está na base da suposta redução do preconceito em crianças acima de sete anos. Os autores investigaram o processo de desenvolvimento do preconceito em crianças, demonstrando que o preconceito não diminui necessariamente durante a infância devido ao desenvolvimento de habilidades cognitivas específicas, mas a sua expressão depende da interpretação que fazem da norma prevalecente no contexto social.

Considerações finais

Apresentamos neste capítulo uma revisão da literatura sobre a natureza do preconceito, na qual procuramos colocar em saliência a importância de afetos e emoções na sua constituição e nas suas formas de expressão. Atenção especial foi dada ao modo pelo qual o preconceito é aprendido e à função sócio-normativa dessa aprendizagem.

Em primeiro lugar, discutimos a noção de preconceito, racismo e discriminação. A revisão que realizamos indicou que a literatura nesse domínio tem proposto definições pouco consensuais, carentes de distintividade e demasiadamente ambíguas para esses conceitos. Apesar do amplo dissenso, procuramos focar a nossa análise na especificação de uma definição para o preconceito centrada na ideia de que este pode ser interpretado como uma atitude. A noção de atitude aqui adotada situa o fenômeno como uma avaliação fundamentalmente afetiva em relação a um objeto social. No caso do preconceito, passamos a referi-lo como uma atitude negativa em relação a grupos-alvo específicos. No caso da noção de racismo, destacamos as limitações da sua aproximação teórica com o preconceito, indicando que racismo é diferente de atitude negativa diante de um grupo-alvo específico, apesar de este poder demandar a presença daquele. Como alternativa conceptual, discutimos a possibilidade de o racismo ser uma representação social mais ampla sobre a natureza da humanidade (Vala & Pereira, 2012). Finalmente, no que se refere à discriminação, focamos a nossa análise na literatura que o especifica como comportamentos ou intenções comportamentais que desfavorecem um grupo-alvo ou um membro desse grupo.

Consideramos que a discriminação está no domínio específico da ação e depende do preconceito e do racismo.

Em seguida, enfatizamos a nossa análise no preconceito e mais especificamente na sua expressão por meio dos afetos. Destacamos a literatura clássica (como Allport, 1954; Dollard *et al.*, 1939) e mais recente (Branscombe *et al.*, 2004; Dijker, 1987; Fiske *et al.*, 2002; Smith, 1993), que tem colocado as emoções como fator central na análise do preconceito e de suas manifestações. Igual relevância foi dada a uma linha de pesquisa que tem analisado o papel dos sentimentos e emoções nas representações sobre a natureza dos grupos sociais. Especificamente, apresentamos parte da investigação sobre como as pessoas tendem a reservar a essência unicamente humana a membros do endogrupo, como a capacidade para exprimir sentimentos, negando a membros do exogrupo, processo denominado infra-humanização (Leyens *et al.*, 2000; Lima, 2002; Pereira *et al.*, 2009).

Finalmente, direcionamos nossa análise à literatura sobre a aquisição de afetos e atitudes, isto é, sobre a aprendizagem do preconceito e de sua expressão e controle. Discutimos a investigação clássica sobre o papel da imitação do comportamento dos pais na aprendizagem do preconceito (Allport, 1954; Bandura, 1977; Horowitz & Horowitz, 1938), assim como pesquisas contemporâneas sobre a importância do desenvolvimento cognitivo nessa aprendizagem (Aboud, 1988; Ramsey, 1997). Discutimos os limites dessa abordagem, dando destaque à possibilidade de o que se define como aprendizagem do preconceito estar mais relacionada à internalização de normas sociais e à capacidade de as pessoas interpretarem ativamente o significado contextual dessas normas do que a uma linear maturação cognitiva. Especialmente, apresentamos resultados de pesquisa que mostram que as crianças mais velhas seguem normas que prescrevem o que deve ser realizado num determinado contexto e interpretam ativamente as situações nas quais exprimir preconceito é normativo, diferenciando das situações nas quais o antipreconceito é a norma (França & Monteiro, 2004; Monteiro *et al.*, 2009). Portanto, a aprendizagem do preconceito pode indicar, sobretudo, a capacidade de a criança interpretar a mensagem normativa de maior relevância nos contextos sociais, mensagem frequentemente posta em saliência pelos adultos, especialmente pelos seus pais.

A literatura que revisamos neste capítulo permite-nos concluir que existe grande heterogeneidade de matrizes teóricas e metodológicas no estudo do papel dos afetos, emoções e sentimentos na aprendizagem e expressão de preconceitos, racismo e discriminação. Todavia, ainda que existam muitos estudos e formas de analisar o fenômeno, o campo se ressente da ausência de uma teoria geral que seja capaz de articular os resultados dos estudos realizados num conjunto de pressupostos básicos que sirva de orientação para a investigação futura sobre o tema. Do nosso ponto de vista, um programa de investigação que tenha essa ambição deverá incluir na sua agenda de pesquisa a integração dos seguintes tópicos:

1. Desenvolvimento de modelos teóricos que especifiquem de forma clara e precisa os conceitos de afetos e emoções e o seu papel na aprendizagem do preconceito.
2. Avaliação das relações entre as formas de expressão do preconceito com as etapas do desenvolvimento afetivo, cognitivo e moral.
3. Identificação de inconsistências e ambivalências na expressão do preconceito ao longo do desenvolvimento.
4. Especificação dos mecanismos de influência do contexto familiar e escolar na socialização para o preconceito.
5. Análise do registro, armazenamento e utilização de rotinas mentais associadas à expressão do preconceito, especificando se e como podem ser substituídas por formas de expressão de pensamento compatíveis com o acolhimento de crenças mais igualitárias.
6. Identificação das assimetrias "percebedor *versus* alvo" na expressão do preconceito e da discriminação.
7. Avaliação das consequências psicológicas e sociais do preconceito na perspectiva do percebedor.
8. Identificação de como formas frias e quentes do processamento da informação se relacionam com as modalidades flagrantes e sutis de expressão do preconceito e da discriminação, para que seja possível contemplar o papel do controle de emoções e sentimentos na dinâmica do preconceito e da discriminação.

Referências

Aboud, F. E. (1988). *Children & prejudice*. Oxford, UK: Basil Blackwell.

Aboud, F. E., & Doyle, A. (1996). Parental and peer influences on children's racial attitudes. *International Journal of Intercultural Relations, 20*(3/4), 371-383.

Allport, G. W. (1954). *The nature of prejudice*. Reading, MA: Addison-Wesley.

Ashmore, R. D. (1970). The problem of intergroup prejudice. In B. Collins (Ed.), *Social psychology* (pp. 247-297). Reading, MA: Addison-Wesley.

Bandura, A. (1977). *Social learning theory*. Englewood Cliffs, NJ: Prentice-Hall.

Baron, A. S., & Banaji, M. R. (2006). The development of implicit attitudes: Evidence of race evaluations from ages 6 and 10 and adulthood. *Psychological Science, 17*, 53-58.

Blumer, H. (1958). Race prejudice as a sense of group position. *Pacific Sociological Review*, 1(1), 3-7.

Bobo, L. D. (1997). Race, public opinion, and the social sphere. *Public Opinion Quarterly*, 61, 1-15.

Bobo, L. D., & Fox, C. (2003). Race, racism, and discrimination: Bridging problems, methods, and theory in social psychological research. *Social Psychology Quarterly*, 66(4), 319-332.

Branscombe, N. R., Slugoski, B. R., & Kappen, D. M. (2004). The measurement of collective guilt: What it is and what it is not. In N. R. Branscombe & B. Doosje (Eds.), *Collective guilt: International perspectives*. Cambridge, UK: Cambridge University Press.

Brown, R. (1995). *Prejudice: Its social psychology*. Oxford, UK: Blackwell.

Brown, R. J. (2000). *Group processes: Dynamics within and between groups* (2nd ed.). Oxford, UK: Blackwell.

Cialdini, R. B., Borden, R. J., Thorne, A., Walker, M. R., Freeman, S., & Sloan, L. R. (1976). Basking in reflected glory: Three (football) field studies. *Journal of Personality and Social Psychology, 34*, 366-374.

Crandall, C. S., & Eshleman, A. (2003). A justification-suppression model of the expression and experience of prejudice. *Psychological Bulletin*, 129(3), 414-446.

Dijker, A. J. (1987). Emotional reactions to ethnic minorities. *European Journal of Social Psychology, 17*, 305-325.

Dijker, A. J. (1999). Ethnic attitudes and emotions. In J. P. van Oudenhoven & T. M. Willemsen (Eds.), *Ethnic minorities: Social psychological perspectives* (pp. 76-93). Amsterdam, Holland: Swets & Zeitlinger.

Dollard, J., Doob, L., Miller, N. Mowrer, O., & Sears, R. (1939). *Frustration and aggression*. New York: Yale University Press.

Doosje, B., Branscombe, N. R., Spears, R., & Manstead, A. S. R. (1998). Guilty by association: When one's group has a negative history. *Journal of Personality and Social Psychology, 75*, 872-886.

Dovidio, J. F., Brigham, J. C., Johnson, B. T., & Gaertner, S. L. (1996). Stereotyping, prejudice, and discrimination: Another look. In C. N. Macrae, C. Stangor & M. Hewstone (Eds.), *Stereotypes and stereotyping* (pp. 276-319). New York: Guilford Press.

Dovidio, J., Hewstone, M., Glick, P., & Esses, V. (2010). Prejudice, stereotyping and discrimination: Theoretical and empirical overview. In J. F. Dovidio, M. Hewstone, P. Glick & V. M. Esses (Eds.), *The Sage Handbook of Stereotyping, Prejudice and Discrimination* (pp. 3-28). London: Sage.

Durkin, K. (1995). *Developmental social psychology: From infancy to old age*. London: Blackwell.

Ehrlich, H. J. (1973). *The social psychology of prejudice*. New York: Wiley.

Ekman, P. (1992). An argument for basic emotions. *Cognition and Emotion, 6,* 169-200.

Essed, P. (1991). *Understanding everyday racism: An interdisciplinary theory*. Newbury Park, CA: Sage.

Fabrigar, L. R., Petty, R. E., Smith, S. M., & Crites, S. L. (2006). Understanding knowledge effects on attitude-behavior consistency: The role of relevance, complexity, and amount of knowledge. *Journal of Personality and Social Psychology, 90*(4), 556-577.

Fazio, R. H, & Olson, M. A. (2003). Attitudes: Foundations, functions, and consequences. In M. A. Hogg & J. Cooper (Eds.), *The Sage Handbook of Social Psychology* (pp. 139-160). London: Sage.

Festinger, L. (1954). A theory of social comparison processes. *Human Relations*, 7(2), 117-140.

Fishbein, H. D. (2002). *Peer prejudice and discrimination: The origins of prejudice* (2 ed.). Mahwah, NJ: Lawrence Erlbaun Associates.

Fiske, S. T. (2000). Stereotyping, prejudice, and discrimination at the seam between the centuries: Evolution, culture, mind, and brain. *European Journal of Social Psychology, 30*, 299-322.

Fiske, S. T., Cuddy, A. J. C., Glick, P., & Xu, J. (2002). A model of (often mixed) stereotype content: Competence and warmth respectively follow from perceived status and competition. *Journal of Personality and Social Psychology*, 82, 878-902.

França, D. X., & Monteiro, M. B. (2004). As novas expressões de racismo na infância. In M. E. O. Lima & M. E. Pereira (Orgs.), *Estereótipos, preconceito e discriminação: Perspectivas teóricas e metodológicas* (pp. 141-163). Salvador: EDUFBA.

Fredrickson, G. M. (2002). *Racism: A short history*. Princeton, NJ: Princeton University Press.

Gaertner, S. L., & Dovidio, J. F. (1986). The aversive form of racism. In J. F. Dovidio & S. L. Gaertner (Eds.), *Prejudice, discrimination, and racism* (pp. 61-89). San Diego, CA: Academic Press.

Haslam, N., Rothschild, L., & Ernst, D. (2000). Essentialist beliefs about social categories. *British Journal of Social Psychology, 39*, 113-127.

Horowitz, E. L., & Horowitz, R. E. (1938). Development of social attitudes in children. *Sociometry, 1*, 301-338.

Hovland, C., & Sears, R. R. (1940). Minor studies in aggression: Correlation of lynchings with economic indices. *Journal of Psychology, 9*, 301-10.

Iyer, A., Leach, C. W., & Crosby, F. (2003). White guilt and racial compensation: The benefits and limits of self-focus. *Personality and Social Psychology Bulletin, 29*, 117-129.

Jackson, J. S., Brown, K. T., & Kirby, D. C. (1998). International perspectives on prejudice and racism. In J. L. Eberhardt & S. T. Fiske (Eds.), *Confronting racism: The problem and the response* (pp. 101-135). Thousand Oaks, CA: Sage.

Jones, J. M. (1972). *Prejudice and racism*. New York: McGraw-Hill.

Jones, J. M. (1998). The essential power or racism: Commentary and conclusion? In J. L. Eberhardt & S. T. Fiske (Eds.), *Confronting racism: The problem and the response* (pp. 280-294). Thousand Oaks, CA: Sage.

Jost, J. T., & Banaji, M. R. (1994). The role of stereotyping in system--justification and the production of false consciousness. *British Journal of Social Psychology,* 33(1), 1-27.

Katz, P. A. (1987). Developmental and social processes in ethnic attitudes and self-identification. In J. S. Phinney & M. J. Rotheram (Eds.), *Children's ethnic socialization: Pluralism and development* (pp. 92-100), London: Sage.

Katz, D., & Braly, K. (1933). Racial stereotypes of one hundred college students. *Journal of Abnormal and Social Psychology, 28*(3), 280-290.

Katz, I., & Hass, R. G. (1988). Racial ambivalence and American value conflict: Correlational and priming studies of dual cognitive structures. *Journal of Personality and Social Psychology, 55*(6), 893-905.

Kelman, H. C. (1993). Compliance, identification, and internalisation: three processes of attitude change. *Journal of Conflict Resolution, 2*, 51-60. (Trabalho original publicado em 1958)

Kemper, T. D. (1987). How many emotions are there? Wedding the social and automatic components. *American Journal of Sociology, 93*(2), 263-289.

Kinder, D. R., & Sears, D. O. (1981). Prejudice and politics: Symbolic racism versus racial threats to the good life. *Journal of Personality and Social Psychology, 40*(3), 414-431.

Kohlberg, L. (1976). Moral stages and moralization: The cognitive--developmental approach. In T. Lickona (Ed.), *Moral development and behavior: Theory, research, and social issues* (pp. 31-53). New York: Holt, Rinehart and Winston.

LaPiere, R. T. (1936). Type-rationalizations of group antipathy. *Social Forces*, 15(2), 232-237, 254.

Leach, C. W., Snider, N., & Iyer, A. (2002). Poisoning the consciences of the fortunate: The experience of relative advantage and support for social equality. In I. Walker & H. Smith (Eds.), *Relative deprivation: Specification, development and integration* (pp. 136-163). Cambridge, UK: Cambridge University Press.

Lewin, K. (1978). *Problemas de dinâmica de grupo*. São Paulo: Cultrix. (Trabalho original publicado em 1948.)

Leyens, J. Ph., Rodriguez-Perez, A., Rodriguez-Torres, R., Gaunt, R., Paladino, P., Vaes, J., & Demoulin, S. (2001). Psychological essentialism and the differential attribution of uniquely human emotions to ingroups and outgroups. *European Journal of Social Psychology, 31*, 395-411.

Leyens, J. P., Paladino, P., Rodriguez-Torres, R., Vaes, J., Demoulin, S., Rodriguez-Perez, A., & Gaunt, R. (2000). The emotional side of prejudice: The attribution of secondary emotions to ingroups and outgroups. *Personality and Social Psychology Review, 2*, 186-197.

Lickel, B., Schmader, T., & Barquissau, M. (2004). The evocation of moral emotions in intergroup contexts: The distinction between collective guilt and collective shame. In N. Branscombe & B. Doosje (Eds.), *Collective guilt: International perspectives* (pp. 35-55). Cambridge, UK: Cambridge University Press.

Lickel, B., Schmader, T., Curtis, M., Scarnier, M., & Ames, D. R. (2005). Vicarious shame and guilt. *Group Processes and Intergroup Relations, 8*, 145-157.

Lima, M. E. (2002). *Normas sociais e racismo: Efeitos do individualismo meritocrático e do igualitarismo na infra-humanização dos negros.* Tese de Doutoramento não publicada, Instituto Superior de Ciências do Trabalho e da Empresa, Lisboa.

McGuire, W. J. (1985). Attitudes and attitude change. In G. Lindzey & E. Aronson (Eds.), *Handbook of Social Psychology: Special Fields and Applications* (3rd ed., Vol. 2, pp. 233-346). Hillsdale, CA: Lawrence Erlbaum Associates.

Monteiro, M. B., França, D. X., & Rodrigues, R. (2009). The development of ingroup bias in childhood: How social norms can shape children's racial behaviours. *International Journal of Psychology,* 1-11.

Mummendey, A., & Otten, S. (2001). Aversive discrimination. In R. Brown & S. L. Gaertner (Eds.), *Blackwell Handbook of Social Psychology: Intergroup Process*. Oxford, UK: Blackwell.

Nesdale, D. (2001a). Language and the development of children's ethnic prejudice. *Journal of Language and Social Psychology, 20*(1 & 2), 90-110.

Nesdale, D. (2001b). The development of prejudice in children. In M. Augoustinos & K. J. Reynolds (Eds.), *Understanding prejudice, racism, and social conflict* (pp. 57-72), London: Sage.

Operario, D., & Fiske, S. T. (1998). Racism equals power plus prejudice: A social psychological equation for racial oppression. In J. L. Eberhardt & S. T. Fiske (Eds.), *Confronting racism: The problem and the response* (pp. 33-53). Thousand Oaks, CA: Sage.

Pereira, C. R., Vala, J., & Leyens, J.-P. (2009). From infra-humanization to discrimination: The mediation of symbolic threat needs egalitarian norms. *Journal of Experimental Social Psychology, 45*, 336-344.

Pereira, C. R., Vala, J., & Costa-Lopes, R. (2010). From prejudice to discrimination: The legitimizing role of perceived threat in discrimination against immigrants. *European Journal of Social Psychology, 40*, 1231-1250.

Pereira, C. R., & Vala, J. (2011). A legitimação da discriminação em diferentes contextos normativos. In E. M. Techio & M. E. Lima (Eds.), *Cultura e produção das diferenças: Estereótipos e preconceito* (pp. 363-404). Brasília: TechnoPolitik.

Pettigrew, T. F. (1998). Prejudice and discrimination on the college campus. In J. L. Eberhardt & S. T. Fiske (Eds.), *Confronting racism: The problem and the response* (pp. 263-279). Thousand Oaks, CA: Sage.

Pettigrew, T. F., & Meertens, R. W. (1995). Subtle and blatant prejudice in Western Europe. *European Journal of Social Psychology, 25*(1), 57-75.

Quillian, L. (2006). New approaches to understanding racial prejudice and discrimination. *Annual Review of Sociology, 32*, 299-328.

Ramsey, P. G. (1997). *Teaching and learning in a diverse world: Multicultural education for oung children*. New York: Teachers College Press.

Reicher, S. (2001). Studying psychology studying racism. In M. Augoustinos & K. J. Reynolds (Eds.), *Understanding prejudice, racism, and social conflict* (pp. 273-298). London: Sage.

Richards, G. (1997). *Race, racism and psychology: Towards a reflexive history*. London: Routledge.

Robinson, J., Witenberg, R., & Sanson, A. (2001). The socialization of tolerance. In M. Augoustinos & K. J. Reynolds (Eds.), *Understanding prejudice, racism, and social conflict* (pp. 73-88), London: Sage.

Sidanius, J., & Pratto, F. (1999). *Social dominance*. New York: Cambridge University Press.

Smith, E. R. (1993). Social identity and social emotions: Toward new conceptualizations of prejudice. In D. M. Mackie & D. L. Hamilton (Eds.), *Affect, cognition, and stereotyping: Interactive processes of group perceptions* (pp. 297-315). San Diego, CA: Academic Press.

Sroufe A. L., (1979). Socioemotional development. In J. D. Osofsky (Ed.), *Handbook of infant development* (pp. 462-516). Wiley: New York.

Swim, J. K., & Miller, D. L. (1999). White guilt: Its antecedents and consequences for attitudes toward affirmative action. *Personality and Social Psychology Bulletin, 25*, 500-514.

Tajfel, H. (1983). *Grupos humanos e categorias sociais: Estudos em psicologia social* (Vol. I). Lisboa: Livros Horizonte.

Tajfel, H., & Turner, J. C. (1986). The social identity theory of intergroup behavior. In S. Worchel & W. G. Austin (Eds.), *Psychology of intergroup relations* (pp. 7-24). Chicago: Nelson Hall.

Turner, J. C., Hogg, M. A., Oakes, P. J., Reicher, S. D., & Wetherell, M. S. (1987). *Rediscovering the social group: A self-categorization theory*. Oxford, UK: Blackwell.

Vala, J., & Pereira, C. R. (2012). Racism: An evolving virus. In F. Bettencourt (Ed.), *Racism and ethnic relations in the Portuguese-speaking world* (pp. 49-70). Oxford, UK: Oxford University Press.

Van den Berghe, P. L. (1967). *Race and racism: A comparative perspective.* Sydney, Australia: Wiley.

Vaughan, G. M. (1987). A social psychological model of ethnic identity development. In J. S. Phinney & M. J. Rotheram (Eds.), *Children's ethnic socialization: Pluralism and development* (pp. 73-91). London: Sage.

Weigl, B. (1995). Similarity between parents' and children's social stereotypes. *Polish Psychological Bulletin, 26*, 161-174.

Weiner, B. (1995). *Judgements of responsibility: A foundation for a theory of social conduct*. New York: Guilford Press.

Wieviorka, M. (1995). *The arena of racism*. London: Sage.

Wittig, M. A., & Grant-Thompson, S. (1998). The utility of Allport's conditions of intergroup contact for predicting perceptions of improved racial attitudes and beliefs. *Journal of Social Issues, 54*(4), 795-812.

Yabar, Y. C. (2000). *Application of emotion theories to research prejudice and stereotypes*. Dissertation thesis, Catholic University of Louvain at Louvain-la-Neuve, France.

Yzerbyt, V. Y., Rocher, S., & Schadron, G. (1997). Stereotypes as explanations: A subjective essentialistic view of group perception. In R. Spears, P. J. Oakes, N. Ellemers & A. Haslam (Eds.), *The social psychology of stereotyping and group life* (pp. 20-50). Oxford, UK: Blackwell.

Zajonc, R. B. (1998). Emotions. In D. T. Gilbert, S. T. Fiske & G. Lindzey (Eds.), *The Handbook of Social Psychology* (4th ed., Vol. 2, pp. 591--622). New York: McGraw-Hill.

Notas para reflexão

Emoções, aprendizagem e comportamento social: focando o preconceito e a discriminação

Sonia Gondim
Universidade Federal da Bahia

Elisabeth Loiola
Universidade Federal da Bahia

Mônica Loiola
Secretaria de Educação da Bahia (SEC/BA)

Neste capítulo o leitor teve a oportunidade de obter informações sobre o papel da socialização na aprendizagem e na manifestação dos preconceitos e da discriminação, além de conhecer uma explanação sobre as compreensões que envolvem o racismo e seus paradoxos teóricos. O texto alerta, ainda, para a fase da infância, em que as crianças percebem as diferenças por mera curiosidade, e durante o convívio familiar acabam por incorporar valores dos adultos às suas percepções da diferenças. Desse modo, constata-se que por volta dos cinco anos de idade a criança já pode apresentar preconceito étnico.

Embora se reconheça a importância da maturação cognitiva de cada pessoa, a aprendizagem do preconceito e da discriminação está fortemente relacionada à internalização de normas e à capacidade de interpretação ativa do contexto em que a norma aparece. E, nesse caso, além de pais e pessoas significativas na vida dos indivíduos, professores, educadores e instrutores de treinamento para o trabalho devem estar atentos ao fato de servirem de modelos para a incorporação de normas sociais a serem aplicadas nos diversos contextos sociais e de trabalho. Isso se deve ao fato de a aprendizagem ser consequência tanto da adesão, no ponto de vista de quem é tomado como modelo (professor, instrutor), quanto da qualidade das relações interpessoais que têm lugar nos respectivos contextos (qualidade das relações entre professor-aluno, instrutor-trabalhador).

Com base nesses dados, professores, educadores e profissionais implicados na formação de crianças, jovens e na qualificação de trabalhadores podem inferir que exercem um poder de influência na definição de normas sociais que acabam sendo incorporadas e servem de orientação para atitudes e condutas de pessoas que estão sob sua responsabilidade.

É necessário que se tenha claro o quanto normas sociais relativas às relações entre grupos sociais e entre gestores e suas equipes de trabalho estão sendo transmitidas nos espaços educativos. Por exemplo, relações baseadas em hierarquia rígida oferecem modelos de normas fortemente centradas na obediência e na diferença de *status* entre grupos e contribuem para a demarcação de diferenças. A flexibilidade na elaboração e no controle de regras a serem observadas na sala de aula e nos ambientes de trabalho contribui para a difusão de maior tolerância para com a discordância e diversidade de opinião.

Neste sentido, a educação formal desenvolvida pelas escolas, e em todos os níveis, necessita empreender em duas frentes principais, no sentido de oferecer um ambiente de possibilidades de construção identitária com ênfase no respeito às diferenças pessoais e coletivas. Uma seria a formação continuada dos profissionais, tendo como ponto de partida a reflexão de modo amadurecido acerca das matrizes conceptuais dos profissionais diante das diferenças. Esta ação colocaria no centro do debate conteúdos relativos à formação pessoal e social da criança e sobre a escola como espaço de encontro e produção cultural, consequentemente, espaço em potencial para, também, produzir preconceito e discriminação. No entanto, a prática pedagógica dos professores e profissionais da escola não se orienta somente por sua formação inicial e continuada, mas sobretudo pelo projeto político pedagógico e curricular da instituição, que constitui a outra frente que deve ser levada em consideração. Devido a isso, é necessário debruçar-se sobre esses documentos com a intenção de identificar o modo como a diversidade pessoal, social e cultural está representada, influenciando, desse modo, nas tomadas de decisões e escolhas educativas.

Conforme vimos no texto em questão, as crianças passam por uma primeira sequência de desenvolvimento, quando são, *a princípio, dominadas por suas emoções e preferências, as quais determinarão suas atitudes étnicas*. Por conseguinte, tornam-se mais conscientes das semelhanças e diferenças de algumas pessoas em relação a elas próprias. Como a referência inicial de percepção das diferenças é o próprio sujeito, é preciso um cuidado especial sobre o modo como as crianças vão construindo sua imagem pessoal desde a primeira infância e a maneira como os profissionais influenciam essa construção. Está em xeque o surgimento das primeiras matrizes conceptuais que poderão ser geradoras ou não de preconceito. Investir para que as crianças possuam imagem positiva de si mesmas é muito importante, mas não se pode negligenciar o olhar para o coletivo.

É preciso estar atento também ao conteúdo do material didático usado em sala de aula e nos treinamentos. Até que ponto esse material pode estar reproduzindo um conjunto de normas sociais que estimulam sentimentos negativos contra pessoas percebidas como membros de outras categoriais sociais, reforçando os vieses de julgamento que levam a manifestações preconceituosas e discriminativas?

De fato, a influência de educadores e profissionais de formação é limitada, pois as pessoas pertencem a diversos grupos e recebem influência de muitos modelos em função de sua saliência na vida pessoal. Mas não se pode perder de vista que são modelos concorrentes e, como tal, assumem uma parcela de responsabilidade na oferta de padrões de conduta. O capítulo oferece evidências empíricas de que a culpa nas relações intergrupais leva a uma necessidade de reparação e isto pode ser importante para estimular a cooperação entre grupos, particularmente de *status* diferentes. O educador, portanto, pode vir a contribuir na reflexão crítica da visão de mundo e das atitudes e ações em relação a outros grupos sociais, para estimular a flexibilidade mental e a formação de uma consciência mais crítica sobre a realidade.

Por fim, o educador e profissional de formação de pessoas deve reconhecer que somos influenciados por normas sociais e pelo contexto em que estamos inseridos, o que nos obriga a estar mais atentos às nossas ações, procurando refletir antes de agir, ou reavaliar nossas ações já realizadas, buscando formas de reparação. Embora nossas diferenças individuais possam dar uma tonalidade específica nas manifestações afetivas desencadeadoras de preconceito e de discriminação, os contextos sociais e de trabalho podem acirrá-las ou atenuá-las. É nessa esfera de responsabilidade que atuam formadores e educadores.

Questões orientadoras da prática pedagógica

1. Em minha prática de sala de aula, de gestor ou de instrutor de treinamento, contribuo para oferecer modelos de normas sociais que favorecem a emergência de preconceitos e atos disciminatórios contra pessoas que percebemos como membros de outros grupos ou categorias sociais?
2. Tenho conhecimento do projeto político e pedagógico da instituição e de suas orientações curriculares?
3. Os projetos político-pedagógico e curricular da instituição referendam uma prática pedagógica baseada no respeito às diferenças?
4. Tenho aproveitado no contexto da sala de aula ou de trabalho as oportunidades para trazer à discussão questões que possam fazer as pessoas tomarem mais consciência de que são facilmente influenciadas por variáveis ambientais ou pessoas de referência e que, portanto, precisam estar atentas para exercer maior escrutínio crítico sobre seus pensamentos e ações?
5. Tenho estado atento às manifestações de preconceito e de discriminação que têm lugar no espaço da sala de aula e do ambiente de trabalho, intervindo no momento oportuno para potencializar o aprendizado dos sinais de preconceito e de discriminação e de suas consequências emocionais na experiência cotidiana?
6. Tenho utilizado recursos didáticos que permitem aos alunos e trabalhadores exercitarem a flexibilidade mental, avaliando prós e contras, analisando os fenômenos de perspectivas diversas?
7. Tenho introduzido atividades que permitem demarcar as diferenças individuais ao mesmo tempo que as naturalizam, reconhecendo que tal diversidade não se traduz em qualificativos necessariamente piores ou melhores?

CAPÍTULO **5**

Emoção e aprendizagem do comportamento agressivo e a violência coletiva

Elza Maria Techio
Universidade Federal da Bahia

Darío Páez
Universidad del País Vasco (Espanha)

Carlos Martín Beristain
Universidad del País Vasco (Espanha)

Nekane Basabe
Universidad del País Vasco (Espanha)

Silvia Ubillos
Universidade de Burgos (Espanha)

Silvia da Costa
Universidad del País Vasco (Espanha)

Resumo

Neste capítulo serão apresentadas as principais contribuições da psicologia social no que se refere à aprendizagem e à expressão de comportamentos agressivos e da violência coletiva. Inicialmente, será definido o fenômeno da agressão e suas relações com o ódio e a violência coletiva. Os processos de socialização e de aprendizagem dos comportamentos agressivos e da violência também serão alvo de descrição e análise. Serão abordados os antecedentes ambientais, emocionais e sociais do comportamento agressivo e da violência coletiva. Na sequência, exploraremos alguns comportamentos agressivos importantes no ambiente escolar e de trabalho, incluindo os conflitos intergrupais e a exclusão social. Para finalizar, dirigiremos nossa atenção aos valores culturais, à cultura da paz e à educação para a paz.

Introdução

Na atualidade, falar sobre afetividade, comportamento agressivo e violência individual, intragrupal, intergrupal ou coletiva, além de desafiador, é de extrema relevância. Nos contextos sociais, grupais, comunitários e de diversos países, as pessoas se deparam com questões relacionadas à violência. A manifestação de comportamentos violentos, a agressão e o ódio ganham destaque nos principais meios de comunicação. Jornais, telenovelas, programas sensacionalistas, desenhos animados e jogos eletrônicos direcionados a crianças e jovens acabam por difundir tais comportamentos, que estimulam a sua reprodução. A intolerância, agressão e expressão de atos violentos crescem em níveis alarmantes e a excessiva exposição à violência tem contribuído para tornar as pessoas insensíveis, indiferentes e conformistas ante seus efeitos.

A violência parece ter invadido todas as áreas da vida das pessoas. De fato, na contemporaneidade, observa-se com mais clareza um clima sociocultural de degradação dos valores humanistas, como a solidariedade, a tolerância, a justiça, a dignidade e a empatia. A violência encontra-se agora em lugares e espaços "antes protegidos", como a família, a escola, a igreja e a comunidade.

A *violência* também pode ser observada na *vida urbana* constatada nos indicadores de criminalidade, nos homicídos, sequestros, assaltos, conflitos étnicos, religiosos, raciais, tráfico de armas e drogas. Dados estatísticos demostram que no Brasil, nos últimos trinta anos, houve um aumento de 124% no número de homicídios. Se compararmos esses indicadores com o número de mortes em conflitos mundiais armados ocorridos na segunda metade do século passado, perceber-se-á que a média de mortes por homicído no Brasil supera em muito o número de vítimas em conflitos armados (Waiselfisz, 2011a). Igualmente, destaca-se a gravidade da *violência no trânsito*. Estatísticas demonstram um número alarmante de acidentes automobilísticos fatais ocorridos no mundo e no Brasil. No caso do Brasil, somente na última década (2000-2010) houve um incremento de 41,4% de mortes nas vias públicas, o que nos leva a considerar a violência no trânsito um problema de saúde pública (Waiselfisz, 2011b).

O fenômeno, no entanto, não é de simples análise. Em termos comparativos, a violência social na Idade Média e entre os séculos XVIII e XIX era em maior proporção que na atualidade. Desde os anos 1990, a frequência de mortes em conflitos armados no mundo tem diminuído, embora se tenha constatado que desde o fim da Segunda Guerra Mundial houve um aumento nos conflitos armados quando comparado com os séculos anteriores. No entanto, houve diminuição no número de vítimas fatais.

O tipo de conflito também sofreu mudanças ao longo dos séculos. Houve um incremento nos conflitos dentro de uma mesma sociedade (intraestados), enquanto que os conflitos entre estados não têm apresentado variação, têm-se mantido constante. Em termos de números, ao término da Segunda Guerra Mundial, mais de 70 milhões de pessoas foram mortas, durante os quarenta anos de Guerra Fria, cerca de 17 milhões de pessoas perderam suas vidas em conflitos armados, e de 1990 até 2003 as guerras exterminaram mais de 3 milhões de vidas. Nesta perspectiva, portanto, houve uma diminuição no número de vítimas fatais (Marshall, 2003).

Há muito a violência tem ocupado um espaço relevante nas discussões nos diversos segmentos da sociedade. Tais discussões levaram a Organização Mundial da Saúde (OMS, 2002) a propor uma tipologia para classificar os atos violentos e agressivos. Neste sentido, a violência pode ser classificada em três categorias amplas: violência autoinfligida, interpessoal e coletiva. A *violência autoinfligida* é aquela na qual o próprio indivíduo, mediante condutas autodestrutivas, causa dano a si próprio (suicídio e tentativa de suicídio, uso indiscriminado de entorpecentes etc.).

A *violência interpessoal* pode ser dividida em intrafamiliar e comunitária. A violência *intrafamiliar* é aquela que ocorre entre os parceiros íntimos e entre os membros da família (todo tipo de violência física, verbal, sexual, psicológica, abandono e negligência contra qualquer indivíduo, independentemente do gênero). A violência *comunitária* é classificada como aquela que ocorre no ambiente social, entre conhecidos e desconhecidos. Manifesta-se na violência juvenil, agressão física, ataques sexuais e inclusive na violência institucional ocorrida nos locais de trabalho, nos asilos, prisões e escolas. Muitos são os exemplos de violência ocorrida nas escolas, como o *bulling* e até massacres, entre os quais destacamos o ocorrido no Rio de Janeiro, em Realengo, em abril de 2011, em que um ex-aluno armado entra em sua antiga escola e dispara aleatoriamente contra os alunos, matando doze e ferindo outros doze, e matando-se em seguida; o massacre na universidade de Oikos, Califórnia, em abril de 2012, no qual morreram sete pessoas e outras três ficaram feridas; e o massacre na escola judaica na cidade de Toulouse, França, ocorrido em março de 2012, onde morreram três crianças e um rabino.

Por último, a *violência coletiva* é entendida como toda e qualquer violência que ocorre nos âmbitos macrossocial, políticos, econômicos e religiosos, e tem por característica a dominação de grupos e do Estado. No nível social incluem-se crimes cometidos por grupos organizados, como o terrorismo e crimes de multidão; e no nível político, as guerras, os genocídios, que têm por objetivo o extermínio de grupos rivais. A violência política pauta-se em três premissas: (1) expressão de um conflito social sobre as necessidades, valores ou interesses básicos para as pessoas implicadas; (2) interesses coletivos; e (3) sucessão de atos violentos e ameaças. A violência coletiva econômica está centrada em qualquer ataque econômico entre grupos e nações motivado pelo desejo de dominação. A violência coletiva religiosa quase sempre é legitimada e perpetrada por indivíduos que pertencem a determinados grupos religiosos e que aderem a determinadas crenças. Esse tipo de violência pode apresentar-se mediante o abuso, vandalismo, agressões físicas, torturas, assassinatos e genocídios. Associado aos três tipos de violência coletiva (política, econômica e religiosa), pode-se acrescentar a *violência estrutural*, situada nos processos sociais, políticos e econômicos, que reproduzem e cronificam a fome, a miséria e as desigualdades sociais (gênero, etnia etc.). Cabe destacar que é mediante os processos históricos que a violência estrutural se perpetua, repete-se e se naturaliza na cultura, preservando os processos de privilégios e dominação de alguns sobre outros (Brasil, 2005).

Discutir comportamentos violentos e agressivos na atualidade, visivelmente nos compele a mencionar aspectos intergrupais e culturais, e não somente aspectos individuais. A violência sexual, física e psicológica é fruto, portanto, de uma ação complexa de fatores individuais, interpessoais, sociais, ambientais e culturais, e o grande desafio das ciências sociais e psicológicas na atualidade é compreender como se articulam e produzem comportamentos violentos e agressivos.

Tradicionalmente, cientistas sociais têm voltado seus interesses aos estudos da agressividade e violência em decorrência de suas consequências negativas. Na psicologia social, devido à forte influência da cultura norte-americana, os elementos individuais no entendimento dos fenômenos sociais são destacados, produzindo um viés individualista em detrimento dos aspectos sociais e culturais. Somente a partir da década de 1980, é possível observar um movimento em direção a explicações culturais e transculturais dos fenômenos da violência e da agressividade (Zafra, 2007).

Neste capítulo serão apresentadas as principais contribuições da psicologia social no que se refere à aprendizagem e expressão de comportamentos violentos e agressivos, bem como a influência dos conflitos intergrupais no incremento de comportamentos agressivos e da violência coletiva. Inicialmente, será definido o fenômeno da agressão e suas relações com o ódio e a violência coletiva. Os processos de socialização e de aprendizagem dos comportamentos agressivos e da violência também serão alvo de atenção neste capítulo. Serão abordados também os antecedentes ambientais, emocionais e sociais do comportamento agressivo e da violência coletiva. Na sequência, procuraremos explorar alguns comportamentos agressivos importantes no ambiente escolar e de trabalho, incluindo os conflitos intergrupais e a exclusão social. Para finalizar, centraremos nossa atenção nos valores culturais, na cultura da paz e na educação para a paz.

Entendendo o fenômeno da agressão, ódio e violência coletiva

As emoções são elementos importantes para o entendimento das atitudes e comportamentos. Entre os vários estados emocionais e afetivos que interferem direta ou indiretamente nas ações interpessoais e intergrupais, os que mais nos interessam neste momento são os relacionados à agressividade e à violência.

Se observarmos atentamente a história, é possível perceber que a agressividade, o ódio e a violência não são fenômenos recentes. Tais ações estiveram presentes em todos os tempos, embora apresentem variações em virtude do período em que se manifestaram (Wieviorka, 1997). O que de fato surpreende na atualidade é a percepção de que a violência e a agressividade estão atingindo níveis alarmantes e quase fora de controle.

A história da humanidade está repleta de exemplos de atos violentos e agressivos, como as repressões políticas, genocídios, guerras, atentados terroristas, exclusão e discriminação social, racial, étnica e religiosa. Vários desses atos extremamente violentos e agressivos marcaram a história de países e grupos, e muitos mudaram a história da humanidade. Enumeramos alguns deles: (1) holocausto, fruto do ódio racial dos alemães; (2) assassinatos em Ruanda, oriundos dos conflitos étnicos entre Hutu e Tutsi; (3) segregação racial (*apartheid*) na África do Sul; (4) lei antimiscigenação e linchamentos de negros nos Estados Unidos da América; (5) conflitos religiosos entre protestantes e católicos na Irlanda no Norte; (6) repressões políticas das ditaduras ocorridas na América Latina entre os anos de 1970 e 1980, especialmente as do Chile e da Argentina, com milhares de mortos e desaparecidos; (7) conflitos entre israelenses e palestinos pela ocupação de territórios da Faixa de Gaza na Palestina; (8) atentados terroristas perpetrados por extremistas islâmicos (11 de setembro de 2001 em Nova York, 11 de março de 2004 em Madrid e 7 de julho de 2006 em Londres); (9) centenas de outros atentados ocorridos em diversos países; (10) invasão norte-americana no Afeganistão e Iraque; e (11) mais recentemente, na chamada Primavera Árabe, violência oriunda das revoltas no mundo árabe entre o povo e as autoridades que lutam contra governos ditatoriais e autoritários, culminando em uma forte repressão do governo contra o seu próprio povo (Egito, Síria, Líbia, entre outros).

O que de fato se observa é a influência do contexto sócio-histórico na alteração da forma e intensidade com que a agressividade e a violência são manifestadas na contemporaneidade. Como destaca Ubillos, Martín-Beristain, Garaigordobil e Halperin (2011), a expressão do ódio direcionada aos indivíduos e grupos deve ser apreciada como um fenômeno humano extenso e enraizado na natureza das relações intergrupais e políticas.

Conceituando agressão e ódio

Na psicologia muito se tem falado sobre agressão e muitas são suas definições. Porém, faz-se necessário diferenciar conceitualmente a agressão de outros termos análogos encontrados nos manuais de psicologia social, tais como agressividade, violência, conflito e guerra. Etimologicamente, agressão vem do latim (*agressione*) e significa ação ou efeito de atacar, assaltar, acometer, provocar ou causar impressão desagradável e hostil, ou seja, "qualquer forma de conduta dirigida para machucar ou prejudicar outro ser vivo" (Baron & Richardson, 1994, p. 7). A agressão faz alusão a qualquer ação individual ou coletiva que envolva situação de força contra pessoas, grupos ou nações. A palavra violência (*violentia*), também derivada do latim, significa constrangimento físico ou moral, uso da força e da coação. Agressão (ato) e agressividade (característica pessoal) fazem parte do cotidiano das pessoas e, quando bem administradas, auxiliam o indivíduo a obter satisfação. Cumprem, portanto, um importante papel no processo adaptativo que auxilia o desenvolvimento humano, porém, quando mal administradas, trazem consequências desadaptativas e destrutivas (Werlang, Sá, & Macedo, 2006).

Para a Organização Mundial da Saúde (OMS, 2002), violência é definida como o uso intencional da força ou do poder, seja de forma real ou por ameaça, contra um grupo ou uma comunidade, que tem como resultado (ou alta probabilidade) a morte, o dano físico e/ou psicológico, a privação ou uma alteração do desenvolvimento da pessoa. Neste sentido, a violência é a agressão que tem por finalidade causar dano físico extremo, morte e feridas graves (Anderson & Bushman, 2002). Por sua vez, o conflito faz referência a um desacordo entre duas partes sobre o *status* ou a distribuição de recursos, e, neste caso, um grupo ganha poder e o outro o perde. O conflito surge quando os objetivos, intenções e ações entre diferentes grupos são percebidos como incompatíves (Bar-Tal, Rosen, & Nets-Zehngut, 2011). Uma das principais formas utilizadas na resolução de conflitos é o uso da força ou agressão. Finalmente, a guerra é um tipo especial de agressão que ocorre entre grupos, geralmente uma agressão institucionalizada com papéis claramente definidos (Morales & Arias, 1999).

Os autores deste capítulo definem agressão como toda conduta ou tendência hostil intencional que busca causar danos físicos ou psicológicos a outras pessoas ou grupos. Na tentativa de superar os vários desacordos encontrados na literatura quanto ao entendimento do que é realmente agressão, Archer e Browne (1989) estabelecem três características prototípicas da agressão: a intenção de causar dano; a de provocar dano real (não um mero aviso); e a existência de alteração do estado emocional (cólera, ira, ódio etc.).

Tal definição permite identificar dois tipos de agressão (Orduña, 2007): a afetiva e a instrumental. A agressão afetiva, hostil ou emocional caracteriza-se por ser impulsiva, não premeditada e conduzida pela raiva, ou seja, fortemente influenciada por um estado emocional negativo de cólera. Neste caso, a agressão se produz como reação a um estado anterior de provocação, cujo objetivo é lesar alguém. Por exemplo, o assassinato de um companheiro sentimental em decorrência de ciúmes (violência de gênero) é claro exemplo de agressão colérica. A agressão instrumental, por sua vez, faz menção a um tipo particular de agressão na qual a expressão de emoção aparece de forma muito sutil ou é inexistente, nela predominando o cálculo, ou seja, é deliberada, racional e planejada. O intuito não é causar dano, mas, sim, um meio utilizado para atingir determinado objetivo. O dano surge como um efeito secundário da finalidade. A agressão instrumental pode ser observada quando a pessoa atua em defesa própria, em defesa da família ou do grupo nacional, quando culturalmente se considera uma ação como pró-social e de obrigação moral (Páez & Ubillos, 2004a; Ubillos *et al.*, 2011). Frequentemente, a obrigação moral é manipulada para militarizar conflitos ou ganhar poder sobre outro grupo.

Além desses dois tipos de agressão, afetiva e instrumental, podem existir outros tipos, como a direta, a verbal e a deslocada. Na agressão direta o comportamento agressivo dirige-se à pessoa ou ao objeto da agressão. A agressão verbal não passa de palavras, afetando o outro psicologicamente, e, por último, na agressão deslocada a raiva é dirigida a outro objeto que não o responsável por seu desencadeamento (arremessar um objeto qualquer na parede). A agressão também pode ser proativa ou reativa. A agressão reativa é uma resposta oriunda de uma ameaça, provocação ou vergonha, cujo objetivo é restaurar a autoestima e reforçar as normas sociais (briga entre adolescentes acarretada pela ofensa a um familiar). A agressão proativa busca satisfazer os fins máximos de controle da vítima e a obtenção de recursos mediante conduta instrumental associada a comportamentos de coerção, intimidação e de imposição do poder (*bullying*, intimidação, abuso e agressão de um grupo de adolescentes mais forte diante de um jovem mais fraco, cujo objetivo é causar dano e sofrimento à vítima, por exemplo, retirando à força seu dinheiro).

Diferente da raiva (emoção primária), o ódio é uma emoção aprendida mediante o processo de socialização, sendo, portanto, uma emoção secundária, extrema e contínua dirigida a um indivíduo ou grupo. O ódio é um sentimento intenso de raiva, traduzido na forma de antipatia, aversão, desgosto, rancor, inimizade, repulsa, desejo de evitar, limitar ou destruir uma pessoa ou grupo. A característica central do ódio é o desejo de destruir o objeto odiado (Rodrigues, 2004). Pode-se dizer que o ódio orientado a um grupo, basicamente, engloba todos os membros pertencentes a esse grupo. O ódio não necessariamente é irracional, pois podemos odiar pessoas ou membros de um grupo que nos ameacem ou nos façam sofrer privações.

O ódio é uma emoção fortemente motivadora e capaz de reunir um grande número de pessoas que compartilham o mesmo sentimento acerca de um inimigo comum, tendo a capacidade de despertar o desejo de eliminar simbólica e fisicamente o grupo odiado (Halperin, 2008; White, 1996). O ódio parece alimentar-se das diferenças observadas entre o outro (exogrupo) e o grupo de pertença (endogrupo). Segundo Elster (1999), o ódio é uma emoção procedente do julgamento de que a outra pessoa ou grupo é perverso ou mau, como parte de uma característica inerente (essência), difícil de ser modificada (Prentice & Miller, 2007).

Na perspectiva de Frijda (2004), o tipo de emoção despertado pelo exogrupo (outro grupo) desencadeia ações distintas da parte do grupo de pertencimento (endogrupo). O medo leva ao distanciamento do exogrupo ameaçador. A raiva, a cólera e a ira se relacionam com o desejo de mudar as condutas do exogrupo no sentido de restaurar as normas e mudar o meio social, ao passo que o ódio se associa ao desejo de causar dano ou mesmo aniquilar o exogrupo. Neste último caso, o indivíduo ou grupo está mais preocupado em excluir o outro do que modificar suas condutas e atitudes. Isso não quer dizer que o medo ou mesmo a ira não acarretem violência, mas que as metas da violência são distintas. O medo desperta o desejo de segurança, a raiva ou ira pode aumentar as relações ou tratar de mudar o oponente, enquanto que a violência relacionada ao ódio é mais problemática, já que o fim em si é provocar dano ou destruir o rival.

Estudos realizados por Halperin (2008) no contexto do conflito entre Israel e Palestina parecem confirmar que, a depender do tipo de emoção ativada, ações específicas são desencadeadas. Neste caso, a ira associa-se com a avaliação da conduta do exogrupo como injusta e com o desejo de mudar essa conduta. O medo está associado com uma baixa avaliação da capacidade potencial de enfrentar as consequências dos acontecimentos futuros e com o desejo de criar um ambiente seguro que os proteja. Por último, o ódio relaciona-se com a percepção de que o exogrupo é perverso e o desejo de excluir o exogrupo das relações.

De fato, em conflitos intergrupais, as emoções negativas mútuas aparecem como componentes intrínsecos. As emoções estão presentes nas interpretações dos acontecimentos e nas ações comportamentais executadas que colaboram na perpetração dos conflitos.

Conceituando violência coletiva

Como já destacado anteriormente, a violência foi definida pela OMS (2002) como um tipo de agressão não adaptativa, que tem por objetivo causar dano físico extremo (morte), simbólico (futuros atos prejudiciais) ou estrutural (exercício do poder que fere os direitos humanos).

A violência coletiva é entendida como aquela que envolve pessoas que se identificam como membros de um grupo contra os membros de outro grupo, e que tem por objetivo atingir fins políticos, econômicos ou sociais. Segundo a OMS (2002), a violência coletiva pode ser social, quando os crimes são carregados de ódio, praticados por grupos organizados (chacina de crianças de rua por policiais ou milícias, violência de gangues, atos terroristas, racismo, homofobia etc.), política, quando a violência é utilizada para atingir fins políticos e levadas a cabo por grupos institucionais (conflito armado entre guerrilheiros, forças paramilitares, terrorismo, guerras e conflitos violentos, violência do Estado etc.), e econômica, que inclui ataque de grandes grupos motivados pelo lucro econômico com o objetivo de desintegrar a atividade econômica, impedir o acesso aos serviços essenciais e criar divisão e fragmentação econômica (disputas pelo controle do tráfico de drogas, exclusão social dos pobres etc.).

Ainda que a violência coletiva possa ter motivações diversas e ser praticada por grandes grupos, sua distinção pode ser irrelevante quando se avalia o impacto que exerce no bem-estar e no clima emocional coletivo (Bilbao *et al.* 2011). Devido ao seu caráter de ameaça indefinida, de difícil compreensão e afrontamento, a exposição direta ou indireta à violência coletiva traz consequências psicossociais graves, tais como um clima socioemocional coletivo de medo e desconfiança, intolerância, ansiedade, depressão, angústia, desorientação, sentimento de desesperança e desmoralização, além de sérios problemas à saúde física (Cháves, Bilbao, Páez, Iraurgi, & Beristain, 2011; Techio *et al.*, 2011; Vázquez, Pérez-Sales, & Hervás, 2008). A violência coletiva, como a violência individual, abarca todos os tipos e formas de violência física, sexual ou psicológica cometidas por grandes grupos de indivíduos ou por Estados.

Tão importante quanto entender o significado e a importância da violência para as relações interpessoais e intergrupais é entender os antecedentes de tais comportamentos, de forma que nos auxiliem em sua explicação, compreensão e intervenção.

Antecedentes psicossociais da agressão e violência

Na psicologia social, três suposições orientam os estudos sobre os comportamentos agressivos: (1) a primeira é que os comportamentos agressivos fazem parte do repertório de condutas habituais, não sendo indicadores de anomalias individuais; (2) a segunda é que a aquisição, manutenção e manifestação de comportamentos agressivos estão sujeitas aos princípios da aprendizagem social; e (3) a terceira é que a cultura regula a manifestação da agressão nas relações sociais, além de fornecer os significados socialmente compartilhados das ações agressivas. Neste último caso, os comportamentos agressivos seriam regulados pelas normas sociais, elucidando as diferenças existentes entre a manifestação da agressão dentro da própria sociedade e entre as culturas (Orduña, 2007). De fato, todas essas suposições, em conjunto, auxiliam no entendimento e na explicação dos fenômenos vinculados à agressão e violência, sendo assim, para entender o comportamento violento, a agressão e a violência, faz-se necessário levar em consideração sua multidimensionalidade.

O fenômeno da violência social (guerras, revoluções, conflitos étnicos etc.), contudo, não pode ser reduzido aos processos de socialização, traço de personalidade, frustração, privação relativa, ou mesmo vivência de emoções negativas, como raiva, ira ou cólera. Certamente, são processos úteis para explicar a violência individual e interpessoal (suicídio, homicídios, violência doméstica, trânsito etc.), porém, insuficientes para explicar a violência social e coletiva. Tentar explicar a violência coletiva utilizando os princípios da violência interpessoal seria simplificar um processo extremamente complexo que envolve uma série de questões macrossociais e históricas.

As grandes explosões de violência coletiva (guerras, genocídios, massacres, terrorismo, entre outras) não são fenômenos sociais espontâneos. São cuidadosamente planejadas, organizadas, ideologicamente justificadas e executadas para cumprir objetivos políticos, não acontecendo, portanto, pelas tendências psicológicas agressivas pessoais, embora aspectos psicológicos estejam fortemente envolvidos. De fato, em situações de guerra, soldados cometem atrocidades, tais como genocídios, estupros, saques etc., porém, grande parte deles relata que foram incapazes, relutaram ou tiveram dificuldades em matar (Liu, Allen, & Páez, 2012).

Os processos sociais fortalecem os atos de violência ao enaltecerem os aspectos positivos da guerra (companherismo, heroísmo, vitórias, glorificação do poder militar), em detrimento dos aspectos negativos (mutilações, estresse pós-traumático, transtornos mentais, problemas de relacionamentos interpessoais, morte de civis indefesos e desarmados), ou mesmo quando valorizam atitudes vinculadas ao patriotismo, nacionalismo e ao etnicismo, que glorificam a pátria e ideologias religiosas (Ubillos *et al.*, 2011).

Os aspectos macrossociais também são reforçadores da violência coletiva. De fato, as pessoas que participam diretamente nos combates o fazem não porque querem, mas porque são forçadas. Noventa por cento dos soldados da Primeira e Segunda Guerras Mundiais não eram voluntários. Além disso, a maioria deles descreve a guerra como algo não gratificante, e, sim, aterrorizante, caótico, uma experiência difícil e nada excitante (Nordstrom, 1998 como citado por Ubillos *et al.*, 2011). Mesmo os que apoiam o terrorismo e as guerras o fazem por questões ideológicas e *ideais políticos*, o que demonstra que a violência é mais uma obrigação, um imperativo moral do que uma tendência psicológica (Crenshaw, 2004).

Três processos podem facilitar o entendimento da relação entre a guerra e as funções individuais e coletivas: (1) a *justificação moral da agressão*, individualmente como forma de restaurar a ordem social que foi questionada, a agressão é percebida como sendo uma obrigação moral (a nossa guerra é limpa, uma vez que defende a nação), neste caso, a atribuição de responsabilidade é externa, já que é uma obrigação. Esse tipo de violência, geralmente, aparece em momentos em que a sociedade e as organizações políticas se sentem ameaçadas (crise econômica ou militar); (2) *distanciamento psicológico e deslegitimação do inimigo*, em que a crença estereotípica de desumanização do adversário (selvagem, primitivo) provoca uma percepção de não obrigação moral para com o inimigo, o que tornaria justificada a agressão e o extermínio do exogrupo; e (3) *desindividualização dos agressores*, em que a violência coletiva é realizada em grupo, onde o anonimato e a impunidade estão garantidos e a agressão é reforçada (Ubillos *et al.*, 2011).

É importante ter claro que o ódio e a agressão coletiva em relação a um grupo social resultam em grande parte da influência do processo de socialização e da aprendizagem gradual. Ou seja, a partir da desensibilização à agressão e ao ódio, pode-se chegar à deslegitimação, desumanização e discriminação. Aos poucos se constroem crenças socialmente compartilhadas de que a vítima tem de fato o que merece. Juntas, aprendizagem e crença no mundo justo provocam uma espiral de violência que pode inclusive chegar à violência coletiva, e sua interrupção, geralmente, só é possível mediante intervenção de terceiros, e após um longo processo de reconciliação (Ubillos *et al.*, 2011; Bar-Tal *et al.*, 2011).

Processo de socialização, violência e aprendizagem

Na espiral da violência, a socialização e a aprendizagem são importantes processos que auxiliam os psicólogos sociais no entendimento e na explicação de condutas agressivas e do ódio. A agressão não é uma tendência inata caracterizada por um instinto agressivo, como afirmavam os etólogos e evolucionistas, nem um traço de personalidade, mas, sim, a expressão de práticas sociais aprendidas e reforçadas pela cultura na promoção e orientação do uso ou não da violência (Liu *et al.*, 2012).

Para os teóricos da aprendizagem social, a agressão pode ser aprendida mediante a experiência direta ou de forma vicária, por meio da observação. De acordo com a teoria da aprendizagem social, a agressão pode ser aprendida mediante castigo e recompensa. Quando o comportamento agressivo é reforçado, há uma grande probabilidade de que aumente sua aparição, e quando punido, é provável que diminua. Para Bandura (1965), na ausência de recompensa ou punição direta, a aprendizagem da violência pode ocorrer mediante a observação e imitação do comportamento de outras pessoas. A imitação de determinadas condutas é afetada pelas características do modelo a ser imitado (semelhança com o observador, simpatia, *status* e poder associado ao modelo), além das consequências do comportamento (punição ou recompensa). Ou seja, não é o comportamento de qualquer pessoa que é imitado, mas o das pessoas significantes na vida do observador que foi reforçado ou punido.

Baseados nesses princípios da aprendizagem social, a partir da década de 1970, uma série de outros estudos foram realizados levando em consideração a influência que os meios de comunicação exercem como um dos canais paradigmáticos da aprendizagem social. Nesses estudos foi possível constatar que a violência filmada leva a um aumento do comportamento agressivo apenas nas crianças que já apresentavam agressividade antes mesmo de serem expostas às imagens e que gostavam de filmes violentos, e que os fatores sociais inerentes à estrutura do grupo (dominância) mediavam as reações agressivas estimuladas pelos filmes (Leyens, Camino, Parker, & Berkowitz, 1975).

De fato, a aprendizagem de comportamentos agressivos e violentos por observação e imitação é fortemente influenciada pelos meios de comunicação de massa que exercem uma função central na socialização. Os episódios de violência transmitidos nos meios de comunicação são responsáveis pela difusão de normas, valores, atitudes e crenças que regulam o comportamento violento. O repertório de violência fornecido pela mídia favorece a aquisição e a manutenção das práticas violentas (Orduña, 2007), além de reduzir a reação e a sensibilização do observador ao superexpor o sofrimento dos outros. Estudos têm demostrado que indivíduos que jogam videogames violentos apresentam maior probabilidade de agredir o outro e de sentir emoções negativas. Crianças expostas a programas violentos têm maior probabilidade de cometer atos agressivos quando adultos, e as pessoas expostas a situações reais de estímulos agressivos mostram-se mais agressivas (Anderson & Bushman, 2002).

Ainda que os meios de comunição exerçam forte influência sobre a socialização, cabe destacar que o ambiente familiar também é decisivo. Sendo assim, a violência apresentada pela mídia é mediada pela família (pais, amigos e outras pessoas relevantes para as crianças), responsável pela difusão e legitimação dos valores, crenças, normas e símbolos sociais que interferem na formação da personalidade. Destarte, a violência exibida nos meios de comunicação pode contribuir para a expressão da agressão em uma sociedade, porém, a intensidade do impacto da exposição dependerá das características de personalidade do indivíduo e do contexto cultural no qual a violência é oferecida, ou seja, do estilo de socialização e do vínculo afetivo familiar.

Assim sendo, o tipo de socialização, associado aos laços afetivos, interfere diretamente na manifestação da agressividade. Um estilo autocrático de controle parterno, cujas crianças e adolescentes devem somente obedecer, contribui para a emergência de episódios de agressividade, contidos por medidas punitivas ou coercitivas (castigo físico). Crianças que crescem em lares onde o controle está baseado na ameaça, punição, afirmação do poder, castigo físico e eliminação de previlégios, frequentemente apresentam comportamentos agressivos, hostis e delinquentes. Há que se considerar que o efeito negativo do estilo punitivo será maior se vier acompanhado da retirada de apoio emocional dos pais, levando ao aumento da rebeldia e da hostilidade. Não se pode ignorar, todavia, que um estilo de socialização permissivo, associado à falta de disciplina e ausência de reforço às normas, onde o adolescente toma suas próprias decisões, produz um baixo controle interno (Páez & Ubillos, 2004b), contribuindo também para a emergência da agressividade.

Estudo realizado por Ross (1995) com noventa culturas pré-industriais confirma que o estilo de socialização relaciona-se com diferentes níveis de conflito e agressão endogrupal. Em sociedades onde a socialização era marcada pela carência de afetividade (pouca acessibilidade e expressão de afeto dos pais, pouca valorização de confiança e generosidade) e pelo uso de disciplina severa (castigo físico) constataram-se maiores níveis de violência observada. Estilo de socialização democrático, baseado em decisões tomadas conjuntamente, no qual os pais exercem sua autoridade, colocando limites mediante ordens e orientações baseadas na racionalização e explicações, onde existe coerência e acordo entre os pais sobre as regras e uso de castigos, que evitam a punição, associadas ao apoio emocional, produz maior autocontrole e internalização de valores e, por consequência, menor agressividade.

O processo de socialização baseado em vínculos afetivos de apego, com expressão de afeto, com ênfase na confiança e generosidade, estimula habilidades sociais que auxiliam na resolução de conflitos interpessoais sem o uso da violência. É provável que a socialização afetuosa gere um estilo de apego seguro e uma visão positiva de si mesmo, dos outros e do mundo. Sendo assim, a exposição direta ou observada a um ambiente familar e comunitário violento pode levar a manifestações de desordem condutual e emocional, além de afetar a visão de si mesmo e do mundo. Um ambiente social violento compromete a capacidade da família de satisfazer suas próprias necessidades de cuidado e apoio, uma vez que os pais podem ser tanto agressores como vítimas, além do que a violência comunitária desencadeia sentimentos de medo, terror e insegurança (Arias & Govira, 2006).

A exposição à violência doméstica (hostilidade entre os pais) tem revelado uma relação positiva com a conduta agressiva e antissocial dos filhos, e os maltratos e o abuso físico, com condutas agressivas e antissociais em jovens. Além disso, a violência também pode ser relacionada a outras adversidades sociais, tais como: pobreza, desnutrição, abusos de entorpecentes, falta de assistência médica, desemprego, psicopatologia familiar, desorganização e instabilidade familiar e ausência de estimulação cognitiva.

Como constatado, existem vários fatores psicossociais de risco que interferem de forma direta ou indireta na expressão da agressividade, dentre os quais o tipo de socialização, o vínculo afetivo, a experiência de violência, a violência nos meios de comunição, a violência no meio intrafamiliar e na escola e os valores culturais.

Antecedentes dos comportamentos agressivos, do ódio e da violência coletiva

Dentre os vários antecedentes da violência e agressividade, destacam-se os motivos situacionais ou ambientais, emocionais e sociais. Descreveremos cada um deles em separado.

Antecedentes ambientais

Os situacionais ou ambientais são de natureza aversiva e fazem alusão ao ruído, à aglomeração ou superlotação, à temperatura ambiental e à dor. Não são as qualidades desses estímulos as responsáveis pela reação agressiva, mas, sim, a experiência subjetiva que desencadeia a agressividade (Orduña, 2007). Em situações de grande aglomeração, por exemplo, não é o número de pessoas que leva à agressividade, mas a experiência subjetiva de insatisfação ou excitação associada ao número de pessoas ocupando o mesmo espaço. A agressão provocada por um ruído surge quando se torna impossível prevê-lo e controlá-lo, quando é contínuo e tem um efeito cumulativo que ultrapassa o limiar de tolerância, acentuando a frustração e gerando forte estresse. Por exemplo, o som ou barulho produzido por um trio elétrico durante o carnaval de Salvador não produz o mesmo efeito nos foliões, que se divertem ao ritmo frenético e ensurdecedor da música, e nos moradores da redondeza, que tentam dormir ou se concentrar em suas atividades rotineiras.

De acordo com a "lei térmica da delinquência", proposta por Quetelet (1769-1874 como citado por Lyra & Araújo Júnior, 1995), existe uma relação linear entre temperatura e agressão. Estudos transculturais (Pennebaker, Rimé, & Blankenship, 1996; Techio, 2008) sugerem que pessoas provenientes de regiões de clima mais quente, devido à maior sociabilidade e interação, são emocionalmente mais expressivas, enquanto que pessoas de regiões de clima frio, que se caracterizam por menor contato social, ambiente menos estimulante, são emocionalmente menos expressivas.

Ainda que estudos documentais e de laboratório tenham confirmado haver relação linear entre temperatura e agressão, a hipótese mais aceita é a de que a relação seja curvolinear, ou seja, até certo ponto aumenta, depois, descresce. Em países e regiões extremanente frias, como a Finlândia, a agressividade é menor, já em países extremamente quentes, como a Malásia, a agressividade é moderada, e em países de climas quentes, a agressividade é maior (Orduña, 2007).

Antecedentes afetivos e emocionais

Outro antecedente poderoso da agressão é a dor, também afetada pela subjetividade. Estudos realizados por Berkowitz (1983) têm destacado que é possível encontrar relação entre dor e conduta agressiva, principalmente quando existe a possibilidade de agredir o outro. Tal possibilidade gera um desejo de machucar o outro, mesmo que este não seja o responsável direto da dor sentida. Além disso, a dor gera emoções negativas associadas à agressão como irritabilidade, cólera e raiva.

De fato, a frustração e as emoções negativas são consideradas antecedentes emocionais importantes da agressão. Na psicologia social a frustração tem sido estudada de forma mais intensa. Originalmente, Dollard, Doob, Miller, Mowrer e Sears (1939), em seu livro clássico *Frustração e agressão,* defendem que toda agressão é uma resposta dada diante de uma situação de frustração. Os autores partem da hipótese de que qualquer evento que obstaculize a realização de uma meta gera uma frustração, e esta, por sua vez, desencadeia reação agressiva. Assim sendo, toda agressão é causada pela frustração. Posteriormente, Berkowitz (1969) questiona a visão clássica da teoria de Dollard e Miller ao defender que a relação entre frustração e agressão pode ser indireta. A revisão da teoria frustração-agressão foi realizada em dois momentos. Primeiro, Berkowitz propõe que a ativação ou *appraisal* (definição e avaliação da situação) seria um mecanismo mediador entre a frustração e a agressão. Ou seja, a frustração não provocaria diretamente a agressão, mas, sim, proporcionaria energia para a realização da ação. Destarte, uma pessoa que está predisposta a responder de forma agressiva disponibilizaria maior quantidade de energia para sua ação violenta, contudo, a ação não seria violenta caso a pessoa estivesse predisposta a atuar de forma não violenta. Em um segundo momento, Berkowitz sugere que o afeto negativo também seria um mediador entre a frustração e a agressão. Nesse caso, a frustração vai desencadear uma reação emocional de cólera mediante respostas físicas e motoras próprias (elevar os batimentos cardíacos, gritar, gesticular, atacar etc.) e que foram previamente associadas às emoções e cognições relevantes para a agressão, ou seja, aprendidas mediante condicionamento clássico (Berkowitz, 1983).

De fato, na atualidade se reconhece que os estados afetivos e emocionais, positivos e negativos, exercem um importante papel na predição das relações intergrupais (Paolini, Hewstone, Voci, Harwood, & Cairms, 2006). Como sugerido por Berkowitz (1983), os afetos negativos, tais como a raiva, a agitação, o estado de ânimo depressivo ou a irritação, podem incitar reações agressivas quando o indivíduo é provocado. Também se defende que as emoções positivas, tais como a alegria e a empatia, podem inibir reações agressivas e reforçar ações positivas (Izard, 1991; Smith, 1993). O colocar-se no lugar do outro, imaginar o que o outro está sentindo, ou seja, ser capaz de vivenciar uma emoção similar a que o outro está experimentando (empatia) ajuda a diminuir a expressão de condutas agressivas e destrutivas. Isso nos leva a acreditar que desenvolver a capacidade empática em programas de prevenção da agressão pode ser uma estratégia saudável que ajudaria a diminuir a violência (Arias & Govira, 2006).

O ataque interpessoal, considerado um dos antecedentes socioemocionais mais importantes das condutas intergrupais, inclui uma diversidade de estímulos que provém de outras pessoas, tais como o insulto, o desprezo e outras formas de agressão verbal e física. De forma similar aos demais antecedentes, o ataque interpessoal nem sempre resulta em agressão. O ataque será considerado um antecessor da agressão quando percebido como uma provocação, ou seja, quando se percebe que o outro está motivado por um desejo de causar dano ou quando é interpretado como injustificado (Orduña, 2007). A interpretação de que um ataque é fruto da provocação vai depender dos processos de atribuição de causalidade do referido ataque. Caso a pessoa perceba que a agressão poderia ter sido evitada e que o ataque foi intencional, infere-se que a pessoa é responsável, consequentemente, desencadeando reações emocionais de ira e o desejo de vingança, que pode levar a ações agressivas. A provoção poderá não resultar em agressão quando se antecipa que as consequências futuras da ação agressiva não satisfarão os objetivos pessoais.

Antecedentes sociais

Um antecedente social importante é a percepção da violação das normas sociais. Considerado precursor das reações emocionais de ira e agressividade interpessoal e intergrupal, está estreitamente relacionado com a percepção de injustiça. Como elementos que regulam as relações e o funcionamento social, as normas sociais cumprem diversas funções, entre elas a de estabelecer condições previsíveis e controláveis de cooperação entre os membros, não competição e conflito, além de regular as formas utilizadas para castigar o transgressor, estabelecer o valor moral prescritivo de como devem ser as coisas, o que é aceitável ou não, o que deve ser castigado ou recompensado e como o será. A violação das normas (percepção de injustiça, violação da equidade, igualdade, abuso de poder etc.) gera sentimentos de ira, agressão e desejo de reparação das injustiças. Porém, em situações em que a violação das normas é justificada, não necessariamente se observarão ações agressivas. Nesse caso, entram em jogo os processos de justificação e legitimação das ações que auxiliam na realização de condutas que transgridem as normas sociais ou morais, difíceis de serem atingidas de outra forma (Orduña, 2007).

Assim como a percepção de que uma conduta viola as normas sociais preestabelecidas, a exclusão social e o desprezo também são considerados bons preditores de reações emocionais negativas e agressivas. A exclusão social e o desprezo são temas de interesse dos psicólogos sociais, uma vez que instigam sentimentos duradouros de insulto e humilhação. Tais sentimentos afetam diretamente a saúde física e mental das vítimas, impossibilitando-as de manterem uma integração social plena, além de provocarem conflitos destrutivos e agressivos extremos.

Explorando alguns comportamentos agressivos importantes para o ambiente escolar e de trabalho

Alguns comportamentos agressivos destacam-se em contextos escolares e de trabalho como os decorrentes da exclusão social e de variadas formas de assédio moral, que muitas vezes envolvem a relação de forças entre grupos ou de um grupo em relação a um indivíduo isolado. Os conflitos decorrentes das relações intergrupais, portanto, também são de grande importância nos ambientes escolares e de trabalho. Dedicaremos mais detalhes a essa discussão a seguir.

Assédio moral na escola e no trabalho: analisando o *mobbing* e o *bullying*

O mobbing *no ambiente de trabalho*

A exclusão social pode ser constatada em diversos ambientes, seja no trabalho, na escola e até mesmo nos processos de exclusão estrutural. A exclusão no trabalho, conhecida como *mobbing* (assédio psicológico ou moral no trabalho), caracterizada por atitudes e condutas abusivas da chefia em relação aos seus subordinados (Hirigoyen, 2002), faz referência a toda e qualquer conduta não desejada, baseada em relações assimétricas de poder entre o agressor e a vítima, e que tem por abjetivo atentar contra a dignidade da pessoa e criar um ambiente de trabalho humilhante ou ofensivo.

O assédio pode ser sutil, mediante o uso de apelidos, piadas, ironias e insinuações, ou explícito, pela ameaça direta de demissão, ofensas e constrangimento público. Esse tipo de violência acarreta sérias consequências psicossociais tanto para os indivíduos, em termos de saúde e relações de trabalho, como para as organizações, levando ao absenteísmo, à baixa na produtividade, à rotatividade de pessoal e, em muitos casos, ao pagamento de altas indenizações pelas organizações. Nas vítimas, esse tipo de assédio tem provocado intenso sentimento de humilhação, vergonha, falta de confiança em si e nos colegas de trabalho, falta de motivação, atenção e concentração, perda da memória, estresse, ansiedade, irritabilidade, hipertensão, obesidade e depressão, podendo levar, inclusive, a manifestações de transtornos psicossomáticos que provocam faltas constantes e baixo desempenho no trabalho (Guimarães & Rimoli, 2006). Estudo realizado por Margarida Barreto entre 2000 e 2005 no Brasil com 42 mil empregados de empresas públicas e privadas, organizações não governamentais, sindicatos e entidades filantrópicas destacou que 42% dos trabalhadores relataram sofrer ou terem sofrido algum tipo de violência no trabalho, dos quais 60% manifestaram depressão (Conselho Federal de Psicologia, 2007).

O bullying *no ambiente escolar*

A violência praticada dentro de uma relação desigual de poder entre pares no ambiente escolar é conhecida como *bullying* (Ristum, 2010). São atos de violência física ou psicológica, intencional e repetida, praticados por um indivíduo ou grupo de indivíduos dominantes, causando mal-estar (dor e angústia), conformismo e sentimentos de impotência, medo e raiva. Mesmo com poucos dados estatísticos de *bullying* no Brasil, é possível ter uma visão panorâmica dessa realidade. Estudo realizado por Fante (2005) revelou que 49% dos alunos de escolas públicas e privadas do interior do estado de São Paulo apresentavam algum tipo de envolvimento com o *bullying*.

Destes, 22% como vítimas, 15% como agressores e 12% tanto como vítimas ou atores praticantes da violência. Dados similares foram encontrados no levantamento realizado pela Associação Brasileira Multiprofissional de proteção à Infância e à Adolescência (Abrapia), no biênio 2002/2003 (Lopes Neto, 2005). Estudos têm demonstrado que o *bullying* praticado por meninas e meninos é diferente. O *bullying* direto (uso de apelidos, agressões físicas e ameaças) é mais comum entre meninos, enquanto que o indireto (atitudes de indiferença, isolamento, difamação e negação dos desejos) é mais comum entre meninas (Bandeira & Hutz, 2012).

O *bullying* entendido como um fenômero relacionado às dinâmicas interpessoais e intergrupais não pode ser atribuído unicamente aos seus atores, ele também sofre influência da dinâmica da escola, da sociedade e dos valores culturais. Enquanto dinâmica escolar, é possível observar certa contradição entre os valores transmitidos explicitamente, como o uso da não violência, e o que se observa em suas práticas. Muitas vezes, a escola tende a minimizar a gravidade das agressões ocorridas entre pares, considerando habituais e inevitáveis; atuam como se todos fossem iguais, negando as diversidades, e suas intervenções muitas vezes são insuficientes, deixando indefesas as vítimas e sugerindo um apoio implícito aos agressores (Orduña, 2007).

Exclusão social

A exclusão social, outro tipo de ação extrema de violência, baseada no sentimento de injustiça, humilhação e ofensa, instrumentaliza as pessoas e grupo de pessoas a reagir de forma agressiva e estimula o desejo de vingança, em especial se for prolongada e estiver associada à indiferença institucional. A exclusão social é legitimada e validada em grande parte pela tolerância institucional.

De fato, determinados mecanismos permitem que indivíduos e instituições convivam com a agressão e a violência, embora defendam abertamente a convivência pacífica e harmoniosa, ou seja, a não violência. O silêncio institucional, o currículo oculto, a crença em um mundo justo e a culpabilização das vítimas auxiliam na justificação da humilhação e dos estados emocionais relacionados à percepção de ameaça e medo, além de legitimizar a violência, podendo incentivar as agressões e as ameaças às vítimas. Desta forma, defende-se que a promoção de uma cultura de paz baseada em sociedades que valorizem a justiça igualitária e universal e suas implicações, a resolução criativa de conflitos mediante meios não violentos, a cooperação e o cuidado auxiliam no processo de superação da exclusão social e, consequentemente, de ações agressivas (De Rivera, 2011).

Agressão e relações intergrupais

Ainda que alguns teóricos defendam que as relações intergrupais sejam consideradas fontes de conflitos violentos, outros descartam que os conflitos violentos sejam elementos definidores das relações, considerando que as agressões surgem como consequência de vários fatores. Defende-se que o conflito e a forma de resolvê-lo utilizando a agressão são influenciados, em parte, pela orientação dominante do grupo, ou seja, o uso da agressão não é uma condição inerente às dinâmicas de todos os grupos, mas uma característica de alguns deles. A agressão pode também suceder nas relações intragrupais, ou seja, aquela violência que ocorre entre os membros de um mesmo grupo social (luta pelo *status* e liderança), e agressão intergrupal, aquela que ocorre nas relações entre os grupos, quando o grupo se sente ameaçado por agentes externos (Javaloy, Rodríguez, & Espelt, 2001).

Em situações de crise política, identitária e social é mais provável que os grupos potenciais se tornem hostis e agressivos. Nessas situações alguns processos cognitivos e emocionais próprios do funcionamento do grupo se tornam salientes, como o pensamento grupal e suas manifestações (polarização grupal, percepção de invulnerabilidade e crença na superioridade do endogrupo); os efeitos do processo de influência social também são ressaltados (pressão intragrupal para aumentar a identificação com o endogrupo, coesão e aceitação das decisões grupais). O aumento da tensão para gerir os conflitos pode causar rupturas internas e o exercício de uma liderança destrutiva (Orduña, 2007).

Na psicologia social, três modelos teóricos são relevantes para entender as manifestações agressivas presentes nas relações intergrupais, inclusive em grupos considerados não violentos: a teoria do conflito realista (Sherif & Sherif, 1969), a teoria da comparação social (Festinger, 1950) e a teoria da identidade social e categorização social (Tajfel, 1982; Tajfel & Turner, 1986).

A teoria do conflito realista discute que em situações de competição por recursos escassos os conflitos violentos, a repulsa, a discriminação e a hostilidade intergrupal têm maior probabilidade de se manifestarem. Nessas situações, o medo e a percepção de ameaça (real ou simbólica) ao bem-estar grupal estimulam soluções agressivas. As teorias da identidade social e da categorização social também sugerem a existência de mecanismos que ativam condutas agressivas, preconceituosas e diferenciadoras entre os membros do endo e exogrupo, favorecendo o próprio grupo. Segundo essa teoria, os mecanismos que produzem a coesão grupal podem, em determinadas situações, levar à exclusão e à agressão intergrupal. O favoritismo endogrupal, além de favorecer os membros do próprio grupo diante dos do outro grupo, pode desencadear manifestações mais agressivas. O favoritismo endogrupal pode ser entendido como decorrência da categorização social e da agressão da perda da coesão grupal ou da percepção de ameaça à identidade grupal.

As teorias da comparação social ganham relevância ao identificar os mecanismos e condições que podem levar a manifestações coletivas violentas dirigidas a mudanças da situação social. A principal contribuição é o papel central atribuído aos sentimentos de legitimidade, injustiça e frustração nas manifestações de violência. Essa teoria incorpora elementos da estrutura social na interpretação de ações violentas coletivas, uma vez que os mecanismos de comparação social entram em cena quando se manifestam desigualdades sociais relacionadas a diferentes grupos.

Os processos de comparação social estão presentes na teoria do conflito realista, na teoria da identidade e na categorização social. Na teoria do conflito realista a comparação social prediz a agressão societal quando os membros de um grupo experimentam um desequilíbrio entre suas necessidades, expectativas e o que conseguem. A percepção da discrepância é conhecida como privação relativa e o mecanismo utilizado para explicar seu efeito na agressão societal (golpes, revoltas, entre outros) será o mal-estar que produz tal discrepância. Esse mal-estar produzido pela privação relativa é conhecido como a frustração sistêmica que atua como fator motivacional que predispõe a agressão. Sendo assim, não são as frustrações que desencadeiam os comportamentos agressivos, mas o desequilíbrio entre o que se espera e o que se obtém.

Na teoria da identidade social, a comparação social está na base do desenvolvimento de uma identidade social negativa com o próprio grupo. A comparação negativa do próprio grupo em relação ao outro em uma dimensão relevante produz mal-estar, que pode desencadear a competição social violenta com o objetivo de recuperar a identidade social positiva.

Valores culturais reforçadores da cultura da violência e paz

Os valores são crenças subjetivas conectadas às emoções, culturalmente construídos como princípios desejáveis, e orientadores da vida das pessoas. Os valores transcendem situações e ações particulares estabelecendo padrões que ordenam o comportamento com os outros, bem como a avaliação que se tem do mundo (Sagiv & Schwartz, 2000).

Schwartz (1992) propõem um modelo de valores humanos universais (e estáveis) associados a dez tipos motivacionais de valores. Estes seriam adquiridos no processo de socialização e agrupados em objetivos que refletem as metas e ações que as pessoas procuram seguir em suas vidas. Os tipos motivacionais se agrupam em: (1) universalismo (justiça social, igualdade e paz no mundo); (2) benevolência (bem-estar das pessoas próximas); (3) tradição (respeito aos costumes e à religião); (4) conformidade (obediência e honra aos poderes e à autoridade, autolimitação); (5) segurança (busca da segurança, harmonia e estabilidade da ordem social); (6) poder (busca de posição e prestígio social); (7) autorrealização (ambição, busca do êxito pessoal); (8) hedonismo (busca do prazer, desfrutar a vida); (9) estimulação (busca de excitação, novidade e novos desafios); e (10) autodireção (independência, liberdade, criatividade e autodeterminação).

Esses dez valores motivacionais se dispõem em duas dimensões bipolares ortogonais. A primeira dimensão oscila entre a abertura à mudança (estimulação e autodireção) e a conservação (tradição, conformismo e segurança). A abertura à mudança faz menção aos valores de independência nas ações, pensamentos, sentimentos e novas experiências, enquanto a conservação se refere aos valores de autorrestrição, ordem e segurança.

A segunda dimensão oscila entre a promoção pessoal (poder, lucro e hedonismo), de um lado, e a autotranscendência (universalismo e benevolência) do outro lado. A promoção pessoal valora os interesses pessoais, enquanto a autotranscendência valora os objetivos e os interesses coletivos da promoção do bem-estar e o interesse alheio.

No nível coletivo os valores humanos podem estar associados aos interesses individualistas, coletivistas ou mistos. Culturas individualistas se caracterizam por valorizar objetivos gerais de autopromoção e abertura à mudança. Nas culturas coletivistas, há uma prevalência de valores de lealdade e dependência com os grupos de pertença, associados aos objetivos gerais de conservação (Páez, Fernández, Ubillos, & Zubieta, 2004).

Estudos têm encontrado uma forte associação entre os valores de conservadorismo e preconceito racial (Adorno, Frenkel-Brunswik, Levinson, & Sanford, 1950; Altemeyer, 1998), conservadorismo, preconceito manifesto e sutil (Meertens & Pettigrew, 1997). Pessoas e grupos que compartilham valores de conservação (tradição, conformismo, obediência) diante de grupos com tradições e costumes diferentes evitam interação com os membros do exogrupo, por percebê-los como uma ameaça para a segurança e a ordem social. Os valores de abertura à mudança, por sua vez, estão associados a um maior contato intergrupal. A predominância de valores relacionados à igualdade, tolerância, justiça social e paz (valores de autotranscendência) encontram-se relacionados a atitudes positivas diante dos exogrupos (Ramos & Vala, 2006; Schwartz, 2006).

A ausência de valores universalistas, como a igualdade social e a benevolência, a solidariedade social e o cuidado dos demais, são decisivos nos processos de desumanização dos exogrupos (negação da capacidade de experimentar uma variedade de sentimentos e emoções que se acreditam que vivenciam o endogrupo). Se a ausência dos valores universalistas são indicadores de relações intergrupais conflituosas, sua presença inibe conflitos (Ramos, Vala, & Pereira, 2008).

Os valores culturais também estão relacionados às atitudes em relação à violência coletiva, guerra e militarização. Estudos realizados por Cohrs, Moschner, Maes e Kielmann (2005) com estudantes universitários encontraram que a baixa importância atribuída aos valores de autotranscendência e a alta importância atribuída aos valores de autopromoção e conservadorismo se associavam a uma atitude favorável ao militarismo, enquanto os valores universalistas se associavam a uma atitude antimilitarismo. Portanto, a predominância de valores hierárquicos e promoção pessoal, associados à crença na dominância social e valores de conservadorismo, se vinculam a atitudes favoráveis à violência coletiva e à guerra.

Culturas que apresentam tais características costumam defender um tipo de liderança autocrática, consideram justas as diferenças sociais, o poder de uma minoria, a riqueza, a ordem social, o respeito à tradição, a obediência de crianças mediante a disciplina dura, além de se preocuparem com a transmissão de uma boa imagem pública, bons modos e a reciprocidade de favores (Basabe, Valencia, & Bobowik, 2011).

Há também variações na expressão da agressividade e violência dentro de uma mesma cultura nacional, ou seja, subculturas da violência por região e grupos étnicos. A honra, por exemplo, pode estar fortemente associada à cultura de um grupo social ou étnico. Nesse caso, está presente um conjunto de crenças e atitudes socialmente compartilhadas que aprova e justifica o uso da violência e da agressão como estratégia de defesa da reputação e da honra. A violência é empregada como forma de controlar e disciplinar as relações sociais internas ao próprio grupo (Cohen, Nisbett, Bowdle, & Schwarz, 1996). Assim, ações agressivas contra mulheres e crianças são justificadas e toleradas, caso coloquem em ameaça a perpetuação das normas sociais. A cultura da honra influencia, inclusive, as questões judiciais, mediante diferentes interpretações da lei, no pronunciamento de sentenças e na defesa de certas formas de agressão, especialmente as relacionadas à honra. A predominância de valores relacionados à violência intergrupal, como as habilidades de luta, valentia, risco e defesa da honra, motivam a violência física e comportamentos violentos de jovens e adolescentes.

A percepção de incerteza também colabora na manifestação da violência. Sociedades que apresentam elevado medo do desconhecido e da incerteza costumam apresentar índices elevados de ansiedade e estresse social. Cabe destacar que a ameaça percebida e as guerras ativam a ansiedade coletiva. Em contexto de incerteza, de medo do desconhecido e da morte, as crenças, os valores e os rituais sociais (religiosos e ideológicos) servem de proteção e enfrentamento do desconhecido e do incerto. O medo, a ameaça e a realidade da violência coletiva, além de reforçarem o apego aos valores culturais, hierárquicos e de segurança, também incrementam a necessidade de participar de rituais sociais que colaboram para a melhoria da autoestima coletiva.

A exposição a situações extremas de violência coletiva (atentados terroristas, guerras, entre outros) poderá interferir, alterar ou reforçar a hierarquia dos valores dominantes em uma dada sociedade. Estudiosos têm defendido que em situações de ameaça percebida, de crise social e de forte conflito, os grupos reforçariam a conformidade, a obediência ao líder, a resistência e a recusa de discussão de atos desviantes (Crenshaw, 2004), e também o aumento de atitudes autoritárias (Altemeyer, 2004).

A violência coletiva não tem provocado unicamente efeitos negativos. A predominância de valores de autotranscendência associada à importância atribuída a viver em um mundo harmonioso, igualitário, de justiça social e paz, no qual se aceitam as diferenças intergrupais de forma mais harmônica, relacionam-se com níveis menores de manifestações de ações agressivas. De fato, a violência e as ações agressivas podem tanto reforçar como serem reforçadores de determinados valores culturais salientes em uma sociedade. Contudo, podemos encontrar culturas e valores culturais que fortalecem atitudes e ações não agressivas, ou seja, culturas preocupadas em transmitir e reforçar valores que promovam a harmonia, a paz e o bem-estar para todos.

Cultura e educação para a paz

Ao assumirmos a suposição de que os comportamentos violentos e agressivos são socialmente aprendidos, torna-se possível promover o desenvolvimento de comportamentos solidários que induzam a construção de uma cultura de paz (Bar-Tal *et al.*, 2011; De Rivera, 2011).

De acordo com a Resolução A/RES/52/13 da Organização das Nações Unidas (ONU), a cultura da paz pode ser entendida como "aquela que se caracteriza por um conjunto de valores, atitudes e comportamentos que abominam a violência e procura resolver os conflitos abordando suas causas e se esforçando para resolver os problemas mediante o diálogo e a negociação" (De Rivera, 2011, p. 571). Fundamenta-se na busca da diversidade, em que não existe a possibilidade ou necessidade de se utilizar a violência para solucionar os conflitos (Boulding, 2000).

Ainda que estejamos familiarizados com a violência e incrédulos sobre a possibilidade de desenvolvermos uma cultura da paz, é possível construirmos um mundo contemporâneo de culturas mais pacíficas. Para isso, é preciso imaginar que características deveriam apresentar tais culturas e como educar as pessoas para torná-la uma realidade.

Na tentativa de propor ações voltadas para a promoção da cultura de paz, a ONU aprovou na 53ª Assembleia Geral (Resolução A/RES/53/243) um programa capaz de promover a cultura da paz mediante um conjunto de nove fatores socioestruturais, políticos e culturais, que são: (1) a educação centrada na resolução pacífica dos conflitos; (2) o desenvolvimento sustentável no sentido de erradicar a pobreza, reduzir as desigualdades e dar sustentabilidade ao meio ambiente; (3) o respeito aos direitos humanos; (4) a igualdade de gênero; (5) a participação democrática; (6) a atitude de aceitação das minorias mediante a tolerância, a aceitação e a solidariedade; (7) a liberdade de expressão e livre circulação das informações; (8) a promoção da paz e segurança internacional; e (9) a comunicação participativa. A esses nove fatores, Basabe *et al.* (2011) acrescentam um novo, que faz menção à promoção de valores de cooperação e cuidado mútuo.

Utilizando os indicadores da Resolução da ONU descritos anteriormente, pesquisas realizadas em setenta nações sugerem que esses nove fatores socioestruturais se agrupam em quatro dimensões ortogonais que caracterizariam e indentificariam uma cultura da paz na contemporaneidade (De Rivera, 2011).

1. **Desenvolvimento da democracia** – contempla indicadores de liberdade de imprensa, direitos humanos, democracia, alfabelização, Produto Interno Bruto (PIB), esperança de vida e igualdade de gênero.
2. **Igualdade** – índice de igualdade econômica (GINI: parâmetro internacional de coeficiente de distribuição de renda entre os países e baixas taxas de homicídio e direitos humanos).
3. **Uso de meios não violentos pelo Estado** – baixa ameaça militar e baixos gastos militares, este indicador leva em consideração a porcentagem da população que se encontra encarcerada.
4. **Cuidado** – representa os indicadores de gastos com a educação, aceitação de refugiados e porcentagem de mulheres que ocupam cargos no poder legislativo.

Tais indicadores nos auxiliam a avaliar o grau em que uma sociedade valoriza a cultura da paz, a estabelecer áreas de fortalezas e debilidades, além de proporcionar medidas que auxiliam na avaliação do progresso de uma sociedade na direção da promoção da cultura da paz.

Estudos têm sublinhado a relação entre a cultura da paz e o desenvolvimento social e político. Países com níveis elevados de deslocamento de pessoas, de refugiados, de cultura coletivista hierárquica, onde predominam atitudes tradicionais autoritárias, apresentam atitudes mais favoráveis à guerra. Níveis elevados de tolerância, bem-estar e transparência política estão presentes em países onde o cuidado, a tolerância, a educação e a igualdade são relevantes. O desenvolvimento da cultura da paz também apresenta relação com fatores estruturais e culturais, o desejo de viver em um mundo harmonioso, de paz, que respeita a natureza e o ambiente, em contraste com os valores de dominância, como o êxito, a ambição e a competência. Países que apresentam alto índice de desenvolvimento humano, onde os valores de harmonia e bem-estar são predominantes, também são mais pacíficos (Basabe *et al.*, 2011).

Há muito se defende que a educação é fundamental para promover o desenvolvimento social e econômico, diminuindo assim as desigualdades. Bar-Tal *et al.* (2011) defendem que a educação é primordial para promover a paz e valorizar a solução de conflito de forma pacífica. Mesmo em contextos culturais onde os conflitos são prolongados e resistentes, que causam miséria e sofrimento, que ameaçam o bem-estar internacional, que envolvem dinâmicas sociopsicológicas negativas, é possível fomentar a educação para a paz com o objetivo de modificar uma cultura que antes estava centrada no conflito. Para que isso ocorra, é preciso preparar os membros da sociedade para que vivam em paz. Tal mudança sociopsicológica, em sociedades marcadas pelos conflitos, pode suceder pelo processo de reconciliação.

Ainda que a educação para a paz abranja a sociedade como um todo, sua aplicação em contexto escolar parece ser um caminho mais curto e direto, uma vez que o sistema educativo proporciona às novas gerações ideologias, valores objetivos, mitos e crenças que a sociedade considera importantes para o bom funcionamento social, além de responsável pela transmissão do conhecimento às novas gerações (Bar-Tal *et al.*, 2011). O sistema educativo, como meio de socialização, deve proporcionar aos estudantes conhecimentos coerentes com a paz, desenvolver novas atitudes, habilidades, afeto e emoções que permitam que eles vivam em paz (tolerância, empatia, esperança, abertura etc).

Para que o sistema educativo se transforme em um contexto de educação para paz, deve passar por mudanças nos objetivos educativos, planos de estudos, livros e materiais didáticos. Os professores também necessitam estar mais bem preparados para ajudar na construção de uma escola com clima compatível com a educação para a paz. Além disso, faz-se necessário criar um conjunto de medidas *político-sociais* (por exemplo, avanços em direção à paz, apoio ao processo de paz e maturidade social para a reconciliação, apoio político e governamental) e *educativas* (como o apoio do Ministério da Educação e uma política bem definida de adesão à aplicação da educação para a paz) (Bar-Tal *et al.*, 2011).

Dois modelos de educação para a paz podem orientar o sistema educativo: um indireto e outro direto. O modelo indireto serve mais para condições sociopolíticas desfavoráveis à cultura da paz. Nesse caso, a educação não abordaria os temas relacionados ao conflito diretamente. Centrar-se-ia, então, em temas genéricos relacionados à tolerância, aos direitos humanos, às habilidades de resolução de conflitos, ao pensamento reflexivo e à empatia, contribuindo para o reforço de valores humanistas e democráticos. Em situações sociopolíticas favoráveis à educação para a paz, em que se permite a alusão direta às questões e temas implicados no conflito, utiliza-se o modelo direto. Nesse caso, abordam-se abertamente os temas de conflito e paz, história do conflito, apresentação do oponente ou do rival, do processo de paz e redução da afetividade negativa e introdução da esperança e da aceitação.

Bar-Tal *et al.* (2011) sugerem que o êxito da educação para a paz depende de alguns princípios: (a) ser uma orientação educativa geral e não uma matéria isolada; (b) estar vinculada à experiência da comunidade; (c) iniciar-se desde a primeira infância; (d) enfatizar o ceticismo, o pensamanto crítico e a criatividade; (e) ter como foco os problemas e questões que afetam a socidade contemporânea; e (f) centrar as ações pedagógicas na vivência prática de tolerância, cooperação, resolução de conflitos de forma pacífica, multiculturalismo, contexto não violento, sensibilidade social e respeito aos direitos humanos.

Mediante ações educativas, é possível fortalecer valores culturais universalistas e harmônicos e promover maior aceitação das diferenças, visando a diminuir as formas cada vez mais violentas e desumanas de resolução de conflitos que enfrentamos na atualidade.

Considerações finais

O estudo da violência e da agressividade na contemporaneidade tem se mostrado cada vez mais necessário devido à sua disseminação. Sua presença é percebida no cenário mundial, no cotidiano das pessoas, na vida doméstica, na violência contra a natureza e na violência urbana.

A violência não é um fenômeno exclusivo da atualidade, muito menos um fenômeno simples, tendo um único fator causal. Sozinho, nenhum deles é capaz de desencadear diretamente um ato violento ou agressivo. Independentemente das características individuais (traços de personalidade, predisposição a executar ações violentas e agressivas), uma série de outras variáveis situacionais (ruído, dor, calor, aglomeração), emocionais (frustração, emoções negativas), motivacionais (ataque interpessoal, exclusão social, violação das normas), psicossociais (socialização e vínculo afetivo) e culturais (valores e crenças) contribuirão para aumentar ou diminuir a tendência agressiva.

Chamou-se a atenção para a dificuldade de encontrar uma definição única capaz de dar conta da complexidade do fenômeno da violência na atualidade. Neste capítulo definimos agressão como qualquer ato intencional que tenha por objetivo causar dano e sofrimento físico ou psicológico em alguém. Chamou-se a atenção para dois tipos de agressão: a hostil/afetiva, que deriva de emoções como a raiva e tem a clara intenção de ferir, e a instrumental, que é um meio de atingir um objetivo.

Como consequência dos resultados quase sempre negativos da violência, na atualidade, passou-se a defender que, para sermos pacíficos, deveríamos evitar o conflito. No entanto, é preciso reconhecer que a agressividade faz parte do comportamento humano e é necessária para a sobrevivência. Contudo, a violência coloca a agressividade a serviço de objetivos escusos, como conflitos armados, genocídios, massacres e outras formas de violência coletiva motivadas geralmente por interesses econômicos e de dominação, e não por motivos de sobrevivência.

É importante ter claro que dificilmente a violência coletiva ocorre de forma espontânea, muito menos por tendências psicológicas inerentes ao indivíduo. Ainda que existam estudiosos que defendem que a agressão possa ser explicada por processos instintivos, defende-se que a agressão é um comportamento aprendido progressivamente mediante processo de socialização, em que a família, a escola, o trabalho e os demais espaços de interação humana têm curso.

Fatores históricos e culturais também intervêm nas condutas coletivas violentas, por exemplo, as guerras normalizam a violência, reforçam condutas agressivas legitimando o uso da violência em gerações futuras. Em conjunto com esses fatores históricos e econômicos, os valores culturais dominantes em uma determinada sociedade são capazes de promover e justificar ações de violência, bem como defender soluções pacíficas para os conflitos e divergências.

Ainda que pareça que a humanidade caminhe para o uso de ações cada vez mais agressivas e violentas na solução dos conflitos, em situações de conflitos prolongados, é possível, mediante o processo de socialização e de educação para a paz, desenvolvermos culturas menos agressivas e violentas, portanto, mais pacíficas.

Referências

Adorno, T. W., Frenkel-Brunswik, E., Levinson, D. J., & Sanford. R. N. (1950). *The authoritarian personality.* New York: Harper.

Agostinho, K. A. (2003). *O espaço da creche: Que lugar é este?* Dissertação de Mestrado em Educação, Universidade Federal de Santa Catarina, Florianópolis. Recuperado em outubro de 2013, de http://www.ced.ufsc.br/~nee0a6/katia.pdf

Altemeyer, B. (1998). The other 'authoritarian personality' advances. *Experimental Social Psychology, 30*, 47-92.

Altemeyer, B. (2004). Highly dominating, highly authoritarian Personalities. *The Journal of Social Psychology, 144*(4), 421-448.

Anderson, C. A., & Bushman, B. J. (2002). Human agression. *Annual Review of Psychology, 53*, 27-31.

Archer, J., & Browne, K. (1989). Concepts and approaches to the study of aggression. In J. Archer & K. Browne (Eds.), *Human aggression: Naturalistic approaches* (pp. 3-24). London and New York: Routledge.

Arias, A. V., & Govira, E. (2006). La psicologia social de la agresión. Aportaciones teóricas y empíricas para la intervención psicopedagógica. In A. Gómez., E. Gaviria & I. Fernández (Eds.), *Psicologia Social* (pp. 393-446). Madrid: Sanz & Torres.

Bandura, A. (1965). Influence of models' reinforcement contingencies on the acquisition of imitative responses. *Journal of Personality and Social Psychology, 1*(6), 589-595.

Bandeira, C. M., & Hutz, C. S. (2012). Bullying: Prevalência, implicações e diferenças entre os gêneros. *Revista Semestral da Associação Brasileira de Psicologia Escolar e Educacional, 16* (1), 35-44, SP.

Baron, R. A., & Richardson, D. R. (1994). *Human aggression.* New York: Plenum Press.

Bar-Tal, D., Rosen, Y., & Nets-Zehngut, R. (2011). Educación para la paz en las sociedades implicadas en conflictos prolongados y resistentes a su resolución: Objetivos, condiciones y direcciones. In

D. Páez, C. M. Beristain, J. L. González-Castro, N. Basabe & J. de Rivera (Eds.), *Superando la violencia colectiva y construyendo cultura de paz* (pp. 495-535). Madrid: Fundamentos.

Basabe, N., Valencia, J., & Bobowik, M. (2011). Valores y actitudes: Cultura de violencia y paz. El impacto de la violencia volectiva. In D. Páez, C. M. Beristain, J. L. González-Castro, N. Basabe & J. de Rivera (Eds.), *Superando la violencia colectiva y construyendo cultura de paz* (pp. 71-103). Madrid: Fundamentos.

Berkowitz, L. (1969). The frustration-aggression hypothesis revisited. In L. Berkowitz (Ed.), *Roots of agression* (pp. 1-28). New York: Atherton Press.

Berkowitz, L. (1983). The experience of anger as a parallel process in the display of impulsive "angry" aggression. In R. G. Geen & E. Donnerstein (Eds.), *Aggression: Theoretical and empirical reviews* (Vol. 1, pp. 103-1330). New York: Academic Press.

Bilbao, M., Techio, E., Zubieta, E., Cárdenas, D., Páez, D., Barrientos, J., & Blanco, A. (2011). Bienestar subjetivo y psicológico-social: El impacto de la violencia colectiva. In D. Páez, C. M. Beristain, J. L. González-Castro, N. Basabe & J. de Rivera (Eds.), *Superando la violencia colectiva y construyendo cultura de paz* (p. 207-246). Madrid: Fundamentos.

Boulding, E. (2000). *Cultures of peace: The hidden side of history*. New York: Syracuse University Press.

Brasil. (2005). Ministério da Saúde. *Impacto da violência na saúde dos brasileiros*. Secretaria de Vigilância em Saúde. Brasília.

Cháves, E. C., Bilbao, M., Páez, D., Iraurgi, I., & Beristain, C. M. (2011). La importancia de los eventos traumáticos y su vivencia: El caso de la violencia colectiva. In D. Páez, C. M. Beristain, J. L. González-Castro, N. Basabe & J. de Rivera (Eds.), *Superando la violencia colectiva y construyendo cultura de paz* (pp. 165-206). Madrid: Fundamentos.

Cohen, D., Nisbett, R. E., Bowdle, B. F., & Schwarz, N. (1996): Insult, aggression, and the southern culture of honor: An experimental ethnography. *Journal of Personality and Social Psychology, 70*(5), 945-960.

Cohrs, J. C., Moschner, B., Maes, J., & Kielmann, S. (2005). Personal values and attitudes toward war. *Journal of Peace Psychology, 11*(3), 293-312.

Conselho Federal de Psicologia (2007, dez.). Assédio Moral: O lado perverso do trabalho. *Revista Ciência e Profissão. Diálogos, 5*, 12-15.

Costa. M, C. O. (Org.) (2013). *Violência e vitimização na infância e adolescência: A inclusão da escola no reconhecimento e prevenção*. Feira de Santana, BA: UEFS Editora.

Costa. M. C. O., & Santos, N. L. A. (2013). O desafio da identificação, prevenção e atendimento de crianças e adolescentes em situação de violência. In Costa. M, C. O. (Org.), *Violência e vitimização na infância e adolescência: A inclusão da escola no reconhecimento e prevenção* (pp. 19-26). Feira de Santana, BA: UEFS Editora.

Crenshaw, M. (2004). The psychology of political terrorism. In J. T. Jost & J. Sidanius (Eds.), *Political psychology*. New York: Psychology Press.

De Rivera, J. (2011). La enseñanza de la cultura de paz como un enfoque de la educación para la Paz. In D. Páez, C. M. Beristain, J. L. González--Castro, N. Basabe & J. de Rivera (Eds.), *Superando la violencia colectiva y construyendo cultura de paz* (pp. 569-585). Madrid: Fundamentos.

Dollard, J., Doob, L., Miller, N., Mowrer, O., & Sears, R. (1939). *Frustration and aggression*. New Haven, CT: Yale University Press.

Elster, J. (1999). *Alchemies of the mind: Rationality and the emotions*. Cambridge, UK: Cambridge University Press.

Escola da Ponte (2013). *Regulamento interno*. Recuperado em julho de 2013, de http://www.escoladaponte.pt/docs/Regulamento_Interno_09.pdf

Fante, C. (2005). *Fenômeno bullying: Como prevenir a violência nas escolas e educar para a paz*. Campinas, SP: Verus.

Festinger, L. (1950). Informal social communication. *Psychological Review, 57*, 271-282.

Frijda, N. H. (2004). Emotions and action. In A. S. R. Manstead, N. Frijda & A. Fischer (Eds.), *Feeling and emotions: The Amsterdam symposium* (pp. 158-173). Cambridge, UK: Cambridge University Press.

Guimarães, L. A. M., & Rimoli, A. O. (2006). *Mobbing* (assédio psicológico) no trabalho: Uma síndrome psicossocial multidimensional. *Psicologia: Teoria e Pesquisa, 22*(2), 183-192.

Halperin, E. (2008). Group-based hatred in intractable conflict in Israel. *Journal of Conflict Resolution, 52*(5), 713-736.

Hirigoyen, M-F. (2002). *O assédio no trabalho: Como distinguir a verdade.* Lisboa: Pergaminho.

Instituto de Estudos e Pesquisas Econômicas (Ipea) (2003). *O impacto da violência nas escolas sobre a proficiência dos alunos.* Recuperado em 4 de outubro de 2013, de http://www.ipea.gov.br/ipeacaixa/premio2006/docs/trabpremiados/IpeaCaixa2006_Profissional_02lugar_tema02.pdf

Izard. C. E. (1991). *The psychology of emotion. New psychology of emotion.* New York: Plenum Press.

Javaloy, F., Rodríguez, Á., & Espelt, E. (2001). *Comportamiento colectivo y movimientos sociales.* Madrid: Pearson Prentice Hall.

Kelly, J. R., & Barsade, S. G. (2001). Mood and emotions in small groups and work teams. *Organizational Behavior and Human Decision Processes, 86*, 99-130.

Leyens, J. P., Camino, L., Parker, R., & Berkowitz, L. (1975). Repeated exposure to film violence, dominance and cohesion: Their effects on the viewers reactions in a field setting. *Journal of Personality ond Social Psychology, 32*, 346-360.

Liu, J. H., Allen, W., & Páez, D. (2012). War. In: V. Ramachandran (Ed.), *Encyclopedia of Human Behavior.* (2nd ed., Vol.4). Elsevier: Academic Press. SPI ICEE extranjeras: 18-43.

Lyra, R., & Araújo Júnior, J. M. (1995). *Criminologia.* (4a .ed). Rio de Janeiro: Forense.

Lopes Neto, A. A. (2005). Bullying: comportamento agressivo entre estudantes. *Jornal de Pediatria, 81*(5), 164-172.

Marcos, J. I., & Velázquez, M. (Coords.) (2010). Casos reales de Violencia y Acoso en el Trabajo – Análisis interdisciplinar de las sentencias más relevantes. *Observatorio Vasco sobre el Acoso Moral.* Recuperado em março de 2015, de http://www.acosomoral.org/documentos/previas.pdf

Marshall, M. G. (2003). Major episodes of political violence 1946-2002. Centre for Systemic Peace, University of Maryland. Recuperado em 16 de março de 2015, de http://members.aol.com/csomgm/warlist.htm

Meertens, R. W., & Pettigrew, T. F. (1997). Is subtle prejudice really prejudice? *Public Opinion Quarterly, 61*, 54-71.

Morales, J. F., & Arias, A. (1999). Agresión. In J. F. Morales, M. Moya, J. Pérez, I. Fernández, J. M. Fernández-Dols, C. Huici, D. Páez & J. Marques (Eds.), *Psicología Social* (3a ed., pp. 109-120). Madrid: McGraw-Hill.

Moretti, I. (2011). *Tiroteio em escola do Rio de Janeiro – Notícias, fotos, vídeos*. Recuperado em março de 2015, de http://www.mundodastribos.com/tiroteio-em-escola-do-rio-de-janeiro-noticias-fotos-videos.html

Orduña, A. V. A. (2007). Psicología social de la agresión. In J. F. Morales, M. Moya, E. Gaviria & I. Cuadrado (Eds.), *Psicología Social* (3a ed., pp. 415-440). Madrid: McGraw-Hill.

Organización Mundial de la Salud (OMS) (2002). *World report on violence and health*. Ginebra: Organización Mundial de la Salud.

Páez, D., & Ubillos, S. (2004a). Agresión. In D. Páez, I. Fernández, S. Ubillos & E. Zubieta (Eds.), *Psicología social, cultura y educación* (pp. 553-604). Madrid: Pearson/Prentice Hall.

Páez, D., & Ubillos, S. (2004b). Sobre la violencia colectiva. Procesos y efectos psicosociales. *Norte de salud mental, 20*, 37-44.

Páez, D., Fernández, I., Ubillos, S., & Zubieta, E. (2004). *Psicología social, cultura y educación*. Madrid: Peason/Prentice Hall.

Paolini, S., Hewstone, M., Voci, A., Harwood, J., & Cairns, E. (2006). Intergroup contact and the promotion of intergroup harmony: The influence of intergroup emotions. In R. Brown & D. Capozza (Eds.), *Social identities: Motivational, emotional, and cultural influences* (pp. 209-238). Hove, UK: Psychology Press.

Pennebaker, J., Rimé, B., & Blankenship, V. (1996). Stereotypes of emotional expressiveness of northerners and southerners: A cross-cultural test of Montesquieu's hypotheses. *Journal of Personality and Social Psychology, 70*(2), 372-380.

Prentice, D. A., & Miller, D. (2007). Psychological essentialism of human categories. *Current Directions in Psychological Science, 16*(4), 202-206.

Ramos, A., & Vala, J. (2006). Predicting opposition to immigration in Europe: A comparison of three models. Comunicação apresentada no Simpósio *The role of values in group identity, tolerance and immigration*, por ocasião do 18° Congresso Internacional da International Association for Cross Cultural Psychology. Atenas, Grécia.

Ramos, A., Vala, J., & Pereira, C. (2008). Oposição a políticas antirracistas na Europa: Factores individuais e socioestruturais. In M.V. Cabral., K. Wall., S. Aboim & F. C. da Silva (Orgs.), *Itinerários: A investigação nos 25 anos do ICS* (pp. 257-281). Lisboa: Imprensa de Ciências Sociais.

Ribeiro, S. L. (2004, jul./dez.). Espaço escolar: Um elemento (in) visível no currículo. *Sitientibus, 31*, 103-118, Feira de Santana, BA. Recuperado em outubro de 2013, de http://www.uberlandia.mg.gov.br/uploads/cms_b_arquivos/8419.pdf

Ristum, M. (2010). Bullying escolar. In S. G. Assis., P. Constantino & J. Q. Avanci. (Orgs.), *Impactos da violência na escola: Refletindo com os professores sobre o enfrentamento da violência* (pp. 95-119). Rio de Janeiro: Fiocruz-MEC.

Rodrigues, E. W. (2004). Nossas vivências afetivas: Uma rede complexa de sentimentos, emoções e afetividade. In B. E. Ries & E. W. Rodrigues (Orgs.), *Psicologia e educação, fundamentos e reflexões* (pp. 67-88). Porto Alegre, EdIPUCRS.

Ross, M. H. (1995). *La cultura del conflicto*. Barcelona: Paidós.

Sagiv, L., & Schwartz, S. H. (2000). Value priorities and subjective well--being: Direct relations and congruity effects. *European Journal of Social Psychology, 30,* 177-198.

Schwartz, S. H. (1992). Universals in the content and structure of values: Theoretical advances and empirical tests in 20 countries. In M. P.

Zanna (Ed.), *Advances in experimental social psychology, 25*, 1-65. New York: Academic Press.

Schwartz, S. H. (2006). Value orientations: Measurement, antecedents and consequences across nations. In R. Jowell, C. Roberts, R. Fitzgerald & G. Eva (Orgs.), *Measuring attitudes cross-nationally: Lessons from the European social survey* (pp. 161-193), London: Sage.

Sherif, M., & Sherif, C.W. (1969). *Social psychology*. New York: Harper-Row.

Smith, E. R. (1993). Social identity and social emotions: Toward new conceptualization of prejudice. In D. M. Mackie & D. L. Hamilton (Eds.), *Affect, cognition, and stereotyping* (pp. 297-316). New York: Academic Press.

Sy, T., Côté, S., & Saavedra, R. (2005). The contagious leader: Impact of the leader's mood on the mood of group members group affective tone, and group processes. *Journal of Applied Psychology, 90*, 295-305.

Tajfel, H. (1982). *Social identity and intergroup relations*. Cambridge, UK: Cambridge University Press.

Tajfel, H., & Turner, J. C. (1986). The social identity theory of intergroup conflict. In S. Worchel & W. G. Austin (Eds.), *Psychology of intergroup relations* (pp. 7-24). Chicago: Nelson-Hall.

Techio, E. M. (2008). Relaciones intergrupales entre regiones: Emociones y procesos socio-cognitivos em Brasil y España. *Tese doutoral*. Universidad del País Vasco, Vizcaya, España.

Techio, E. M., Zubieta, E., Páez, D., de Rivera, J., Rimé, B., & Kanyangara, P. (2011). Clima emoconal y violencia colectiva: El estado de la cuestión e instrumentos de medición. In D. Páez, C. M. Beristain, J. L. González-Castro, N. Basabe & J. de Rivera (Eds.), *Superando la violencia colectiva y construyendo cultura de paz* (pp. 105-150). Madrid: Fundamentos.

Ubillos, S., Martín-Beristain, C., Garaigordobil, M., & Halperin, E. (2011). Agresión, odio, conflictos intergrupales y violencia colectiva. In D. Páez, C. M. Beristain, J. L. González-Castro, N.

Basabe & J. de Rivera (Eds.), *Superando la violencia colectiva y construyendo cultura de paz* (pp. 15-37). Madrid: Fundamentos.

Vázquez, C., Pérez-Sales, P., & Hervás, G. (2008). Positive effects of Terrorism and Posttraumatic Growth: An Individual and Community Perspective. In A. Linley & S. Joseph (Eds.), *Trauma, Recovery, and Growth: Positive Psychological Perspectives on Posttraumatic Stress* (pp. 63-91). New York: Lawrence Erlbaum Associates.

Veiga, I. P. A. (Org.) (2008). *Projeto político pedagógico da escola: Uma construção possível* (24a ed.). Campinas, SP: Papirus.

Waiselfisz, J. J. (2011a). *Mapa da violência 2012: Os novos padrões da violência homicida no Brasil.* São Paulo: Instituto Sangari.

Waiselfisz, J. J. (2011b). *Mapa da violência 2012: Caderno complementar 2: Acidentes de trânsito.* São Paulo: Instituto Sangari.

Werlang, B. S. G., Sá, S. D., & Macedo, M. M. K. (2006). A agressão e o ser humano: Uma relação inevitável. In M. S. Oliveira & B. G. Werlang (Orgs.), *Temas em psicologia clínica* (pp. 57-65). Porto Alegre: Casa do Psicólogo.

White, R. (1996). Why the Serbs fought: Motives and misperceptions. Peace and Conflict. *Journal of Peace Psychology, 2*(2), 109-28.

Wieviorka, M. (1997). O novo paradigma da violência. *Tempo social, 9*(1), 5-41.

Zafra, E. L. (2007). El componente cultural de la violencia. In J. F. Morales, M. Moya, E. Gaviria & I. Cuadrado (Eds.), *Psicología social* (3a ed., pp. 441-454). Madrid: McGraw-Hill.

Notas para reflexão

Emoções, aprendizagem, agressividade e violência: focando intervenções educativas na escola e no trabalho para desenvolver uma cultura da paz

Sonia Gondim
Universidade Federal da Bahia

Elisabeth Loiola
Universidade Federal da Bahia

Mônica Loiola
Secretaria de Educação da Bahia (SEC/BA)

Frequentemente, a mídia nos relata a ocorrência de diversos episódios violentos nas dependências internas ou externas de escolas. O Capítulo 5 apresenta importantes dados sobre o aumento à exposição a situações de agressividade e violência marcadas por atitudes de intolerância, abuso sexual, violência física ou psicológica, indiferença, direta ou indiretamente praticadas por pessoas, grupos ou instituições. A relação de poder, as desigualdades sociais e econômicas, a falta de investimento em políticas de inclusão escolar e social estão na origem dessa problemática.

A agressividade e o comportamento violento estão presentes no ambiente familiar (intrafamiliar), escolar, nas relações de trabalho e na vida em comunidade. Alguns eventos estão certamente marcados na mente das pessoas, como o que ocorreu em uma escola pública municipal em Realengo, na zona oeste do Rio de Janeiro, em abril de 2011, quando um ex-aluno de 23 anos invadiu a escola e matou onze crianças entre 12 e 14 anos, feriu outras dezoito e, ao final, suicidou-se, quando a polícia disparou contra ele ao alcançar o terceiro andar. Entrou na escola armado com a desculpa de que iria fazer uma palestra. Escolheu uma sala da 8ª série. Entrou sem dizer nada e começou a atirar (Moretti, 2011).

Estudo desenvolvido pelo Instituto de Estudos e Pesquisas Econômicas (Ipea, 2003), com base em dados do Sistema de Avaliação da Educação Básica (Saeb), evidenciou que atos de violência dentro e nas proximidades das escolas parecem induzir comportamentos nos agentes da educação que se opõem às metas de melhoria da qualidade do ensino. Os dados coletados indicam ainda um aprofundamento da desigualdade de desempenho dos alunos, já que os mais atingidos pela violência são os que têm as piores proficiências. Considerando que a educação é um elemento fundamental para a geração de renda, isso tenderia a tornar a sociedade ainda mais desigual. Diante dessas constatações, o documento referido defende que aliar investimentos em educação com investimentos em programas de combate à violência pode ser uma maneira eficaz de promover a inclusão social e a redução da desigualdade.

O Núcleo de Estudos e Pesquisas na Infância e Adolescência da Universidade Estadual de Feira de Santana (UEFS) publicou recentemente (2013) um livro intitutlado *Violência e vitimização na infância e adolescência: A inclusão da escola no reconhecimento e prevenção*, resultado de pesquisas articuladas entre universidades e redes de prevenção e enfretamento da violência no município de Feira de Santana na Bahia. Esse livro, além de mapear as principais violências sofridas por crianças e jovens e seus principais praticantes, auxilia na produção de propostas de prevenção e intervenção, reconhecendo o importante papel das escolas nesse processo, o que foi assinalado neste capítulo.

No ambiente de trabalho cresce também a preocupação dos estudiosos com manifestações de agressividade e violência mais sutis, geradoras de consequências sérias para o trabalhador. O livro intitulado *Casos reales de Violencia y Acoso en el Trabajo Análisis interdisciplinar de las sentencias más relevantes sobre el Acoso Moral*[1], publicado pelo Observatorio Vasco em 2010, sobre violência e assédio moral no trabalho (Marcos & Velázquez, 2010) é um sinal do inte-

---

1 Este livro parte de uma análise do professor titular Cristóbal Molina Navarrete da Universidad de Jaén e fundador do Observatorio Vasco sobre el Acoso Moral, como parte do Acordo Europeu sobre Violência e Assédio no Trabalho.

resse em compreender melhor esse processo e realizar ações de prevenção. A originalidade desse livro é que ele apresenta uma análise de especialistas sobre casos reais e dedica duas seções para propor intervenções em situações em curso, além de medidas de prevenção.

Nossos esforços neste apêndice concentram-se em indicar caminhos possíveis de reestruturação de sistemas que favoreçam a construção e a prática de cultura da paz em escolas e organizações, salientando o que, a nosso ver, deve ser priorizado e posto em evidência para este fim.

Iniciamos pela escola por ser o primeiro ambiente formal de inserção e produção cultural, de valores, mas que também pode enfrentar situações de violência tal como o ambiente intrafamiliar. Defendemos que a escola cumpra sua função social e possa, como este capítulo ressaltou, proporcionar aos estudantes conhecimentos coerentes com a paz, desenvolver novas atitudes, habilidades, afeto e emoções que permitam aos estudantes viver em paz (tolerância, empatia, esperança, abertura etc.).

Com isso em mente, elegemos como frente o projeto político pedagógico porque é um importante documento norteador das práticas exercidas em uma escola. Como afirma Veiga (2008, p. 11), projeto político pedagógico é a "própria organização do trabalho pedagógico da escola como um todo". Nele, concentram-se as intenções educativas pautadas nas escolhas conceptuais, epistemológicas, metodológicas, de crenças e valores. Nesse sentido, a construção do projeto político pedagógico da instituição parte do contexto sociocultural com projeção[2] para o que se pretende construir, modificar, transformar.

Considerando-se que a educação é um serviço, que mesmo oferecido pela rede privada, é regulamentado pelo Estado por meio de legislações específicas e reguladoras, o projeto político pedagógico precisa guiar-se pelos mesmos princípios que norteiam a educação brasileira e que estão explicitados em seus textos legais. Nessa direção, destacam-se os princípios de: (1) igualdade de condições de acesso e permanência; (2) qualidade educativa, garantindo o direito de aprendizagem para todos; (3) gestão democrática; (4) liberdade e autonomia, com participação dos estudantes, mesmo as crianças,

[2] Projeto vem do latim *projectu*, que significa lançar adiante (Veiga, 2008).

e profissionais nas discussões e tomadas de decisão; e (5) valorização do professor (Veiga, 2008). Esses princípios, por si só, já oferecem condições de pensar uma escola voltada para a valorização dos sujeitos, considerando suas singularidades, seu protagonismo nas práticas ali exercidas.

Como o projeto político pedagógico deve representar a identidade da instituição, não é recomendado oferecer modelos prontos, apenas indicações de elementos constitutivos, a saber: (1) as finalidades da escola; (2) a estrutura organizacional; (3) o currículo; (4) o tempo escolar; (5) o processo de decisão; (6) as relações de trabalho; (7) a avaliação (Veiga, 2008). É importante, no momento de construção dessa etapa do projeto, ter em mente e explicitar os valores que nortearão as escolhas, pois influenciarão todo o trabalho pedagógico a ser planejado daí por diante. Agora é o momento de perguntar: qual sujeito essa instituição pretende formar? De que modo poderemos contribuir para a construção de uma sociedade mais justa e equitativa? Qual a nossa contribuição para diminuir a violência e a exclusão ainda existentes em nossa sociedade? Como fomentar a cultura para a paz?

No cotidiano escolar, é importante que professores, educadores e profissionais que atuam em gestão de pessoas estejam cientes de que as agressões podem ter forte componente afetivo ou instrumental. Conseguir identificar situações potencializadoras desses dois tipos de agressão e violência ajuda a intervir proativamente na tentativa de minimizar suas manifestações ou lidar com essa situação de modo mais estratégico. Na direção de enfrentar as diferentes formas de vitimização que podem se apresentar nos contextos educativos, faz-se necessário que os profissionais sejam adequadamente preparados para identificar tais situações e saibam como encaminhá-las aos órgãos competentes, como o conselho tutelar, ou utilizando-se do sistema Disque Denúncia – "Disque 100" (Costa & Santos, 2013).

As agressões afetivas são impulsivas e motivadas por estados emocionais momentâneos. As instrumentais são, em geral, estrategicamente planejadas para atingir fins. Características pessoais respondem por algumas manifestações individuais e atos de violência, mas deve-se ter claro que questões relativas a diferenças de *status* e de poder exercem um papel importante nessas manifestações atitudinais e comportamentais. O abuso no exercício das relações de poder, particularmente em ambientes de trabalho, podem ser fatores agravantes. Sendo assim, para além dos traços individuais, variáveis de natureza interpessoal (*status* e poder) influenciam os comportamentos agressivos.

Se, de um lado, os grupos são formas de organização social de grande utilidade nas escolas e no ambiente de trabalho para os objetivos de aprendizagem, suporte social e desempenho de tarefas complexas, de outro lado também são a via pela qual manifestações agressivas e atos violentos são incentivados. O *bulling* nas escolas geralmente é praticado por grupos em relação a uma pessoa ou a uma minoria. O *mobbing*, embora possa ocorrer entre pessoas de nível hierárquico inferior que, por exemplo, fazem forte oposição a um novo líder considerado ilegítimo, é frequentemente exercido por quem tem maior poder e *status* organizacional em relação a quem se situa em posição hierárquica inferior. O objetivo, muitas vezes, é minar a autoestima da pessoa-alvo, tornando-a vulnerável ao poder de influência do "dominador".

Embora se possa admitir como preferíveis manifestações de agressividade "deslocadas", como as de danificar um objeto na impossibilidade de agir diretamente sobre a pessoa-alvo, há que se ter em conta que atos de vandalismo podem estar associados a essa agressividade deslocada, que necessitam, muitas vezes, ser tratados de modo aberto quer nas salas de aula, quer no ambiente de trabalho, visando a encontrar expressões verbais mais fáceis de manejar.

Outro fator importante que educadores e profissionais de gestão precisam ter claro é o da relevância do processo de socialização na aprendizagem de comportamentos agressivos e violentos. Se há pouco controle sobre o que ocorre no âmbito familiar, há maior capacidade de manejo no espaço escolar e no ambiente de trabalho. Sistemas de recompensas e punições, além de formas de expressão de desaprovação por condutas inapropriadas, despertam manifestações afetivas ativadoras de agressividade, sem contar que professores e educadores servem de modelo para assumir padrões atitudinais e comportamentais, principalmente pelos fortes vínculos que se estabelecem entre os dois atores.

É preciso, no entanto, atentar-se que os professores fazem parte de um sistema mais amplo, e que, se mal gerenciados, favorecem a emergência da violência e da agressividade, como: (1) falta de condição adequada de trabalho, representada pela ausência de documentos que referendem a prática pedagógica; (2) carência de recursos e equipamentos; (3) carga horária excessiva; e (4) grande número de crianças por turma. Ou seja, a internalização das diferenças de *status* e de poder na relação entre professor-aluno, professor-gestor e chefe-empregado contribui para a repetição de padrões comportamentais considerados de referência (ou modelos). Portanto, as relações de trabalho e poder em instituições precisam ser revistas com a intenção de favorecer relações mais horizontais e saudáveis.

É preciso tomar cuidado, também, para não contribuir para a dessensibilização e naturalização da violência, pois levam ao sentimento de que a agressão faz parte da natureza humana e há pouco a ser feito para amenizá-la ou evitá-la. A seleção de material didático, a maneira como temas de violência e agressão são abordados nos espaços escolares e de trabalho, o modo de gerenciar conflitos e a manifestação de comportamentos agressivos entre colegas devem ser objeto contínuo de atenção e avaliação crítica.

Nessa trajetória, compreender os antecedentes da violência é um passo decisivo. O capítulo em questão oferece informações úteis de que há antecedentes ambientais, emocionais e sociais que contribuem para a violência. Ainda que os estudos não sejam conclusivos, temperaturas e ruídos elevados exaltam os ânimos, aumentando a possibilidade de conflitos em situações de desacordo. Nessa perspectiva, atentar-se para o espaço das instituições é imprescindível porque lá é o espaço para o movimento, para as brincadeiras, para o encontro consigo e com o outro, para a liberdade e para a autoria (Agostinho, 2003). Os espaços constituem aspecto importante que interferem no processo de aprendizagem, promovendo-a ou dificultando-a. Porque ele não é neutro, "[...] tem significações afetivas e culturais [...] [que] podem afetar a vida dos sujeitos, gerando inclusões e exclusões" (Ribeiro, 2004, pp. 103-104). Neste sentido, e no âmbito de interesse deste apêndice, escolas sem espaço adequadamente estruturado, dificultando a mobilidade das crianças, sem ventilação, com superlotação das salas potencializam a alteração de humor, podendo desencadear emoções negativas associadas a episódios de agressividade, como insultos, agressão verbal e desprezo, alimentando o *bulling*, por exemplo.

É preciso estar especialmente atento a esses aspectos de emoções e sentimentos negativos, haja vista o aumento da diversidade cultural, em especial em ambientes de trabalho atuais, em que há maior convivência de trabalhadores de nacionalidades distintas no mesmo local ou equipe de trabalho. Disseminar emoções positivas pode ajudar a diminuir o nível de agressividade. Estudos na área do trabalho sinalizam que o contágio do humor do líder nos liderados dá o tom afetivo ao grupo (ver Kelly & Barsade, 2001; Sy, Côté, & Saavedra, 2005). Deduz-se daí como é fundamental o equilíbrio emocional do líder para o tom afetivo de sua equipe de trabalho.

Com o crescimento das políticas de inclusão social na escola, os alunos se encontram convivendo de modo mais presente com a diversidade de habilidades, capacidades e formações religiosas e culturais distintas. Desenvolver atitudes positivas em relação a essas diferenças contribui para que haja um aumento da tolerância para com o outro. Atividades que façam com que os alunos se coloquem no lugar do outro, o diferente de nós, também cumprem uma função pedagógica no desenvolvimento de atitudes favoráveis para com a diversidade, ao proporcionar maior empatia. Como ilustração de prática, citamos a assembleia empregada na Escola da Ponte, em Portugal. Constituída por todos os estudantes, profissionais e pais, a assembleia destina-se a discutir e buscar soluções, de modo democrático, para as diferentes situações, sejam as referentes às relações interpessoais e seus conflitos, sejam as de ordem pedagógica ou financeira, conforme explicitado no seu regimento interno (Escola da Ponte, 2013).

Quando se está convivendo com grupos diferentes, a tendência é estabelecer comparações sociais, particularmente para manter a autoestima pessoal e a do grupo de pertencimento. Um professor e um gestor, por exemplo, que distribuem recursos (materiais, suporte social, elogios etc.) diferenciados a uns em detrimento de outros, ainda que de maneira não intencional, maximizam o efeito da comparação social. O capítulo sugere que não é tanto a frustração que desencadeia agressividade, mas a percepção de injustiça decorrente da discrepância entre o que se espera e o que se obtém. Ou seja, é preciso estar atento ao momento em que os alunos ou os trabalhadores interpretam algumas ações como injustas. Abordar o tema de maneira direta, esclarecendo critérios, deixando mais transparente o processo de tomada de decisões, pode ajudar na gestão de sentimentos negativos interpessoais, evitando fazer emergir episódios de agressividade ou violência.

Enfim, os autores deste capítulo enfatizam que a cultura da paz não é uma utopia e que pode ser desenvolvida a partir da disseminação de valores, especialmente o de cooperação, e de resolução de conflitos por vias de negociação amigável, e também tolerância para com as diferenças de opinião, crenças e visão de mundo. Certamente, se grande parte do comportamento violento aprende-se no processo de socialização, professores e profissionais que atuam na formação e gestão de trabalhadores são atores importantes no ambiente escolar e do trabalho. Com mais conhecimento sobre os processos envolvidos na emergência de comportamentos agressivos e violentos, é possível adotar posturas e ações educativas para a cultura da paz nos seus contextos mais imediatos de atuação.

Questões orientadoras da prática pedagógica

1. Procuro estar atento às situações no contexto escolar e de trabalho que poderão ser interpretadas por alunos e trabalhadores como injustas, abordando o tema de maneira direta, esclarecendo critérios, deixando mais transparente o processo de tomada de decisões, evitando, portanto, fazer emergir episódios de agressividade ou violência?
2. Como a diversidade é representada no projeto político pedagógico da instituição?
3. Como tenho liderado o meu grupo? Mantenho um humor positivo ou tenho perdido o controle das minhas emoções?
4. Atento-me para os sinais que meus estudantes ou grupo de trabalho possam emitir que sinalizem sofrer algum tipo de agressão?

5. Tenho cumprido o meu papel de agente de proteção denunciando aos órgãos competentes os casos de abuso ou qualquer tipo de violência que esteja sendo praticada contra os estudantes ou colegas de trabalho.
6. Tenho adotado estratégias na sala de aula e nas equipes de trabalho que favoreçam a convivência com a diferença e a diversidade, visando a aumentar a tolerância para o que não está em conformidade com o grupo social de pertencimento?
7. Procuro criar espaços para as manifestações afetivas negativas de frustração e insatisfação, procurando canalizá-las para formas reivindicativas socialmente aceitas e civilizadas?
8. Tenho oferecido espaço de escuta e diálogo com e entre os estudantes?
9. Quanto de minha prática profissional orienta-se para a promoção de uma cultura da paz, mediante ações educativas que fortaleçam valores culturais universalistas e de harmonia e promovam maior aceitação das diferenças para lograr diminuir as formas cada vez mais violentas e desumanas de resolução de conflitos?
10. Estou atento para as manifestações de *bulling* e de *mobbing* do meu entorno, procurando agir de modo efetivo para inibi-los, criando espaços para abordar de modo direto esse grave problema que traz consequências nefastas para a pessoa e para as instituições escolares e de trabalho?

CAPÍTULO **6**

Afeto, aprendizagem e comportamento social: o caso dos familiares de desaparecidos forçados na Colômbia

Rafael Andrés Patiño Orozco
Universidade Federal da Bahia

Antonio Marcos Chaves
Universidade Federal da Bahia

Resumo

Este capítulo tem como objetivo definir e caracterizar a experiência afetiva de familiares de desaparecidos forçados decorrentes do conflito armado colombiano. Procurar-se-á articular de que modo os afetos estão relacionados com a aprendizagem de atitudes e de comportamentos para lidar com o luto e seguir vivendo. Será apresentado um breve histórico sobre o conflito armado na Colômbia, que fez com que o país tivesse o maior número de desaparecidos da América Latina, dado nada desprezível quando se conhece a grande quantidade de pessoas que sofreram esse mesmo tipo de violência nas ditaduras ocorridas em outros países do continente. A seção seguinte discorre sobre os aspectos psicossociais que permitem compreender a condição dos familiares dos desaparecidos forçados. Na sequência, discutem-se a aprendizagem e a mudança de comportamento dos familiares de desaparecidos na procura pela verdade e pela justiça, em que se destacam o engajamento em ações de cidadania individuais e coletivas em uma tentativa de superar a incerteza do destino de seus entes queridos desaparecidos, reparar e fazer justiça.

Introdução

O conflito armado colombiano entre organizações guerrilheiras e forças do Estado completa mais de cinquenta anos, sendo que, a partir dos anos 1990, grupos de autodefesas (paramilitares) entraram para disputar o controle dos territórios com as guerrilhas, somando-se aos atores já em conflito. O confronto materializa-se em diferentes formas de violência, como sequestros, assassinatos, deslocamentos e desaparecimentos forçados, que afetam a população civil, além dos atores armados diretos. Todos esses crimes têm acontecido de forma sistemática, sendo que o desaparecimento forçado registra hoje dimensões escandalosas: a Promotoria Geral da Nação encontrava-se investigando 27.300 casos em 2011, mais do que os acontecidos na Argentina e no Chile durante as ditaduras (Caballero, 2011). Por sua parte, a Comissão Nacional de Busca de Pessoas Desaparecidas[1] tinha em 2012 um registro de 62.745 desaparecimentos, dos quais 16.884 já foram confirmados como casos de desaparecidos forçados, e o número aumenta mês a mês.

O desaparecimento forçado no contexto mundial passou a ser um problema central na defesa dos direitos humanos, devido ao horror que causaram os milhares de casos acontecidos em países como a Argentina, o Brasil e o Chile (para citar apenas alguns dos casos da América Latina) durante o século XX, quase sempre ligados a motivações políticas. Para a Anistia Internacional (1983), o desaparecimento forçado implica violações aos direitos humanos, como um método de repressão generalizado e permanente. É um mecanismo de aprisionamento, submissão, sequestro, ameaça e execução pela via extralegal, que é praticado por diferentes atores do conflito armado e, na maioria dos casos, mantêm-se na impunidade. De fato, essa prática tem como objetivo o desaparecimento do corpo para evitar a tipificação do assassinato como delito.

O desaparecimento viola os direitos das vítimas de maneira direta e afeta a estabilidade das famílias devido ao ambiente de incerteza que

1 Essa comissão foi formada com o objetivo de esclarecer o número de desparecidos forçados na Colômbia reunindo a informação das diferentes fontes e bases de dados dos órgãos do Estado. O processo de consolidação da informação é atualizado mês a mês.

envolve os fatos. Ações internacionais para enfrentar essa modalidade de violência passaram a ser adotadas em 1994 pela Organização dos Estados Americanos (OEA) por ocasião da Convenção Interamericana sobre Desaparecimento de Pessoas, realizada em Belém do Pará, aqui no Brasil. Estabeleceu-se o marco jurídico que considera o desaparecimento forçado como delito de lesa à humanidade, e solicita aos estados que facilitem garantias processuais pertinentes para seu tratamento. Em paralelo ao estabelecimento desse marco, aconteciam milhares de desaparecimentos na Colômbia, a maioria deles de homens que deixavam filhos, esposas e pais em um estado de incerteza. Por exemplo, no estado de Antioquia (cuja capital é Medellín, que reúne uma quarta parte dos desaparecimentos forçados do país), dos 4.130 desaparecidos forçados confirmados até 2012, 3.693 eram homens e 437 mulheres (Comisión Nacional de Búsqueda de Personas, 2012). Existem diferentes motivos para que a maior parte dos desaparecidos seja de homens. Um deles é por sua maior participação como combatentes. Existe um número maior de mulheres catalogadas como vítimas indiretas, como testemunhas de acontecimento violento (Domínguez, 2010). Em meio ao conflito, e como ferramenta jurídica para agir contra a guerra e começar um processo de reparação de vítimas da violência, o Estado colombiano criou a Lei n. 975 de Justiça y Paz em 2005, estabelecendo a primeira definição de vítima na qual foram incluídos os cônjuges ou familiares em primeiro grau de consanguinidade dos desaparecidos.

Este capítulo tem como objetivo definir e caracterizar a experiência afetiva de familiares de desaparecidos forçados decorrentes do conflito armado colombiano. Procurar-se-á articular de que modo os afetos estão relacionados com a aprendizagem de atitudes e de comportamentos para lidar com o luto e seguir vivendo.

Dada a importância de contextualização, será apresentado um breve histórico sobre o conflito armado na Colômbia, que fez com que o país viesse a ter o maior número de desaparecidos da América Latina, dado nada desprezível quando se conhece a grande quantidade de pessoas que sofreram esse mesmo tipo de violência durante as ditaduras ocorridas em outros países do continente. Na sequência, discorrem-se sobre os aspectos psicossociais que permitem compreender a condição dos familiares dos desaparecidos forçados. A seção subsequente discute a aprendizagem e a mudança de comportamento dos familiares de desaparecidos na procura pela verdade e pela justiça, finalizando-se com as conclusões.

Evolução histórica do conflito armado colombiano

O conflito armado colombiano é a confrontação bélica mais longa da América Latina. Para alguns historiadores, o ano de início foi 1964, "data de corte entre o conflito conhecido como La Violencia (dominado pela confrontação bipartidária liberal-conservadora) e o começo do conflito armado contemporâneo" (Comisión Nacional de Reparación y Reconciliación, 2007, p. 2). Vargas (1997) concorda que o começo do conflito armado colombiano data dos primeiros anos da década de 1960, época em que começaram a se formar as guerrilhas do Exército Popular de Liberação (EPL), do Exército de Liberação Nacional (ELN) e das Forças Armadas Revolucionárias da Colômbia (Farc). A partir dessa época, os grupos guerrilheiros na Colômbia mantiveram-se ativos até o presente, inclusive formando-se outros como o Movimento 19 de abril (M-19) nos anos 1970. A criação do M-19 marcou a primeira mudança na estratégia de confronto das guerrilhas, que passaram de uma posição passiva sob a forma de resistência à utilização da força ofensiva, configurando o que Lair (2004) considerou um salto qualitativo e quantitativo no conflito (primeira ruptura estratégica). No entanto, a guerra permanecia localizada, sobretudo, no contexto rural e periférico.

A segunda ruptura estratégica aconteceu nos anos 1990, com o retorno à vida civil dos combatentes do EPL e do M-19. A partir desse momento, o ELN e as Farc decidiram passar à ofensiva, espalhando suas ações pelo território nacional com a ideia da tomada do poder. Essa mudança na estratégia coincide com o auge do fluxo financeiro proveniente do narcotráfico e da extorsão de companhias exploradoras de minerais, petróleo e agrícolas, o que torna compreensível a intensificação da guerra e explica, em parte, o surgimento dos grupos paramilitares, os quais aparecem e se consolidam no território colombiano em resposta aos grupos guerrilheiros (Lair, 2004).

O rápido crescimento da guerrilha durante essa época se viu favorecido pelo confronto que o governo mantinha naquele momento com os chefes dos cartéis do narcotráfico; algumas regiões que antes eram controladas pelos traficantes foram rapidamente ocupadas pelos grupos guerrilheiros quando aqueles foram presos e extraditados ou assassinados, aumentando sua capacidade econômica decorrente do tráfico.

A denominação *paramilitar* na Colômbia "faz referência a atores plurais que têm um inimigo comum: a guerrilha" (Lair, 2004, p. 7). O auge de organizações ou grupos paramilitares não foi o resultado direto de uma política estatal de apoio e treinamento a seu favor, apesar de se beneficiarem do apoio local de alguns policiais e militares. Seu crescimento decorreu, principalmente, do financiamento de fazendeiros, pecuaristas e traficantes ilegais em guerra com a insurgência.

Nos anos 1980, os paramilitares entraram num confronto pelo controle dos territórios e seus recursos, ao mesmo tempo em que passaram de uma estratégia defensiva a uma ofensiva, empreendendo ações bélicas de grande envergadura em busca de reconhecimento militar e político nas regiões de influência e no panorama nacional (Lair, 2004).

Paralelamente ao crescimento da violência, as tropas do exército caracterizavam-se pela falta de ação planejada, organizada e de recursos suficientes para enfrentar a guerrilha e os paramilitares. Diante dessa situação, os grupos ilegais mantiveram a vantagem em relação às tropas do exército, exceto nos grandes centros urbanos. Nos anos 1990, "as Farc conseguiram dominar a paisagem subversiva do país e se tornaram uma das guerrilhas militarmente mais poderosas do mundo. [...] Mas, em contraste, não conseguiram provocar as condições de uma 'revolução popular'" (Lair, 2004, p. 8). Ao contrário, foram rejeitadas pela maioria da população que se sentia ameaçada por suas ações que não visavam somente a combater as estruturas do Estado, mas ameaçavam também a sociedade civil sob a forma de sequestros, assassinatos e extorsões.

De forma paralela, os paramilitares organizaram-se em 1996 num único grupo, sob o nome de Autodefesas Unidas da Colômbia (AUC), com o objetivo de lutar de forma mais organizada contra as guerrilhas, e utilizaram estratégias geradoras de terror como massacres à população civil, supostamente *colaboradora* da guerrilha, em povoados controlados anteriormente por ela. Algumas dessas operações das AUC foram realizadas com a conivência ou participação das forças armadas do Estado, segundo testemunho dos próprios paramilitares em julgamento. Passaram, ainda, a realizar combates diretos com o ELN e as Farc e construíram alianças com multinacionais[2] e políticos que mais tarde seriam julgados e condenados pela Corte Suprema de Justiça. Tais pactos são prova do grau de responsabilidade de amplos setores da sociedade com os crimes perpetrados pelos paramilitares. Paramilitares, Farc e ELN se impuseram nesse período como poderes de *fato* em diversos locais do território da Colômbia (Lair, 2004).

A terceira ruptura estratégica começa a partir de 1998, com a modernização do exército e o apoio dos Estados Unidos via o Plan Colombia[3]. O Plan Colombia (iniciado em 1999) coincide com o final do processo de negociação com as Farc desenvolvido entre 1998 e 2002, durante o governo de Andrés Pastrana, que levou à saída desse grupo da zona de distensão[4] no sul do país.

A partir dessa terceira ruptura, o conflito armado colombiano aumenta sua intensidade com uma ofensiva armada do exército contra as guerrilhas. Ocorre, então, uma estratégia de negociação com os paramilitares que culminou na desmobilização coletiva de aproximadamente 30 mil homens entre 2003 e 2006. No entanto, aproximadamente 4 mil continuaram delinquindo e lutando pelo controle do tráfico, sob a estrutura de bandos, designados pelo governo como Bacrim (bandos criminosos armados), que até hoje se mantêm ativos.

Os principais chefes dos paramilitares, que foram julgados pela Lei de Justiça e Paz (que oferecia a garantia de uma pena máxima de oito anos

---

[2] Ver, por exemplo, o caso da multinacional Chiquita Brands, julgada e condenada nos Estados Unidos. Este caso está devidamente documentado em diversas matérias publicadas nos jornais *El Tiempo*, *El Espectador* e na *Revista Semana* (2012).

[3] Estratégia de ajuda econômica, social e militar para enfrentar o narcotráfico e as guerrilhas, estabelecida pelos governos dos Estados Unidos e da Colômbia durante a presidência de Andrés Pastrana e mantida até hoje.

[4] Região no sul do país de onde foi excluída a força pública durante os diálogos de paz com a guerrilha para que as Farc se concentrassem ali.

de cadeia, sempre que confessassem seus delitos), iniciaram seus depoimentos diante dos juízes da República, mas a maioria foi extraditada para os Estados Unidos em 2008, com a justificativa de que continuavam suas atividades ilegais desde a cadeia. Como os depoimentos foram interrompidos, a verdade sobre os crimes deixou de ser esclarecida, gerando protestos das vítimas, sobretudo dos familiares de desaparecidos, que exigiam conhecer o que de fato havia acontecido com seus entes queridos, dado que a maior parte dos desaparecimentos forçados é atribuída aos grupos paramilitares. Até hoje, alguns paramilitares têm prestado depoimentos nos Estados Unidos e num dos últimos confirmaram a existência de fornos no nordeste do país, que eram utilizados para desaparecer os cadáveres das vítimas. De acordo com informações publicadas pela revista *Cambio* (2009), só em um desses fornos foram eliminadas pelo menos duzentas pessoas.

Por outro lado, a ofensiva militar contra a guerrilha, ajudada pelo programa de Reintegração à Vida Civil, à qual credita-se a deserção de 22 mil guerrilheiros até 2009 (Alta Consejeria Presidencial para la Reintegración, 2009), tem alcançado vitórias militares inéditas para o governo, entre as quais o governo aponta: a morte de alguns dos comandantes mais importantes das Farc e a liberação de sequestrados em operações militares, fazendo com que, de acordo com Echandia (2008, p. 4),

> a guerrilha colombiana, que tinha conseguido estender sua influência a zonas de grande valor estratégico, como resultado da acumulação de recursos econômicos e poder militar, hoje dá mostras de debilidade. Os grupos armados ilegais têm perdido a iniciativa na confrontação e a força pública a tem recuperado.

Atualmente, os grupos guerrilheiros ELN e Farc encontram-se debilitados em número de homens, capacidade de ação, controle territorial e legitimidade diante da sociedade, e iniciaram negociações de paz com o governo nacional que podem vir a significar o fim da confrontação e a possibilidade de reconhecimento e esclarecimento dos acontecimentos violentos.

Em meio a esse panorama, as vítimas do conflito armado se encontram engajadas num processo de reparação que inclui várias frentes de ação, entre elas a busca dos desaparecidos. Essas ações talvez não sejam suficientes para pacificar o país, mas são fundamentais na busca por certa tranquilidade subjetiva, como é testemunhado por familiares de vítimas:

> Sei que não está em fossas e que também não o botaram no rio, ficou no forno e o quero recuperar. Na funerária me disseram que as cinzas de uma pessoa cabem numa caixa de sapatos e, se é isso o que posso recuperar, pelo menos que me deixem fazê-lo (Cambio, 2009, p. 1).

O processo de reparação das milhões de pessoas afetadas pelo confronto armado na Colômbia está sendo liderado pela Unidad para la Atención y Reparación Integral a las Víctimas, órgão responsável pela execução das políticas públicas para o atendimento das vítimas. Com a mudança de governo em 2010, um novo *status* foi reconhecido para as vítimas, pois o presidente Juan Manuel Santos impulsionou a criação de uma Lei de Vítimas, na qual ganham destaque vários elementos considerados inéditos, entre eles o reconhecimento do conflito armado interno e a Lei de Terras, que visa a restituir aos camponeses as terras que lhes foram expropriadas pelos grupos armados ilegais, elemento fundamental para a reparação dos deslocados e para construir um piso social sólido no processo de reparação.

Outro elemento é o reconhecimento direto das vítimas dos órgãos militares do Estado. Este último ponto é de especial importância para os familiares dos desaparecidos, porque, segundo um relator da ONU, "por décadas, membros da força pública supostamente realizaram graves violações em grande escala, incluindo as execuções extrajudiciais que em muitos casos estavam associadas com desaparecimentos forçados" (W Radio, 2011, p. 1).

Além das implicações legais, a lei muda o *status* das vítimas diante da sociedade, porque o Estado reconhece os danos causados e a necessidade de uma reparação tanto econômica como simbólica para poder avançar num processo de construção de sociedade que coloque um limite à violência. O governo anterior na Colômbia se manteve contrário à inclusão desse ponto na lei e foi este um dos motivos pelos quais ela não foi aprovada durante quatro anos.

Essa lei reconhece como vítimas:

> [...] as pessoas que têm sofrido menosprezo de seus direitos a partir de 1985, como consequência de infrações ao Direito Internacional Humanitário ou de violações graves às Normas Internacionais de Direitos Humanos. Também se consideram vítimas os familiares em primeiro grau de consanguinidade, os cônjuges e os filhos (Paredes, 2011, p. 1).

Hoje, a mudança de posição do Estado é seguida de alterações em outras esferas da sociedade, como a mídia, que passa a ocupar um lugar central como observador e acompanhante do processo de reparação das vítimas em geral e dos familiares dos desaparecidos.

Elementos psicossociais para compreender a condição dos familiares dos desaparecidos forçados

Com esse contexto como pano de fundo, alguns pesquisadores da violência na Colômbia consideram que, apesar do silêncio das vítimas, em alguns casos devido ao medo e à intimidação, os relatos de lembranças individuais e coletivas evidenciam que elas se interessam por "identificar os rastros que deixam essa experiência vivida [...]" (Robledo, 2009, p. 9). Esse interesse em outorgar sentido à história vivida é em si mesmo um chamamento às ciências sociais, as quais podem jogar um papel central na possibilidade de compreensão e facilitação da ressignificação da dor das vítimas, a partir de iniciativas investigativas e de intervenção. As ciências sociais e a psicologia podem contribuir de modo efetivo na construção de uma memória histórica do acontecido, a partir das experiências das vítimas, nos processos de elaboração de luto e na formulação de estratégias que visem a melhorar as políticas públicas dirigidas a reparar os danos causados, os quais não somente são econômicos ou físicos, mas também psíquicos e simbólicos. Nesse sentido, a elaboração da experiência traumática implica dar sentido aos acontecimentos para a construção de novas lógicas sociais e psíquicas.

Essas considerações são apoiadas pela psicóloga Sandra Milena González, do Programa de Atenção a Vítimas do Conflito Armado do Município de Medellín. Para a psicóloga, os familiares dos desaparecidos devem enfrentar uma série de dificuldades de tipo econômico e social, embora "o mais angustiante seja o desconhecimento do paradeiro do desaparecido, sem ter ideia do estado atual da vítima e do local no qual se encontra, e o dia a dia se converte numa luta pelo encontro da verdade" (González, 2008, p. 4).

Na perspectiva de Franco, Suarez, Naranjo, Baez e Rozo (2006), a violência é o principal problema de saúde pública que a Colômbia enfrenta, com consequências psicoemocionais para as vítimas diretas e indiretas. Entretanto, enfrentar essas consequências transcende o campo da saúde pública, motivo pelo qual se faz necessário o esforço, a partir de outras áreas de conhecimento, para compreendê-las e enfrentá-las.

Autores como Villa, Tejada, Sánchez e Tellez (2007, p. 90) afirmam que no caso do desaparecimento forçado "o desconcerto e a confusão unem-se à necessidade e urgência de conhecer, de saber alguma coisa do acontecido com a pessoa...". Na ausência de informações, esse desconforto continua indefinidamente. Os autores destacam também os processos de desestruturação familiar, a perda da figura provedora que coloca em vulnerabilidade econômica o núcleo familiar, a mudança de funções no interior da família, a vulnerabilidade emocional e a ausência do Estado na proteção das vítimas.

É evidente que um dos problemas sublinhados por investigadores e profissionais dedicados a trabalhar com familiares de desaparecidos é a dificuldade para a elaboração do luto em tais condições de incerteza. É o que afirma o antropólogo Van Gennep (1978), estudioso dos ritos de passagem em muitas culturas, quando sinaliza que o desaparecimento do familiar supõe a impossibilidade do trabalho do luto, entre outras coisas, porque impede a realização do funeral, que permitiria ao morto ascender ao mundo dos mortos.

Esse é um problema que enfrentam os familiares dos desaparecidos, pois não estão certos de sua morte. Portanto, o trabalho do luto se torna mais difícil, pois não é possível realizar a prova de realidade. Mesmo havendo testemunhas de que o ente querido foi assassinado, a impossibilidade da realização do funeral se converte em um obstáculo quase intransponível para a elaboração da perda, passagem necessária para retornar *ao mundo dos vivos*. Por esse motivo, os familiares das vítimas podem continuar anos construindo o seu sentido de vida em torno do desaparecido, seja na busca da verdade ou da justiça, ou como forma de se manterem fieis à memória daquele amado que já não se encontra presente.

Freud (1917/1969, p. 249) define o luto como "a reação à perda de um ente querido, à perda de uma abstração que ocupou o lugar de um ente querido, como o país, a liberdade ou a liberdade de alguém, e assim por diante". Reconhece que o luto é necessário e leva ao afastamento da atitude normal diante da vida, devendo ser superado depois de algum tempo.

Seguindo as indicações freudianas, é fácil perceber que no caso aqui estudado não é passível de se fazer o teste de realidade que permitiria confirmar a morte do ente querido. Por isso, mantêm-se por tempo indeterminado o "desânimo profundamente penoso, a cessação do interesse pelo mundo externo, a perda da capacidade de amar e a inibição de toda e qualquer atividade" (Freud, 1917/1969, p. 250).

As considerações freudianas e da antropologia sobre o luto sinalizam haver uma dificuldade adicional para a superação da dor no caso do desaparecimento forçado, mas não condenam os familiares de desaparecidos a um sofrimento eterno se a morte do ente querido não for comprovada. A realização de funerais simbólicos, os atos de justiça por parte do Estado e a sociedade, ou a elaboração simbólica, seja no contexto clínico de uma psicoterapia ou a partir da produção artística e literária, são alternativas para a elaboração do luto. Conclui-se, portanto, ser possível mudanças subjetivas e a adoção de novas práticas que podem abrir o caminho da elaboração do luto, mesmo sem a presença material do corpo do desaparecido. Destaca-se também a participação política mediante reclamação do direito à verdade e à justiça e a mudança de papéis sociais na família, que fazem com que mulheres assumam a posição de liderança depois do desparecimento do cônjuge (Seligmann-Silva, 2006).

É preciso ter claro que se trata de uma experiência traumática. A ausência do ente querido implica dificuldade de simbolizar, de compreender, de construir um sentido sobre o seu desaparecimento, e, por tal motivo, os familiares dos desaparecidos forçados experimentam um acontecimento traumático, entendido como:

> [...] um acontecimento da vida do sujeito caracterizado por sua intensidade, a incapacidade do sujeito de responder a ele adequadamente e o transtorno e os efeitos patológicos duradouros que provoca na organização psíquica. Em termos econômicos, o traumatismo caracteriza-se por um fluxo de excitações excessivo, em relação com a tolerância do sujeito e sua capacidade de controlar e elaborar psiquicamente tais excitações (Laplanche & Pontalis, 1996/2004, p. 447).

O trauma se caracteriza pela impossibilidade de esquecer o acontecimento e a dificuldade de produzir sentido sobre ele. A etimologia da palavra trauma sugere ser "uma ferida aberta na alma ou no corpo por acontecimentos violentos recalcados ou não, mas que não conseguem ser elaborados simbolicamente, em particular sob a forma de palavra pelo sujeito" (Gagnebin, 2006, p. 110). O trauma, então, pode ser entendido como uma fratura da memória e pode ser produto de um acontecimento violento com consequências físicas e psíquicas.

Apesar de o trauma envolver um elevado grau de sofrimento em que estão implicados afetos negativos (ver Capítulo 1), é possível criar alternativas para diminuí-lo. Uma delas é dar novo sentido ao acontecimento traumático, gerando novos aprendizados e formas de agir no mundo. Supõe-se que, ao dar novo sentido ao acontecimento, o sujeito muda a forma de comportar-se. Uma das formas de dar novo sentido é envolver-se em ações concretas para saber os motivos do desaparecimento do familiar. Segundo González Rey (2002), a subjetividade estaria configurada a partir de formações de sentido das quais fazem parte os afetos, os comportamentos, as representações do mundo e as atitudes assumidas diante de determinados eventos. Quando se fala de configurações, entende-se que são dinâmicas, mas podem ser identificadas em momentos específicos da trajetória vital de um sujeito, em que ele se transforma e aprende a partir das novas experiências que se integram na sua história (ver discussão sobre aprendizagem experiencial no Capítulo 1).

Há que se considerar, todavia, que o problema dos familiares dos desaparecidos é de caráter multidimensional, e não se resolve somente com a elaboração da perda. O fenômeno encontra-se delimitado num triângulo cujas arestas são a vítima, a sociedade e o Estado. É por essa razão que o atendimento das vítimas e os caminhos de resolução do conflito armado implicam participação de diferentes segmentos da sociedade: (1) os esforços do Estado para encontrar e identificar as pessoas desaparecidas; (2) os programas de apoio psicossocial, que devem facilitar a elaboração da perda, inclusive nos casos em que não será possível encontrar o ente querido; e (3) o envolvimento da sociedade civil, reconhecendo os direitos das vítimas e de seus familiares.

O caminho da restituição de direitos dos familiares dos desaparecidos parte da devolução da palavra como fundamento da construção da própria história. A narração de uma experiência que quase sempre foi silenciada pela força, como foram os desaparecidos, deve estar assegurada. Desaparecer uma pessoa não é o mesmo que assassiná-la, não se faz com o mesmo objetivo. Qual é, então, o objetivo dos desaparecimentos? Os paramilitares têm explicado que as desaparições evitam a investigação dos crimes e a publicação de ações mais escandalosas, como massacres. Espalham-se os assassinatos no tempo e desaparecem com os corpos.

Recai sobre os familiares o sofrimento pelo terror da ação criminosa. Sem poder denunciar, sem poder falar, permanecem como fantasmas presentes, mas invisíveis. Por tal motivo, o Estado reconhece hoje a necessidade de reparar os danos causados aos milhões de pessoas vítimas do conflito. Torna-se imperativo partir da palavra dos afetados para compreender o ocorrido.

Na próxima seção deste capítulo é feita uma análise da experiência dos familiares a partir de seus depoimentos. São evidentes as dificuldades para lhes outorgar um sentido à perda, mas também é possível identificar possíveis alternativas para a superação da experiência violenta.

Aprendizagem e mudança de comportamento na procura pela verdade e justiça

Entre 2010 e 2011, foi realizado um estudo que fez uso de entrevistas em profundidade, grupo focal e questionário para que os entrevistados completassem frases. Quatro eixos temáticos orientaram a coleta de dados: a experiência de vida diante do desaparecimento do ente querido; as implicações identitárias com relação a ser vítima da violência; a posição em relação às organizações de vítimas; e o Governo e as valorações sobre os grupos armados ilegais. No referido estudo (Patiño Orozco, 2013), participaram dezoito pessoas[5], familiares de desaparecidos forçados

[5] Os nomes foram modificados para manter ocultas as identidades.

(dezesseis mulheres e dois homens), pertencentes da Organização Madres de La Candelária, Caminos de Esperanza[6] e atendidos pelo Modelo Integral de Atenção a Vítimas[7] em Medellín. Entre os dezoito participantes, dez eram mães de desaparecidos, dois pais, três irmãs e três companheiras. A seguir, será apresentada uma análise de alguns dos relatos dos participantes. Os nomes não serão reproduzidos para evitar sua identificação.

Articulando sentidos e significados com aprendizagens e comportamentos

Os relatos dos participantes, a seguir discutidos e analisados, estão agrupados nos tópicos: Experiência afetiva da vítima; Busca por saber; O lugar vazio; e A vítima, o outro e a sociedade. Essa organização dos relatos nesses tópicos evidencia o esforço contínuo de aprendizagem para superação da dor e da ausência, e reconstrução da vida dos parentes dos desaparecidos forçados na Colômbia.

Experiência afetiva de ser vítima: o pior que pode acontecer

Os familiares de desaparecidos reconhecem que ser vítima da violência é uma situação terrível, e o desaparecimento de um ente querido é interpretado como *o pior que pode acontecer* para uma pessoa, uma situação a que ninguém deveria ser submetido e que traz implícita a pergunta, sem resposta: Por que isso aconteceu? Para eles, só quem experimenta essa dor pode entender: "Ser vítima da violência é o mais impactante, demolidor, atroz, desesperante e às vezes eu me sinto sem saber para onde ir, o que fazer, nem que dizer" (E1). Grande esforço é requerido para dar sentido ao ocorrido, haja vista os limites subjetivos da elaboração simbólica pela *falta de palavras para nomeá-lo:* "[...] quando seu esposo morre, você fica viúva,

---

6 A Organização Mães da Candelária, Caminhos de Esperança é uma ONG composta por familiares de desaparecidos e assassinados que se reúne todas as sextas-feiras em uma praça pública da cidade de Medellín para denunciar sua condição de vítimas, reclamar justiça por parte do Estado e visibilidade para a sociedade.

7 Esse é o modelo encarregado de prestar atendimento às vítimas do conflito armado colombiano; depende do Ministério do Interior e da Justiça e funciona de forma interinstitucional.

se seu pai morrer, você fica órfão, como se chama a mãe de um desaparecido?" (E6). A impossibilidade de dar nome a essa situação está na base do sofrimento prolongado, porque o outro não está oficialmente morto, e a esperança segue firme. Que sentido dar a isso? Como elaborar uma perda se o outro "pode" estar ainda vivo? Esse forte sentimento e indefinição exigem um aprendizado para lidar com a sensação de impotência e seguir vivendo sem saber o que ocorreu com o ente querido.

A busca por saber para obter tranquilidade e sossego

A incerteza forma uma barreira que impede de dar um sentido ao ocorrido, e, por tal motivo, busca-se o esclarecimento dos fatos como uma forma de alcançar o sossego: "[minhas metas na vida são] saber o que aconteceu com meu filho, a verdade, só que às vezes penso que há interesses que não me têm permitido saber nada" (E4). Ao mesmo tempo, a tranquilidade e o sossego passam a ser almejados: "[gostaria que minha vida fosse] tranquila e feliz, mas sempre há algo que nem sempre foi o que a gente quis" (E2). Tem-se clareza de que saber e obter tranquilidade dependem da ajuda dos demais. "[Quero] saber do meu filho e ir pra frente, só que, sem ajuda, não posso" (E3). Ou seja, a demanda por ajuda sugere que o sentimento de impotência pode ser superado se houver engajamento de outras pessoas e instituições com vistas ao esclarecimento dos acontecimentos violentos sofridos pelo ente querido.

Entretanto, a busca do saber, da verdade, exige um forte investimento emocional muito antes de se obter a tão almejada tranquilidade e sossego. No depoimento apresentado a seguir, o familiar enfrentou cara a cara o algoz. Foi confrontado com o fato de que o assassinato do seu ente querido já havia sido cometido quando os assassinos foram informados de que a vítima era inocente, que não deveria ser morta. O familiar pode constatar também que para os algozes não bastou o assassinato, foram usadas também a tortura e a destruição dos corpos, para não deixar rastros da violência.

> Numa das versões livres [um paramilitar] confessou que 'Doble Cero'[8] os havia retido, que tinham chegado ao distrito de Cristales num táxi velho. Ele confessou de manhã e eu cheguei de tarde, porque um promotor ligou para mim e me pediu para comparecer porque tinham confessado meu caso naquela manhã,

---

[8] Apelido pelo qual ficou conhecido um comandante paramilitar; significa Duplo Zero.

então eu cheguei com as fotos e disseram ao entrevistado que havia uma vítima do caso da manhã. Esse cara ficou transtornado, eu não sei o que foi que sentiu, se foi pavor ou o quê. O promotor lhe disse que eu queria saber a verdade e lhe passou as fotos para ver se eram os do carro amarelo e ele disse que sim, que os conhecia, que na parte da frente ia o primo meu com uma senhora e na parte de trás um garoto alto de bigode, que ele sabia que tinham morrido naquele dia nessa chacina. Eu lhe perguntei o porquê, como fizeram, o motivo pelo qual os haviam matado, e ele começou a narrar tudo o que tinha acontecido. Disse-me que os tinham prendido às 11h30, que os levaram a um lugar que se chama Balastera, que lá os torturaram moralmente. A senhora disse que era parente de Carlos Castaño[9] porque tinham o mesmo sobrenome, ligaram para ele para saber se era verdade, mas ele disse que não sabia de nada disso, então a senhora disse que não era nada desse senhor, que estava lá para cobrar um dinheiro que lhe deviam, que os garotos nada tinham a ver com ela, que simplesmente os tinha contratado para que a transportassem, mas eles não acreditaram porque estavam em guerra com outro grupo paramilitar e acharam que os tinham invadido. Daí começaram a ligar para Medellín para ver o que podiam saber deles, mas nada, quando os revistaram, em um deles encontraram um cartão da promotoria, então aí continuaram as torturas, eles choraram, falaram que tinham filhos, daí que meu irmão se colocou de pé e os xingou e que se queriam matá-lo, então que o matassem de uma vez e aí lhes descarregaram cinquenta tiros e os colocaram numa caminhonete. Quando meia hora depois chegou uma mensagem dizendo que esses garotos nada tinham a ver, que não os matassem, que o outro tinha um cartão da promotoria porque tinha sido promotor, mas já os haviam matado.

Com o sangue deles fizeram um ato no povoado, disseram que sem sua autorização ninguém podia passar, que eles eram os que mandavam, depois os levaram e os picaram com um machado de lenha e os enterraram. Para mim, foi duro demais, mas eu queria saber onde estavam. Eu lhe disse se estava disposto a me levar ao lugar onde os tinha enterrado e ele me disse que sim, mas que não me assegurava nada porque tinham dado ordem de queimá-los nos pneus ou jogá-los no rio, mas que nesses dias tinha se acidentado e não sabia o que tinham feito com eles (E13).

Esse relato retrata o paradoxo de o algoz ser alvo de sentimentos de raiva e ódio, representando ao mesmo tempo um caminho para o sossego, já que com seu depoimento foi possível colocar um fim à incerteza que acompanhava o desaparecimento de um ente querido.

---

9 Máximo chefe paramilitar para a época.

O lugar vazio deixado pelo desaparecido

O desaparecimento do ente querido gera mudanças na vida dos demais familiares e é interpretado como um vazio: "Depois que meu familiar desapareceu, minha vida mudou porque a falta de um filho não substitui ninguém e, às vezes, desejo vê-lo para abraçá-lo e lhe dizer o quanto sinto a sua falta (E4). Além disso, a saudade se torna uma constante, cujo sofrimento maior ocorre em datas especiais, que perdem o sentido de serem celebradas e se convertem em momentos de tristeza e de solidão.

No caso de o ente querido ser o provedor, os familiares enfrentam problemas econômicos, o que torna imperativo que venham a assumir algumas responsabilidades, às vezes encontrando *um novo sentido à vida* e redefinindo a identidade. Eis um exemplo de uma mulher que perdeu o marido: "Minha vida mudou porque eu não sabia o que era a vida, mas quando ele faltou, me tornei uma guerreira e, às vezes, sentia que não podia com meus dois filhos, que ia jogar a toalha, mas algo me fazia parar e aqui estou" (E5). Enfrentar com sucesso uma situação trágica é interpretado como uma forma de coragem e força. Surge, então, uma espécie de fantasia heroica, situação paradoxal, porque o herói, como a entrevistada mesmo diz, é o guerreiro, o combatente; esta é sem dúvida uma *saída* da condição de vítima impotente e vulnerável. A nova configuração familiar carrega a perda, mas também é depositária de um novo sentido da vida. Os filhos que ficam sem o pai se tornam o sentido da vida da mãe, os pais e irmãos são um apoio para afrontar o futuro e, ao mesmo tempo, uma espécie de espelho da dor. O papel ocupado dentro da nova família se transforma, porque na maioria dos casos se assumem novas funções.

A vítima, o outro e a sociedade

A partir da experiência violenta da perda do ente querido, o outro, desconhecido, converte-se em alguém abominável do qual se desconfia: "Às vezes desconfio de pessoas estranhas, porque a gente fica marcada com tanta violência que há, e também de sair com alguém que não sabemos quem é" (E5). Aquele que não se conhece representa o possível agressor. Ser vítima da violência cria a expectativa de que isto venha a se repetir. O desconhecimento da verdade sobre o ocorrido com o familiar faz com que se prevejam atos de violência de qualquer desconhecido.

A sociedade diante das vítimas é percebida de modo ambivalente. De um lado, *a sociedade se solidariza com as vítimas e seus familiares*; de outro, a sociedade se alheia da dor e da tragédia vivida pelo outro e se torna *indiferente*. Mas a sociedade também pode ser vista como *agressora*, estigmatizando a vítima e atribuindo-lhe culpa pela violência. "Acho que a sociedade vê as vítimas da violência como culpadas de algo, e não deveriam" (E8). A vítima também se vê marginalizada e tenta opor-se pela *autoafirmação*: "Acho que a sociedade vê as vítimas como bichos esquisitos que não deveriam existir, mas aqui estamos e vamos pra frente" (E6).

A marginalização e depreciação da vítima também foram assinaladas por Muñiz, Londoño, Correa, Patiño e Restrepo (2005) com os sobreviventes da chacina em Bojayá no departamento de Chocó[10]. O que se conclui é que os familiares do desaparecido sentem a violência exercida contra seu familiar como dirigida a si próprios, ou seja, constroem um sentido de vítimas diretas, sem ter, necessariamente, experimentado uma agressão.

A reação a essa marginalização e indiferença da sociedade se dá pela via da autoafirmação pessoal e também pelos esforços para a busca de reparação e justiça social, com a punição dos culpados pelo Estado, visto como o responsável pela aplicação da lei. O documentário argentino *Víctimas de Homicidio* (Vaquera, 2006) apresenta vários casos nos quais os familiares das vítimas lideraram processos de mudanças sociais para garantir a justiça pelos crimes sofridos. No imaginário social também há um desejo de reparação. A busca da justiça como uma forma de resolver o trauma se observa também na arte: no filme *O segredo dos seus olhos* (Campanella, 2009), o marido, ao se desiludir com a justiça por não punir o assassino de sua esposa, sequestra-o e o mantém em cárcere privado para fazê-lo cumprir toda a pena que lhe foi imputada. É importante assinalar que a demanda de justiça e de punição dos responsáveis é um chamamento para o compromisso do Estado, visando prevenir atos futuros de violência.

---

[10] Esta população foi atacada pela guerrilha das Farc e os paramilitares das Autodefesas Unidas de Colombia (AUC). Durante o enfrentamento, foram assassinadas 119 pessoas que se encontravam refugiadas dentro de uma igreja.

A Tabela 6.1, a seguir, resume os principais aspectos envolvidos nos sentidos e significados até aqui abordados, articulando-se afetos, comportamentos e aprendizagens.

Tabela 6.1 Síntese das categorias de análise articulando afetos, comportamentos e aprendizagens

Categoria de análise	Metas afetivas	Pressupõe	Comportamentos	Aprendizagem
Saber	Obter tranquilidade e sossego	Aceitação da realidade e da impotência	Engajamento, emoções coletivas	Ações coletivas que ajudam a superar a impotência
Lugar vazio do desaparecido	Manejar a saudade	Novo sentido de vida	Assunção de novas responsabilidades	Novos papéis para dar resposta aos problemas decorrentes da perda
Sociedade e vítima	Superar a insegurança e a desconfiança	Visão crítica da sociedade	Busca de reparação e justiça	O outro pode ser um possível agressor; crítica social; autoafirmação

Enfim, a experiência de familiares de desaparecidos forçados, apesar da tristeza e do sofrimento, também se desenvolve a partir da construção de novos sentidos e significados a respeito das dimensões econômica, afetiva e política. Por esse motivo, a superação da experiência violenta implica uma transformação subjetiva e identitária.

Organizações como as Madres de la Candelaria desempenham um papel central na vida de algumas vítimas do conflito, porque facilitam seu reconhecimento social e se tornam lugares onde outras pessoas compartilham a mesma dor, produzindo identificações que podem chegar a ter efeitos terapêuticos. No entanto, os relatos sobre o lugar que ocupam tais organizações são contraditórios, porque evidenciam a desconfiança sobre as possibilidades de ajuda que elas oferecem e sobre os interesses velados que escondem: "As organizações de vítimas servem para apoiar e guiar, ajudar para todos os trâmites, mas se tornam *rosqueras*[11] e oportunis-

[11] Gíria usada na Colômbia para designar um lugar no qual só algumas pessoas acessam os serviços, ou são privilegiadas em detrimento de outras.

tas com nossa dor" (E7). Algumas vítimas consideram que tais organizações privilegiam alguns grupos sociais, deixando de lado os que não têm poder ou controle sobre o seu funcionamento.

O Governo Nacional é percebido como responsável. É quem deveria ajudar na busca da verdade, em vez de extraditar os paramilitares para os Estados Unidos, pois a extradição impede a continuação dos inquéritos e o esclarecimento do destino final dos desaparecidos. Todavia, a maior reclamação feita aos órgãos estatais é de tipo econômico. Em outras palavras, *as vítimas reclamam por uma reparação moral e também econômica:* "O Governo deveria aprimorar o processo de busca para que nos possam reparar e investir isso em algo produtivo para a manutenção de minha futura família", diz o filho de um desaparecido. Contudo, para a mãe e a esposa de dois desaparecidos, o governo deve pagar "os seres que perdemos; meu filho, meu esposo, e dar como recompensa uma casa".

Ações de cidadania e engajamento em ações coletivas: novas aprendizagens e comportamentos de familiares de desaparecidos forçados

Nesta seção, evidenciam-se as aprendizagens, traduzidas em novos comportamentos (políticos e de cidadania), de familiares dos desaparecidos forçados.

Experiência traumática como motivadora da ação política

A experiência traumática não condena o sujeito a permanecer passivo num estado de sofrimento e incerteza. Ao contrário, os sujeitos procuram construir sentidos sobre os acontecimentos, produzindo novas configurações definidas como "um núcleo dinâmico de organização que se nutre de sentidos subjetivos muito diversos, procedentes de diferentes zonas de experiência social e individual" (González Rey, 2002, pp. 203-204). A partir dessa ótica, é possível considerar que as ações, novas práticas sociais ou comportamentos dos familiares dos desaparecidos e das vítimas de violência em geral exercem uma importante função na elaboração da perda. Nesse processo encontram-se envolvidas as instituições dedicadas ao atendimento e à reparação das vítimas e também outras organizações e segmentos de comunicação da sociedade que informam e tornam público o que foi silenciado pelo exercício da intimidação e da violência de grupos armados e do Estado.

A ideia de González Rey (2002) de que o indivíduo se constitui como sujeito no momento em que suas particularidades são dotadas de sentido possui uma profunda implicação para os familiares de desaparecidos que procuram dar significado à perda recorrendo a todos os meios, colocando em risco sua própria vida. A significação do acontecimento violento e a construção de novos sentidos de vida permitem restituir a condição de sujeito na sua dimensão criativa. Desse modo, ações individuais produzem efeitos sociais, facilmente visíveis e públicos, ao se fundar, por exemplo, uma organização para acolher outras vítimas e acompanhar seus processos de reclamação de direitos e elaboração de perdas.

A participação política também é uma forma de se restituir como sujeito depois da experiência traumática, conforme depoimento de uma das mulheres que fundou a Organización Madres de la Candelaria, organização não governamental que tem até hoje funções de apoio e acompanhamento a muitos familiares de desaparecidos e sequestrados:

> Percebemos que, neste país, sobretudo na Antioquia, estavam desaparecendo muitas pessoas, aqui não eram respeitados jovens, crianças ou idosos. Com o governador da Antioquia nessa época, Guillermo Gavíria, eu lhe disse na campanha que chegasse logo ao governo para que nos ajudasse, então ele me falou que tínhamos que nos organizar. Eu já estava me organizando, havia quinze mulheres, as quais participavam das manifestações contra o sequestro [...] conheci muitas e fiquei com os números de telefone e endereços de algumas, as visitei e lhes disse que eu era uma das mães das vítimas, que nos organizássemos, naquele momento estava pesando 38 kg apenas (E17).

Ações de cidadania: do ato isolado às ações coletivas

O foco das ações de cidadania está relacionado à reclamação de direitos. Essas ações também ajudam na elaboração da perda e na superação da dor. A verdade passa a ser um ideal que poderá levar à libertação. O saber é a via para atenuar o sofrimento, porque coloca um limite à incerteza e abre a porta da prova de realidade que facilita o luto.

A tranquilidade às vezes é alcançada pela confirmação da morte ou sobrevivência do ente querido. A verdade é aquilo que se procura para poder morrer em paz; achar a verdade torna-se uma missão na vida que deve ser cumprida: "[Se soubesse o que aconteceu] a gente ficaria mais tranquila, morreríamos mais tranquilos porque com essa incerteza é muito difícil conviver" (E7).

A procura pela verdade passa a integrar o sentido de vida pessoal, e chega a ser um compromisso coletivo, um compromisso com as outras pessoas que se encontram na mesma situação de incerteza. Ou seja, na procura pela verdade, formam-se sentimentos de solidariedade, conforme descrito por uma das pessoas que trabalha na Organización Madres de la Candelaria, Caminos de Esperanza:

> Nós temos feito um compromisso com todas as vítimas do país, até que a gente não saiba toda a verdade ou chegue o último desaparecido ou sequestrado, mesmo que sejam restos ósseos, não vamos nos retirar da igreja Nuestra Señora de la Candelária. A dor que eu sinto a sentem milhares de colombianos que ainda estão esperançados e que não podem se organizar porque estão com medo (E17).

As pessoas que formam essa organização nunca tinham participado de processos políticos, e seus engajamentos representam a possibilidade e a necessidade de novos aprendizados. Hoje, esses familiares de desaparecidos forçados reclamam publicamente seus direitos por meio de várias ações como protestos semanais em frente a uma igreja localizada no centro da cidade, acompanhamento dos processos judiciais dos paramilitares exigindo justiça e verdade, assessorias jurídicas para as famílias dos desaparecidos, orientação psicossocial no processo do luto etc. Apesar de alguns dos envolvidos terem um baixo nível educacional e nunca terem estado em contato com processos legais, conseguiram se responsabilizar pelo seguimento do caso de seus familiares desaparecidos e assumiram responsabilidades no processo de orientação a novos membros da organização.

> Para mim, pertencer às Madres de la Candelaria tem significado muito, porque me apoiaram, ofereceram oficinas de liderança, de superação pessoal, aqui consegui desabafar e aprendi pelo menos a falar um pouco porque antes eu não falava, alguém olhava para mim e eu começava a chorar, ficava vermelha, me intimidava e chorava por tudo; era uma covardia; aqui aprendi a levantar a cabeça e a me responsabilizar por meus filhos, a estar mais com eles (E1).

As ações individuais ou coletivas tentam suprir em parte a ausência do Estado em fazer respeitar os direitos e a justiça. É o que relata um pai que saiu em busca de seu filho e seus dois amigos desaparecidos: "O que eu fiz foi ir com as fotos e procurar por eles cidade por cidade [...] se eu não tivesse feito isso, tenho certeza que não saberia nada a respeito deles e possivelmente morreríamos sem saber nada" (E10). Hoje (depois de conseguir esclarecer o crime do seu filho, cometido por paramilitares), as suas ações centram-se em acompanhar os processos de julgamento dos responsáveis pelo desaparecimento.

Entretanto, mesmo obtendo a verdade, ela não é suficiente para alcançar tranquilidade. De fato, encontrar o corpo facilita a elaboração do luto, porque se realiza o ritual de passagem, mas as energias que antes eram gastas em esclarecer o acontecido são redirecionadas para as reclamações por justiça, culminando com o julgamento e a condenação dos responsáveis:

> [...] sempre pensei que os responsáveis pelo desaparecimento desses garotos, mesmo que tivessem aparecido vivos, têm que pagar porque causaram uma dor. Lógico que quando eles estão desaparecidos a gente quer que estejam vivos ou mortos, mas é para a gente saber o que aconteceu com eles. Eu, por exemplo, tenho um pouco de tranquilidade porque sei que os temos ali e posso ir para rezar uma oração, porque os enterramos como mereciam. Se a gente soubesse que os culpados estão mortos, pelo menos haveria justiça divina, mas estando vivos, é a oportunidade de que paguem. Então a gente não descansa, uma coisa está unida com a outra. E muito possivelmente pode acontecer que não paguem (E18).

Há que se considerar, ainda, que a justiça não é percebida como confiável. Infere-se daí a desconfiança nas instituições do Estado, principalmente quando forças do governo têm uma parcela de responsabilidade pelo desaparecimento e assassinato do ente querido.

A sociedade colombiana é tradicionalmente católica e os valores cristãos estão disseminados por todas as classes sociais, sendo a religião ferramenta útil para produzir um sentido sobre aquilo que causa sofrimento. Por isso, a justiça divina é evocada, ao pressupor que a justiça dos homens falha:

> Se a gente soubesse [quem cometeu o crime], pensaria duas vezes [na vingança], porque tanto me afeta a dor da falta desse ente querido, que eu acho que se essa pessoa tem pais e irmãos, e estes iriam sentir o mesmo que eu senti e não seria justo, seria injustiça, porque justiça verdadeira é a que o Estado faz diretamente com a pessoa que cometeu o crime. Do mesmo jeito que uma pessoa bêbada tira a vida de outro e tem que pagar quarenta anos de prisão, por que essas pessoas não? Esta seria uma forma de fazer justiça, mas o Estado está se dando o luxo de perdoar, não está agindo como deveria. O perdão eu tenho que pedir diretamente à justiça de cima, este é diretamente quem tem o poder de perdoar, mas aqui na Terra os que governam estão tomando o poder de perdoar e não deveria ser desse jeito (E5).

O importante a se considerar aqui em termos de aprendizado de novos comportamentos é que o julgamento pela via legal, considerado o mais justo, assegura um limite nos ciclos de violência, porque a vítima considera a dívida saldada e evita exercer a justiça pelas próprias mãos. A vingança, portanto, seria injustificável. Mas a percepção de injustiça nos procedimentos por parte do Estado acaba por fomentar a violência como forma de reparação da violência sofrida.

Além disso, o conceito de violência se vê ampliado, exigindo reparação. As vítimas da violência passam a reclamar também seus direitos de inclusão na cidadania social, considerando a violação de direitos básicos também como uma forma de violência. A ajuda econômica do Estado a ex-paramilitares e ex-guerrilheiros é considerada uma violência aos familiares das vítimas de desaparecidos forçados. Nesse sentido, as vítimas da violência se veem com muito mais direitos de reivindicar proteção:

> No caso específico, a justiça seria que esses senhores que cometeram este crime [o desaparecimento de um filho] que deixaram órfãos, viúvas, pais, mães,

> irmãos com tanta dor, para mim a justiça seria que eles pagassem o que devem em uma prisão, porque uma viúva que tenha ficado com quatro ou oito crianças para educar, lhes dar de comer, vestir com míseros quarenta salários mínimos[12], esse dinheiro se torna água praticamente, não se vê. Então, seria justiça que o Estado lhes desse um salário estável mensal, até que tivessem a possibilidade de um bom emprego e que o Estado lhes desse estudo grátis, saúde digna, isso seria justiça neste país (E5).

A reclamação dos direitos de justiça e verdade, contudo, apresenta uma série de obstáculos, dificuldades e confrontações emocionais, seja na procura do ente querido ou no acompanhamento dos processos de julgamento. A primeira dificuldade dos familiares é o aprendizado dos procedimentos necessários para solicitar uma informação e um assassino confesso e capturado. Mas essa aproximação, no entanto, gera impactos emocionais, porque o testemunho do criminoso coloca limite à incerteza, mas também causa mais sofrimento, como no relato de uma irmã de um desaparecido.

> [...] ele depois mostrou a cova onde os haviam enterrado. A promotoria levava um cachorro chamado Rosco, o passaram e ele detectou o lugar das covas. Naquela tarde começaram a cavar e encontraram umas luvas e uns ossos, mas depois chegou o pôr de sol e pararam. Essa noite foi eterna para mim, não consegui dormir, no dia seguinte acordamos às 5h30 da manhã, mas não encontramos nada, as duas covas estavam vazias, mas havia evidência de que houve uma pessoa ali enterrada. Eu chorei muito, acho que esse senhor percebeu quem eu era, mas mesmo assim eu falava para o promotor lhe perguntar onde os haviam queimado, mas ele falava que não sabia, porque tinha ficado em cima e apenas viu a fumaça. Cinco meses depois voltaram e encontraram um pedaço de camisa e dentes de duas pessoas [...]. Eu ainda continuo a busca, estou atrás de alguém que me fale onde os queimaram. Eu não descanso até encontrá-lo (E7).

As ações individuais ou coletivas de busca da verdade, portanto, são acompanhadas de angústia e sofrimento. Ou seja, tais reclamações e acompanhamentos dos processos judiciais não são simples para os familiares dos desaparecidos, que acabam tendo de lidar com situações sem que estejam devidamente preparados.

---

12 Quarenta salários mínimos colombianos é o dinheiro que recebe neste caso a esposa (ou familiar) de um homem desaparecido como reparação econômica, e equivalem a aproximadamente R$ 20.000,00 (vinte mil reais). Esse dinheiro terá que ser dividido entre as pessoas que tenham direito a ele.

Outro aspecto significativo é que a maioria dos familiares dos desaparecidos é de origem rural, com baixo nível educacional e pouco ou nenhum conhecimento sobre processos de reclamação de direitos, motivo pelo qual, ao enfrentar o acontecimento traumático, produzem-se transformações que vão além da experiência do luto. São aprendidas novas habilidades e competências motivadas pela busca de sossego e tranquilidade no esclarecimento do crime do ente querido:

> Agora posso lhe dizer mais facilmente o que deve fazer uma pessoa que tenha alguém desaparecido, aonde deve ir. Eu não sabia nada disso, eu pensava que uma pessoa desaparecida ia lá onde [estão] os mortos e já [*sic*], mas não, há muitos lugares onde deve procurar (E3).

Nesse relato, a entrevistada (que cumpre labores de orientação de outras vítimas da violência) conta como aprendeu que existem diversas ações legais a serem tomadas para a busca e identificação dos entes queridos desaparecidos. Porque, como aparece no seguinte trecho reproduzido, muitas das vítimas da violência devem enfrentar uma forma de vitimização secundária derivada do desconhecimento a respeito dos seus próprios direitos e da forma de reivindicá-los.

> E o que eu faço, aonde eu vou, o que posso fazer? Como a gente vem da roça, ninguém fala nada para nós e a gente não sabe nada, a gente chega muito tímido, não sabe aonde deve ir, para quem perguntar. Depois, com o tempo, aparece pela televisão que denuncie os casos que não têm sido denunciados, a ela [minha filha desaparecida] não a denunciamos no momento. Eu denunciei depois no Palácio de Exposições onde houve uma jornada, aí foi que eu denunciei (E2).

A reparação e a busca por fazer justiça para os familiares de desaparecidos forçados exigem, portanto, novos aprendizados e novas práticas sociais que devem ser apoiados pelo Estado e pela sociedade, porque disso depende, em parte, a interrupção dos ciclos de violência.

Considerações finais

O que se pode aprender com a análise da experiência dos familiares de entes desaparecidos em decorrência do conflito armado na Colômbia? O grande sofrimento pela incerteza dos motivos da violência e do destino do ente querido compele os familiares a se envolverem em uma busca ativa para dar sentido e significado ao ocorrido e seguir vivendo. Isso acaba por exigir reestruturação pessoal e familiar, gerando, com isso, novos aprendizados e engajamento em ações individuais e coletivas para reparar e fazer justiça a um dano de fortes impactos emocionais, econômicos e sociais para esses familiares.

A aprendizagem, neste caso específico, está associada ao conhecimento das leis e procedimentos, além de capacidade para mobilizar ações civis organizadas para levar adiante o projeto de busca da verdade, ainda que os custos emocionais sejam inestimáveis. A força das organizações da sociedade civil está bastante relacionada com os eventos ocorridos, reafirmando a necessidade de que o esforço coletivo se institucionalize para ganhar *status* e exercer algum poder social diante das outras forças sociais e institucionais.

Algumas das ferramentas necessárias para a reclamação de direitos são facilitadas por ONGs como a Madres de la Candelária, que ajudam nos processos de aprendizagens de familiares de desaparecidos forçados ao mudarem suas atitudes e comportamentos sobre a experiência vivida. As instituições do Estado, por sua vez, veem-se envolvidas no acompanhamento e reparação das vítimas do conflito armado tendo um papel central na resolução do luto. Em relação ao Estado, os familiares dos desaparecidos forçados esperam que este não só venha a esclarecer os acontecimentos, mas que se empenhe em facilitar a ação da justiça, mesmo nos casos em que o Estado esteja envolvido de alguma forma nas ações criminosas.

No que tange à superação do trauma pelos familiares das vítimas, pode-se concluir que, para a elaboração do luto, a construção do sentido da perda, conhecer os acontecimentos em torno do desaparecimento do ente querido, é mais importante do que a presença do corpo. Conforme afirma Díaz Faciolince (2008), a superação da perda depende do movimento psíquico que faz um sujeito diante do objeto perdido e não do reencontro com ele, nem, necessariamente, a recuperação do cadáver. Tal movimento psíquico encontra-se ligado, como já dito, à construção do sentido sobre a perda, para que a incerteza e o sofrimento não tomem conta da vida dos familiares do desaparecido.

Essas conclusões se estendem para além dos casos de desaparecimento forçado ocorridos no contexto do conflito armado colombiano. Podem ajudar a compreender e facilitar a superação de outros tipos de experiência violenta, pelo menos naqueles casos em que estão em jogo o esclarecimento dos acontecimentos e as ações para a busca de justiça.

Finalmente, embora a experiência traumática apresente-se como esmagadora e terrível, o envolvimento na reconstrução de sentidos e significados leva à construção de alternativas, que produzem transformações subjetivas, tanto do ponto de vista individual como social.

Referências

Alta Consejería Presidencial para la Reintegración (2009). *Balance de Desmovilizaciones.* Recuperado em 20 de janeiro de 2010, de http://www.reintegracion.gov.co/Es/proceso_ddr/Paginas/balance.aspx

Amnistía Internacional (1983). Desapariciones. Barcelona: Fundamentos.

Caballero, A. (2011). Cuentas Macabras. In *Agencia Prensa Rural.* Recuperado em 23 de maio de 2011, de http://www.prensarural.org/spip/spip.php?article5590

Cambio (2009). *Cambio conoció los hornos crematorios que construyeron los paramilitares en Norte de Santander.* Recuperado em 19 de maio de 2009, de http://www.cambio.com.co/informeespecialcambio/829/ARTICULO-WEB NOTA_INTERIOR_CAMBIO-5235387.html

Cambricoli, F. (2013). Crescem casos de violência em escolas estaduais de SP. *Agora São Paulo.* Recuperado em 26 de agosto de 2013, de http://www.agora.uol.com.br/saopaulo/ult10103u1260167.shtml

Campanella, J. J. (Diretor). (2009). *O segredo dos seus olhos* [DVD]. Madrid: Tornasol Films.

Cedic (2013). *Projetos.* Recuperado em 20 de fevereiro de 2013, de http://www.pucsp.br/cedic/projetos.html.

Comisión Nacional de Búsqueda de Personas Desaparecidas (2012). *Registro Nacional de Desaparecidos.* Recuperado em 2 de maio de 2012, de http://www.comisiondebusqueda.com/mapaDeBusqueda.php

Comisión Nacional de Reparación y Reconciliación (2007). *Antecedentes*. Recuperado em 20 de março de 2009, de http://www.cnrr.visiondirecta.com/09e/spip.php?article1

Díaz Faciolince, V. E. (2008). Del dolor al duelo. Límites al anhelo frente a la desaparición forzada. *Affectio Societatis, 5*(9). Recuperado em 1° de março de 2011, de http://aprendeenlinea.udea.edu.co/revistas/index.php/affectiosocietatis/article/viewFile/5323/6578

Dominguez, A. C. (2010). *Conceptos Fundamentales de Victimología*. Recuperado em 12 de março de 2010, de http://www.institutodevictimologia.com/Formacion19a.pdf

Echandia, C. (2008). *El fin de la vulnerabilidad de las FARC. El estado actual del conflicto armado en Colombia*. Recuperado em 12 de março de 2009, de http://www.nuso.org/upload/articulos/3543_1.pdf

Franco, S., Suarez, C. M., Naranjo, C. B., Baez, L. C., & Rozo, P. (2006). Efeitos do conflito armado sobre a vida e a saúde na Colômbia. *Ciência & Saúde Coletiva, 11*, suplemento, 1247-1258. Recuperado de http://www.scielo.br/pdf/csc/v11s0/a14v11s0.pdf

Freud, S. (1969). *Luto e Melancolia* (Obras Completas, Vol. XIV). Rio de Janeiro: Imago Editora. (Trabalho original publicado em 1917.)

Gagnebin, J. (2006). *Lembrar, escrever, esquecer*. São Paulo: Editora 34.

González, S. M. (2008). *El fenómeno de la desaparición forzada, componente psicosocial*. Medellín, Colombia: Universidad San Buenaventura.

González Rey, F. (2002). *Sujeito y subjetividade*. São Paulo: Thomson.

Lair, E. (2004). *Transformaciones y fluidez de la guerra en Colombia: Un enfoque militar*. Recuperado em 15 de maio de 2009, de http://www.upf.edu/iuhjvv/_pdf/arrels/dossier/rodriguez/rodriguez6.pdf

Laplanche, J., & Pontalis, J. (2004). *Diccionario de psicoanálisis*. Barcelona: Labor. (Trabalho original publicado em 1996.)

Muñiz, A., Londoño N., Correa, J., Patiño, C. D., & Restrepo, D. (2005). Subjetivación de la experiencia violenta en el trastornó por estrés postraumático. *Psicologia em Revista, 11*(18), 188-204. Recuperado de http://pepsic.bvsalud.org/pdf/per/v11n18/v11n18a04.pdf

Neves, K. C. R., & Barros, R. M. de O. (2011). *Diferentes olhares acerca da transposição didática*. Recuperado em outubro de 2013, de http://www.if.ufrgs.br/ienci/artigos/Artigo_ID256/v16_n1_a2011.pdf

Paredes, C. (2011). Diez puntos clave de la Ley de Víctimas. *Revista Semana*. Recuperado em 24 de maio de 2011, de http://www.semana.com/nacion/diez-puntos-clave-ley-victimas/157310-3.aspx

Patiño Orozco, R. A. (2013). *Configurações subjetivas de familiares de vítimas de desaparecimento forçado na Colômbia*. Tese de Doutorado, Instituto de Psicologia, Universidade Federal da Bahia, Salvador. Recuperado de http://www.pospsi.ufba.br/Rafael_Patigno.pdf

Regímen Legal de Bogotá, Colombia. Ley n. 975. (2005, 25 de julho). Ley de Justiça y Paz. *Diario Oficial No. 45.980*. Recuperado em 24 de maio de 2015, de http://www.alcaldiabogota.gov.co/sisjur/normas/Norma1.jsp?i=17161

Revista Semana (2012). *Esto no huele bien: El caso Chiquita*. Recuperado em 15 de junho de 2012, de http://www.semana.com/nacion/articulo/esto-no-huele-bien-caso-chiquita/255731-3

Robledo, A. M. (2009). Lectio inaugurais: Del dolor humano al daño psicológico de las víctimas. *Cuadernos de Psicología, 5*(2), 5-11.

Seligmann-Silva, M. (Org.) (2006). *Palavra e imagem: Memória e escritura*. Chapecó, SC: Argos.

Sonnentag, S., Niessen, C., & Ohly, S. (2004). Learning at work: Training and development. In C. L. Lopes & I. T. Robertson (Orgs.), *International Review of Industrial and Organizational Psychology, 19*, 249-289. London: John Wiley & Sons.

Van Gennep, A. (1978). *Os ritos de passagem*. Petrópolis, RJ: Vozes.

Vaquera, G. (Diretor) (2006). *Víctimas de homicidio, um resto inexplorado*. Tucumán, Argentina: Estudo 4. Recuperado em 20 de maio de 2010, de http://video.google.es/videoplay?docid=-5740651843352041755&pr=goog-sl#

Vargas, A. (1997). *Aproximación al conflicto armado colombiano.* Recuperado em 4 de maio de 2010, de http://www.solidaritat.ub.edu/observatori/esp/colombia/documentos.htm

Villa, J., Tejada, C., Sánchez, N., & Tellez, A. (2007). *Nombrar lo innombrable, reconciliación desde la perspectiva de las víctimas.* Recuperado em 14 de março de 2009, de http://www.programaporlapaz.cinep.org.co/sites/propaz.cinep.org.co/files/propaz_nombrar_lo_innombrable.pdf

W Radio (2011). *ONU: Desaparición forzada en Colombia es de 'dimensiones escalofriantes'.* Recuperado em 24 de maio de 2011, de http://www.wradio.com.co/nota.aspx?id=1477490

Notas para reflexão

O caso dos familiares de desaparecidos forçados na Colômbia: transferindo aprendizagens para a escola e o ambiente de trabalho

Sonia Gondim
Universidade Federal da Bahia

Elisabeth Loiola
Universidade Federal da Bahia

Mônica Loiola
Secretaria de Educação da Bahia (SEC/BA)

Os acontecimentos relatados neste capítulo podem parecer muito familiares aos cidadãos do Brasil, do Paraguai, do Uruguai e da Argentina, sobretudo aqueles nascidos na década de 1950, mas não apenas a esses. No Brasil, em 1964, um regime de força se instalou, suprimindo a liberdade de expressão, implantando a censura prévia aos meios de comunicação de massa, colocando partidos na ilegalidade, cassando mandatos de parlamentares, sequestrando, torturando e matando militantes de esquerda e cidadãos pró-Estado de direito. A censura estendeu-se aos colégios e universidades que passaram a viver em clima de liberdade vigiada. Assim como no caso relatado, a grande maioria das vítimas da ditadura no Brasil desapareceu.

Os familiares desses brasileiros também vivenciaram suas experiências de dor e ainda lutam por reparações. Um dos marcos no Brasil de ações com vistas a tirar dos subterrâneos essa parte da história brasileira foi o Projeto de Pesquisa da Arquidiocese de São Paulo, *Brasil Nunca Mais*, iniciado em agosto de 1979, e que envolveu um reduzido grupo de especialistas por mais de cinco anos. Desde seus primeiros passos, em agosto de

1979, até sua conclusão, em março de 1985, o Projeto de Pesquisa *Brasil Nunca Mais* não teve outro objetivo que não fosse o de materializar o imperativo escolhido como título da investigação: que nunca mais se repitam as violências, as ignomínias, as injustiças, as perseguições praticadas no Brasil de um passado recente" (Cedic, 2013).

Para que esse objetivo se cumpra, no entanto, o registro das atrocidades não é suficiente; é imprescindível que se invista na difusão de seus resultados e também na valorização de sistemas e de mecanismos que reforcem o exercício e a aprendizagem de práticas democráticas. Embora não seja o único, a escola pode ser um espaço privilegiado para a aprendizagem de tais práticas.

Os relatos de como parentes dos desaparecidos elaboraram seu luto, como aqueles descritos neste capítulo, são essenciais para que se possa entender os processos psicológicos envolvidos com as perdas e se aprenda a lidar de forma positiva e proativa em relação aos atingidos por esse dramático tipo de perda.

Alguns leitores podem estar se perguntando o que um caso tão específico pode ajudar a compreender as relações entre emoções, aprendizagem e comportamento social em contextos escolares e de trabalho. Além de ilustrarem articulações entre aprendizagens, emoções e comportamentos em situações onde a dor e a perda são marcantes, o relato do caso dos familiares de desaparecidos forçados da Colômbia pode estimular a aprendizagem de outros atores que se mostrem capazes de transferir experiências específicas dos familiares citados para outros contextos. Ou seja, que sejam capazes de aprender com a experiência alheia.

Como vimos no Capítulo 1 deste livro, Vygotsky foi pioneiro na noção de que o desenvolvimento intelectual das crianças ocorre em função das interações sociais e condições de vida; ou seja, o desenvolvimento cognitivo dos indivíduos se dá pela interação com outros indivíduos e com o meio. Assim, contextos sociais, culturais e políticos em que crianças estão imersas, e nos quais desenvolvem interações, exercem influência em sua formação. Guiando-nos por esse princípio, vemos que no contexto colombiano, mais especificamente onde "[...] a violência é o principal problema de saúde pública que a Colômbia enfrenta, com consequências psicoemocionais para as vítimas diretas e indiretas" (Franco *et al.*, 2007, p. 1256), as intervenções de enfrentamento dessa situação devem envolver políticas públicas, engajamento de instituições como escolas, mídia e também a sociedade como um todo.

No âmbito das escolas, entendemos que é preciso instaurar espaço de escuta e de expressão sobre o modo como as crianças vêm significando tal realidade. Para isso, a arte[13] é uma via potente, principalmente porque possibilita acionar o imaginário por meio das diferentes linguagens: verbal, musical, plástica, dramática, entre outras. A arte pode ajudar crianças e jovens, envolvidos diretamente ou não na problemática dos desaparecidos forçados, a elaborar sentimentos e emoções. Nessa perspectiva, os ambientes escolares precisam investir em recursos e espaço tanto para as vivências artísticas por meio da apreciação de obras de arte, acervo de bons livros de literatura infantil e passeios culturais como também para a produção artística das próprias crianças. A disseminação do saber sobre a história e sobre esse contexto político desde muito cedo também é aconselhável. Quanto mais se conhece do assunto, mais condições se tem de desenvolver uma postura crítica e política diante da realidade.

No entanto, essa influência dos contextos e das interações na formação dos indivíduos não se esgota na infância. Também já apresentamos ao leitor a abordagem cognitivista, especialmente focada na aprendizagem, que realça os processos intra e interpsíquicos e o papel dos contextos para a aprendizagem de adultos[14].

Também vimos que as emoções jogam papel estratégico nos processos de aprendizagem, podendo funcionar como elemento facilitador ou como obstáculos à aquisição de conhecimentos, habilidades e atitudes, e à sua retenção, generalização e transferência.

Em processos de aprendizagem em sala de aula, a orientação do professor deve possibilitar a criação de ambientes de participação, colaboração e constantes desafios, segundo orientações vygotskianas. Também em

[13] A arte é um importante componente curricular, principalmente em educação infantil. As referências são vastas e de fácil acesso pela Internet.

[14] Para uma revisão do estado da arte e do campo em aprendizagem de adultos, ver Sonnentag, Niessen e Ohly (2004).

processos de aprendizagem em situações de trabalho, os tipos específicos de contexto, incluindo métodos e conteúdos, além das características das organizações e de seus gestores, são de igual importância. O que acontece com o outro pode servir de modelo de orientação para as ações de cada um (aprendizagem indireta), e a interação que se estabelece com outras pessoas ajuda na aprendizagem. É possível aprender, então, por aprendizagem direta (passar pela experiência), por aprendizagem indireta (pela experiência do outro), ou pela interação com outras pessoas (vivências comuns). Em síntese, educadores, gestores e profissionais de formação exercem um papel importante no processo de socialização escolar e no ambiente de trabalho, contribuindo para o aumento ou diminuição das aprendizagens de estudantes e trabalhadores.

Este apêndice de certo modo resgata discussões já realizadas nos capítulos anteriores, como sobre agressão e violência no Capítulo 5, possibilitando-nos realizar uma importante estratégia de aprendizagem que é a transposição didática (Neves & Barros, 2011), transformar o conhecimento, tornando-o compreensível em outros contextos. Assim, parte do que foi indicado no apêndice do Capítulo 5, como as possibilidades de práticas pedagógicas para lidar com agressividade e violência, pode ser transposto para a realidade e o contexto de discussão deste capítulo.

Um aspecto importante trazido pelo capítulo, que ainda não havia sido realçado nos anteriores, foi o de assinalar a força da experiência emocional como propulsora de ações de reparação que muitas vezes só se efetivam pela adesão conjunta de outras pessoas. Injustiças, manifestações de agressividade e violência, reivindicações por mudanças de regras no espaço da sala de aula e no ambiente de trabalho exigem aprender a se organizar e a canalizar as emoções para ações coletivas que institucionalizem formas democráticas de diálogo. Esse aprendizado da importância de implicar o outro e se unir a outros para fortalecer o diálogo coletivo com instâncias de poder ajuda a inibir formas mais violentas de reivindicação por reparação e justiça.

Se de um lado a escola pode ser o espaço privilegiado de aprendizado de cidadania, de outro lado, o espaço escolar também tem sido alvo e palco de crescente violência nos últimos anos, o que coloca em risco a sua estabilidade como instituição formadora. Os meios de divulgação apontam o crescimento de casos de indisciplina, brigas, vandalismo, furtos, roubos e outros delitos nas escolas estaduais de São Paulo. Segundo reportagem do jornal *Agora São Paulo* (Cambricoli, 2013), as ocorrências dobraram de 2010 a 2012, saltando de 2.154 para 5.378. Em 2012 eram, em média, catorze ocorrências por dia. O Registro de Ocorrências Escolares (ROE) foi regulamentado em 2010, com a criação do Sistema de Proteção Escolar, que faz parte de ações de combate à violência escolar. Nessa mesma reportagem, Silvia Colello, professora de psicologia da educação da Faculdade de Educação da USP, afirma que as causas estão relacionadas tanto à desestruturação familiar e à violência na sociedade quanto à insatisfação com o autoritarismo e à falta de qualidade de ensino.

Certamente, a escola pode ser um espaço pedagógico adequado para ensinar a canalizar emoções de insatisfação e revolta contra as injustiças e a violência social por meio de organização de ações coletivas, fazendo uso das instâncias legais e legítimas de reivindicação. Para isso, no entanto, é importante que sejam adotadas estratégias pedagógicas que ressaltem a relevância da experiência alheia e da sensibilização pelo sofrimento do outro, aprendendo a traduzir essas insatisfações e indignações em ações coletivas organizadas, pacíficas, porém fortemente reivindicatórias.

Questões orientadoras da prática pedagógica

1. Que tipo de influência social eu exerço em minha prática profissional como educador, gestor ou formador de pessoas para o trabalho? Minhas ações contribuem para aumentar a autoestima e para favorecer aprendizagens, levando estudantes e membros de equipe de trabalho a estarem confiantes em sua capacidade de levar adiante suas ações e alcançar os objetivos pretendidos?
2. Estou atento às manifestações afetivas individuais e coletivas de estudantes e trabalhadores, oferecendo espaço para construírem novos sentidos e significados, dialogarem, discutirem e canalizarem essa energia emocional para ações organizadas que contribuem para a aprendizagem de formas de agir socialmente aceitáveis e civilizadas?

3. Minha conduta procura catalisar comportamentos de solidariedade, propensões ao trabalho coletivo, de ajuda mútua e de apoio em situações em que aprendizes podem estar sendo submetidos ou experimentando emoções negativas e situações de vulnerabilidade?
4. Incentivo meus alunos a compartilhar problemas, buscar e encaminhar soluções em conjunto?
5. Procuro conhecer a vida pregressa de meus alunos para mapear suas experiências de luto e de dor, e poder construir estratégias de superação?
6. Estimulo ações de democratização do espaço de sala de aula?
7. Crio espaços para que as experiências individuais de aprendizagem possam ser relatadas aos demais estudantes e membros de equipe de trabalho, potencializando a capacidade de aprendizagem vicária e de transferência de aprendizagem?
8. Faço uso pedagógico de casos de comportamentos agressivos e de violência na escola e no ambiente de trabalho para analisar seus impactos destrutivos, oferecendo possibilidades alternativas em conformidade com as normas sociais, visando a canalizar emoções negativas e a buscar formas de reparação e de justiça?

CAPÍTULO 7

Valores, atitudes e emoções na promoção de comportamentos pró-ambientais sustentáveis

Valdiney Gouveia
Universidade Federal da Paraíba

Taciano L. Milfont
University of Waikato (Nova Zelândia)

Jorge Artur P. de M. Coelho
Universidade Federal de Alagoas

José Farias de Souza Filho
Ministério Público da Paraíba

Resumo

O objetivo deste capítulo é descrever e discutir comportamentos pró-ambientais a partir de uma perspectiva teórica funcionalista, articulando os conceitos de valores, de emoções e de atitudes. O conhecimento do poder explicativo desses construtos no comportamento pró-ambiental pode auxiliar educadores e gestores a elaborarem estratégias de ensino-aprendizagem para promover comportamentos pró-ambientais sustentáveis, educando jovens a se tornarem cidadãos social e ambientalmente responsáveis. As definições de comportamento pró-ambiental e desenvolvimento sustentáveis são inicialmente contempladas. A seguir são descritas as disposições atitudinais e os valores para então ser apresentada a abordagem funcionalista, que estabelece uma relação entre esses dois conceitos. Na sequência são feitas algumas considerações sobre as disposições emocionais. Para esclarecer melhor a relação hierárquica entre valores e atitudes previstas pela abordagem funcionalista, é descrito um estudo empírico em que está em jogo a habilidade de conservar água.

Introdução

Imagine uma pessoa que, ao tomar banho, tenha por hábito fechar a torneira no momento em que ensaboa o corpo; ela também separa o lixo orgânico (úmido) e reciclável (seco) de sua casa e se preocupa em economizar energia, não deixando lâmpada acesa em ambiente onde não tem ninguém. Todos concordam que estes são comportamentos pró-ambientais, não sendo necessários esforços excessivos para colocá-los em prática. Nesse sentido, Vinning e Ebrero (2002) relatam que a maioria das pessoas é favorável à proteção ambiental, indicando que o comportamento de conservação é bom, positivo. Mas, se a maioria avalia positivamente a proteção ambiental, por que as pessoas não o fazem com maior frequência? A pergunta revela um problema em termos de conduta de preservação. Os autores previamente citados sugerem que a revisão de abordagens teóricas e metodológicas para o estudo do comportamento de conservação pode ajudar a responder esta questão. Entretanto, não é nosso propósito sintetizar o estado atual de conhecimento nesta área, como muito bem o fizeram tais autores. Diferentemente, pensamos em algo menos pretensioso, embora destinado a explicar o comportamento pró-ambiental. Concretamente, procuramos articular valores, emoções e atitudes, enfatizando a importância desse marco teórico na promoção de comportamentos pró-ambientais sustentáveis, admitindo uma perspectiva teórica funcionalista. Inerente está a concepção de que, conhecendo o poder explicativo desses construtos, poder-se-á pensar estratégias de ensino-aprendizagem com o fim de educar gerações mais jovens no sentido de se tornarem cidadãos social e ambientalmente responsáveis. Como acentua Gardner (2007, p. 21), "a educação é inerente e inevitavelmente uma questão de objetivos e de valores humanos", demandando que os formadores de políticas a tenham em conta.

Comportamento pró-ambiental e desenvolvimento sustentável

Inicialmente, vale a pena aclarar a perspectiva plural assumida neste texto. Como lembram Vinning e Ebrero (2002), os psicólogos ambientais majoritariamente têm formação em áreas diversas, como cognição social e experimental. Portanto, eles reúnem uma variedade de metodologias e teorias que fundamentam seus estudos sobre o comportamento de conservação. Essa mesma perspectiva é aqui admitida, mas ocasionalmente ultrapassaremos esse escopo a fim de manter a continuidade do raciocínio e o multiperspectivismo da psicologia ambiental (PA). Ainda que o termo multiperspectivismo possa soar estranho, consideramos importante destacar essa abordagem reportada por Gardner (2007, p. 65), que "reconhece que diferentes perspectivas analíticas podem contribuir para elucidar uma questão ou um problema". Tal abordagem está intimamente relacionada com o conceito de PA, isto é, o estudo do inter-relacionamento entre os fenômenos psicológicos (por exemplo, processos mentais e comportamentos) e variáveis ambientais físicas – do ambiente construído e do natural. Depreende-se, tal como argumenta Günther (2005), que estamos lidando com pelo menos três campos de estudos: (1) a psicologia; (2) os ambientes construídos em várias escalas, como os estudados pela ergonomia, arquitetura, planejamento urbano e paisagístico; e (3) os ambientes naturais, como aqueles da zoologia, biologia, geologia e meteorologia.

O comportamento pró-ambiental ou de conservação pode ser conceituado como um conjunto de ações deliberadas e efetivas que respondem a disposições individuais e requerimentos sociais, resultando na proteção de recursos naturais. As chamadas capacidades comportamentais, que se referem a um conjunto de comportamentos que têm como característica a efetividade de agir, representam uma habilidade ou um conjunto de comportamentos invariantes com que uma pessoa completa uma tarefa; são formas específicas de resolver problemas ou apresentar resultados ou ações concretas. Isso implica que as pessoas devem saber o que fazer, mostrando habilidades que resultem em ações efetivas de proteção dos recursos naturais. Uma habilidade é uma ação instrumental e efetiva na medida em que consiste em fazer algo (o instrumental) que resolva um problema ou alcance uma meta (o efetivo). Ser hábil é mais que conhecer, pois o que conhece sabe sobre algo e pode até saber o que fazer com este algo (conhecimento de procedimentos), mas a questão é que o indivíduo hábil não só conhece o que se pode fazer, mas também o faz (Corral-Verdugo, 2001). Neste sentido, Conner e Armitage (1998) destacam que o hábito potencializa comportamentos automáticos que são ativados por diversas características, como a situação e o contexto no qual o comportamento ocorre. No caso do hábito, esses autores destacam o exemplo do comportamento de dirigir carro. Uma série de comportamentos é executada automaticamente sem passar pela intenção, isto é, não são processados antecipadamente.

Mas, poderíamos pensar em exemplos no âmbito da PA? Sim! Fechar a torneira enquanto se escova os dentes ou ensaboar o corpo e deixar lâmpadas acesas apenas em ambientes com presença de pessoas são exemplos de hábitos. Reforçando essa possibilidade, concordamos com Corral-Verdugo (2001) quando este afirma que uma pessoa que possui habilidades pró-ambientais as expressa sob a forma de hábitos e executa ações que resultam na proteção do ambiente natural e construído.

Aqui parece oportuno destacar o conceito de desenvolvimento sustentável. Atkinson, Dietz e Neumayer (2007) reportam que vários autores citam a famosa definição do relatório Brundtland: desenvolvimento que satisfaz as necessidades da geração presente sem comprometer a capacidade das gerações futuras de satisfazerem suas próprias necessidades (WCED, 1987). Alguns adotam essa definição e outros introduzem mudanças sutis, embora as definições sejam similares ao destacar a preocupação com a maneira pela qual os frutos do desenvolvimento serão partilhados entre as gerações (Gouveia, 2002). Nosso objetivo não é propor uma definição nova para o conceito, mas contemplá-lo, no sentido de que é ele imprescindível para o tema do comportamento pró-ambiental. Àqueles mais interessados pelo tema, indicamos os livros *Psychology of sustainable development* (Schumuck & Schultz, 2002) e *Handbook of sustainable development* (Atkinson *et al.*, 2007).

Em linha com a definição anteriormente apresentada e pensando no objetivo deste capítulo, é fundamental conhecer os antecedentes de condutas que possam assegurar um ambiente que sirva aos interesses da geração atual e de futuras gerações e, posteriormente, traçar programas de intervenção que garantam tal meta (Schultz, 2002). Neste contexto, os valores têm sido amplamente explorados na psicologia social, possivelmente em razão de exercerem papel preponderante no processo seletivo das ações humanas (Gouveia, 2002; Rokeach, 1973). Bardi e Schwartz (2001) indicam que os valores explicam diversos fenômenos sociopsicológicos, como atitudes e comportamentos pró-ambientais (Coelho, Gouveia, & Milfont, 2006; Olson & Zanna, 1993). Entretanto, há muito os pesquisadores que abordam o tema do comportamento pró-ambiental têm negligenciado a dimensão emoção, principalmente por considerarem apenas a abordagem racional/cognitiva na explicação de comportamentos ambientais (Kals, Schumacher, & Montada, 1999). Com frequência, o estudo do comportamento de conservação na PA é fundamentado em teorias que enfocam a ação racional e a ação planejada (Ajzen, 1991; Ajzen & Fishbein, 1985, 2005), negligenciando o impacto das emoções. A questão não é o aspecto afetivo (atitudinal), favorável ou desfavorável, sobre a intenção comportamental, mas sim conhecer até que ponto a emoção gerada por determinado ambiente incide na necessidade de agir concretamente (Durán, Alzete, López, & Sabucedo, 2007). Contudo, estudos que reportam as emoções sobre o comportamento ambiental têm apresentado resultados bastante consistentes, tal como demonstrados em três principais categorias de emoções relevantes para fomentar comportamentos pró-ambientais: emoções morais, afinidade emocional com a natureza e medo ecológico (Kals & Maes, 2002). Essas categorias serão descritas mais adiante.

Admite-se, pois, que o comportamento pró-ambiental não é motivado unicamente por decisões e avaliações cognitivas, mas também por emoções, como o sentimento de *culpa* por contribuir para o desperdício de energia e seus efeitos prejudiciais na natureza (Kals *et al.*, 1999). Note que algumas experiências, tais como prazer e sofrimento, assumem papel fundamental como determinantes comportamentais. Por exemplo, as consequências práticas da emoção *compaixão* pelos animais se faz sentir por toda a parte, e em particular no aparecimento de um mercado alimentar novo que procura responder às necessidades de milhões de convertidos às dietas vegetarianas (Soromenho-Marques, 2005). Diante dessa constatação, realizou-se um estudo cujo objetivo principal foi compreender em que medida os valores que as pessoas indicam como prioritários em suas vidas, as emoções diante do desperdício de água e as atitudes ambientais exercem influência sobre a habilidade de conservação e consumo de água. Foi verificada a adequação do modelo teórico funcionalista cognitivo-emocional: valores/emoções → atitudes → comportamento. Esse estudo será descrito mais adiante; antes, entretanto, descrevem-se os construtos presentes nesse modelo: (1) *disposições atitudinais*; (2) *orientações valorativas*; e (3) *emoções diante da natureza e sua proteção*.

Disposições atitudinais

Os esforços pessoais para lidar com o mundo real demonstram a necessidade de um construto mais flexível do que o de hábito, mais diretamente relacionado com os objetos e as situações sociais do que os traços de personalidade, porém mais específico do que os valores, mais diretivo do que as crenças e mais abstratos do que motivos e necessidades, isto é, *atitude* (Rokeach, 1981). Esse construto tem sido tradicionalmente objeto de interesse de psicólogos sociais (Allport, 1935). Albarracín, Zanna, Johnson e Kumkale (2005) argumentam que Eagly e Chaiken (1993, 1998) apresentam a que pode ser a mais convencional e contemporânea definição: "atitude é uma tendência psicológica que é expressa por meio da avaliação de uma entidade particular com algum grau de favorabilidade ou desfavorabilidade" (Eagly & Chaiken, 1998, p. 269). Adotamos aqui esse conceito por considerá-lo representativo da variabilidade de definições e por seu caráter parcimonioso. Além disso, ele está em consonância com o conceito de atitudes ambientais, entendidas em termos de "percepções ou convicções relativas ao ambiente físico, inclusive fatores que afetam sua qualidade (e.g., superpopulação, poluição)" (American Psychological Association, 2001, p. 89). Acrescente-se que tais atitudes são avaliações favoráveis ou desfavoráveis baseadas em crenças, sentimentos e/ou comportamentos anteriores (Albarracín *et al.*, 2005; Fabrigar, MacDonald, & Wegener, 2005). Considerando-se que as pessoas tomam continuamente decisões e levando em conta que decisões implicam avaliação, as atitudes são elementos-chave para entender porque os indivíduos decidem agir de forma pró ou antiambiental.

Tendo em conta o aspecto funcional das atitudes, entendemos que elas: (1) permitem às pessoas obter recompensas e evitar castigos; (2) protegem a autoestima e evitam ansiedade e conflitos; (3) auxiliam no ordenamento e assimilação de informações complexas; (4) possibilitam a reflexão das convicções e valores; e (5) estabelecem a identidade social (Rodrigues, Assmar & Jablonski, 2000). Milfont (2009) propõe uma abordagem funcional para a compreensão das atitudes ambientais, indicando que elas cumprem as funções de auxiliar os indivíduos a: (1) entender o mundo (funções de avaliar objetos, utilitária e de conhecimento); (2) expressar os valores básicos (funções de ajustamento social e de expressão de valores); e (3) aumentar e manter a autoestima (funções de externalização e egodefensiva). Portanto, as atitudes ambientais têm funções de compreensão, identidade social e proteção. Essa abordagem funcional das atitudes ambientais assume essas três funções principais, além de supor que tais atitudes servem a um número de combinações de funções psicológicas ao longo do tempo, podendo ser utilizada para três objetivos: (1) estar consciente das necessidades que preenchem as atitudes ambientais, incluindo a necessidade de compreensão, autoexpressão e proteção contra conflitos internos gerados pelo ambiente natural; (2) possibilitar que seja utilizada para analisar proposições teóricas previamente estabelecidas; e (3) favorecer a criação de um modelo de atitudes ambientais funcional-estrutural.

É importante destacar que a generalidade do indicador das atitudes e a especificidade da situação observada funcionam para maximizar a discrepância entre atitude e comportamento. Neste âmbito, parece incorreto procurar a relação entre atitudes gerais, mensuradas por múltiplos itens, e comportamentos específicos, medidos apenas com um único indicador. Desse modo, alguns autores procuram compatibilizar o nível de generalidade do comportamento, estendendo as observações a diversos comportamentos associados com a atitude (Lima, 2002). Por exemplo, Weigel e Newman (1976) mostraram que as atitudes ambientais se correlacionaram mais com um índice de comportamentos pró-ambientais do que com o de comportamentos específicos (por exemplo, reciclagem, assinar uma petição a favor de causas ambientais). Com isso, demonstra-se que não são apenas as atitudes específicas em face de comportamentos que permitem a previsão de ações, mas as atitudes gerais diante dos objetos que se relacionam sistematicamente com os índices comportamentais. Portanto, a proposição de medidas mais gerais parece vantajosa no estudo de atitudes ambientais. Por exemplo, Thompson e Barton (1994) desenvolveram uma medida de avaliação das atitudes pró-ambientais gerais como as atitudes ambientais *ecocêntricas* e *antropocêntricas*. Ambas expressam preocupação ambiental e interesse em preservar a natureza e seus recursos; porém, os motivos desencadeadores dessa preocupação são distintos. O *antropocentrismo* tem como base motivacional preservar a existência humana e manter a qualidade de vida e a saúde, o que torna necessário preservar os recursos naturais e o ecossistema; há, assim, uma relação de troca, em que o homem preserva a natureza para seu benefício. Por outro lado, no que se refere ao *ecocentrismo*, a natureza é concebida como uma dimensão espiritual e de valor intrínseco, sendo refletida nas experiências humanas relacionadas com os sentimentos sobre o ambiente natural; o homem está conectado à natureza e a valoriza por si mesma. Em outras palavras, atitudes antropocêntricas estão baseadas em efeitos que os problemas ambientais estão causando nos seres humanos, enquanto as ecocêntricas se baseiam em valores intrínsecos da natureza (Schultz, 2002).

A dimensionalidade das atitudes ambientais ainda é uma questão não resolvida. Em pesquisas recentes, Milfont (2007) e Milfont e Duckitt

(2006) avaliaram a estrutura das atitudes ambientais por meio de análise fatorial de 99 itens originários de medidas prévias bem conhecidas sobre esse tema (Milfont & Duckitt, 2010). Os resultados, tanto exploratórios quanto confirmatórios, indicaram que as atitudes ambientais se organizam em uma estrutura hierárquica. Foram encontrados dez fatores de primeira ordem estruturados em um e dois fatores de segunda ordem, isto é, organizados em estrutura uni e bifatorial. A estrutura bifatorial reuniu dois fatores denominados *utilização* e *conservação* (*preservação*), fortemente correlacionados entre si.

Os achados de Milfont e Duckitt (2010) estão de acordo com teorias prévias, que argumentam que a relação pessoa-ambiente pode ser vista em termos de duas crenças distintas que são muito similares às dimensões *preservação* e *utilização*, por exemplo, as atitudes ecocêntricas e antropocêntricas, respectivamente, de Thompson e Barton (1994). Em resumo, a dimensão *preservação* prioriza o cuidado com a natureza e a diversidade das espécies, no seu estado natural original, e protege-a de uso e alterações humanas; já a dimensão *utilização* expressa a crença de que é certa, apropriada e necessária a utilização da natureza, todos os fenômenos naturais e espécies para objetivos humanos. Contudo, a diferença entre esses dois modelos não é grande e os dois fatores de segunda ordem (isto é, preservação e utilização) se mostram inversa e fortemente correlacionados entre eles ($r = -0{,}86$), embora não sejam as mesmas coisas. Verificou-se que o fator *preservação* é bom preditor de comportamento ecológico autoinformado, enquanto *utilização* o é de atitudes com respeito ao liberalismo econômico. Segundo Milfont e Duckitt (2010), esses achados indicam validade discriminante para o IAA. Além disso, Milfont (2009) testou o efeito da desejabilidade social em seus dois fatores, verificando influência escassa.

Como as atitudes, as prioridades axiológicas têm sido estudadas no contexto das pesquisas sobre comportamentos pró-ambientais (Coelho, 2009; Coelho *et al.*, 2006; Groot & Steg, 2008; López & Cuervo-Aragon, 2008; Milfont, Duckitt, & Wagner, 2010; Schultz & Zelezny, 1998; Vaske & Donnelly, 1999). Nesse sentido, justifica-se considerá-las no tópico seguinte. Especificamente, apresenta-se a perspectiva teórica funcionalista dos valores humanos, procurando retratar estudos que relacionam os comportamentos pró-ambientais e os valores humanos.

Orientações valorativas

Os valores humanos têm sido estudados por meio de diferentes perspectivas e são reportados em distintas áreas, como filosofia, antropologia, sociologia e psicologia (Gouveia, 2003; Ros, 2001). O construto valor humano obteve notoriedade quando deixou de ser concebido como atributo de um objeto e passou a ser tratado como critério do desejável ou um tipo de orientação. Suas características principais podem ser descritas como seguem: (1) são conceitos ou categorias; (2) sobre estados desejáveis de existência; (3) transcendem situações específicas; (4) assumem diferentes graus de importância; (5) guiam a seleção ou avaliação de comportamentos e eventos; e (6) representam cognitivamente as necessidades humanas (Gouveia, Milfont, Fischer, & Santos, 2008).

A partir da revisão dos principais referenciais teóricos no campo dos valores, Gouveia (1998) pôde verificar que, em geral, os modelos a respeito não apresentavam critérios explícitos quanto à identificação da fonte e da natureza dos valores. Eles raramente partem de uma concepção de *homem*, sugerindo listas de valores tanto positivos como negativos (contravalores). Além disso, destaca que autores como Schwartz (1992) incluem, em seus modelos, valores sem conteúdo ou direção clara (por exemplo, limpo) e omitem outros de fundamental importância como critérios de orientação do comportamento (sobrevivência, por exemplo). Rokeach (1973), de quem Schwartz deriva parte substancial dos valores presentes em seu modelo, assume que sua eleição dos valores foi intuitiva. Partindo dessas críticas, mas sem deixar de reconhecer as contribuições dos modelos existentes, Gouveia (1998, 2003) e Gouveia *et al.* (2008) propuseram um modelo alternativo, integrador, parcimonioso e teoricamente fundamentado.

Essa teoria admite quatro suposições teóricas: (1) *natureza humana* – assume a natureza benevolente ou positiva dos seres humanos, admitindo somente valores positivos. Embora alguns valores possam assumir significado negativo para algumas pessoas (por exemplo, *poder*), sua essência é positiva, sendo possível integrá-los no mesmo sistema de valores, como típico de indivíduos autorrealizados; (2) *princípios-guia individuais* – apesar de existirem abordagens teóricas acerca de valores culturais, tais valores são, de fato, princípios-guia de um grupo de pessoas. Os valores funcionam como padrões gerais de orientação para os comportamentos dos indivíduos, não sendo particulares a uma determinada situação, como é o caso das atitudes; (3) *base motivacional* – admite-se a concepção dos valores como representações cognitivas de necessidades humanas; e (4) *caráter terminal* – apesar de alguns autores distinguirem valores *instrumentais* e *terminais*, não é explicitado se essa diferenciação é conceitualmente relevante ou se expressa apenas uma distinção formal, podendo ser reduzida a um aspecto simplesmente semântico: os valores terminais são substantivos e os instrumentais são adjetivos. Portanto, consideram-se apenas valores terminais em seu modelo, sob o argumento de que tais valores são mais precisos e em menor número do que aqueles instrumentais, assegurando a propriedade de parcimônia.

Tendo em vista que o foco principal dessa teoria compreende as funções dos valores (Gouveia, 1998, 2003; ver também Gouveia, Milfont & Guerra, 2014), a definição desse construto se fundamenta a partir dessa perspectiva. Revendo as publicações acerca do tema, Gouveia identificou duas funções consensuais dos valores: (1) guiam as ações humanas (*tipo de orientação*) e (2) expressam suas necessidades (*tipo de motivador*). De tal modo, as funções dos valores são definidas como os aspectos psicológicos que os valores cumprem ao guiar comportamentos e representar cognitivamente as necessidades humanas. As duas dimensões funcionais dos valores formam dois eixos principais na representação espacial da estrutura dos valores, como pode ser visto na descrição esquemática da Figura 7.1, a seguir.

O eixo horizontal diz respeito à função dos valores para guiar ações humanas, representando a dimensão funcional *tipo de orientação* (valores sociais, centrais ou pessoais), já o eixo vertical corresponde à função dos valores para dar expressão às necessidades humanas, compreendendo a dimensão funcional *tipo de motivador* (valores materialistas ou humanitários). O cruzamento dos eixos horizontal e vertical permite derivar seis subfunções dos valores:

experimentação, realização, existência, suprapessoal, interativa e *normativa*. De acordo com a Figura 7.1, os três tipos de orientação são representados por duas subfunções cada: social (*normativa* e *interativa*), central (*existência* e *suprapessoal*) e pessoal (*realização* e *experimentação*). Por outro lado, três subfunções representam cada um dos tipos motivadores: materialista (*existência, normativa* e *realização*) e humanitário (*suprapessoal, interativa* e *experimentação*). Assim, as subfunções dos valores podem ser mapeadas em um delineamento 3 × 2 (três por dois), com três tipos de orientações (social, central e pessoal) e dois tipos de motivadores (materialista e humanitário), derivando seis quadrantes: social-materialista, central-materialista, pessoal-materialista, social-humanitário, central-humanitário e pessoal-humanitário. As setas que partem do tipo central de orientação (isto é, das subfunções *existência* e *suprapessoal*) indicam que os valores que a representam são a fonte principal ou a referência dos outros valores (Gouveia *et al.*, 2008).

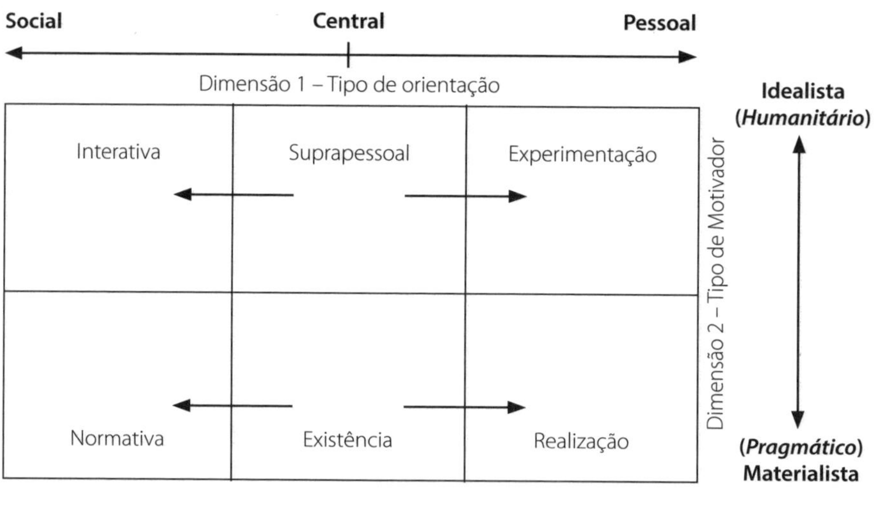

Figura 7.1 Dimensões e subfunções dos valores básicos

Em síntese, a teoria funcionalista dos valores adota apenas valores terminais coerentes com a natureza benévola do ser humano, centrando-se nas funções e subfunções que foram derivadas. A ideia basal é a concepção de que os valores não podem ser atribuídos a objetos ou instituições específicas (por exemplo, dinheiro, casa, família); eles são princípios-guia que orientam os comportamentos e representam as necessidades humanas. Suas seis subfunções são o resultado do cruzamento das suas funções: guiar os comportamentos humanos (*tipo de orientação*) e expressar as necessidades humanas (*tipo de motivador*). As funções valorativas e as subfunções são estruturas latentes, representadas por variáveis observáveis, isto é, indicadores, itens ou valores específicos, sendo mais efetivos e confiáveis para estudar a relação dos valores com atitudes, crenças e comportamentos (Gouveia *et al.*, 2008). As subfunções são descritas a seguir:

- **Subfunção existência** – as necessidades fisiológicas mais básicas (como comer, beber, dormir) e a necessidade de segurança são representadas cognitivamente por essa subfunção. É compatível com orientações sociais e pessoais dentro do domínio motivador materialista; o propósito principal dos valores de *existência* é assegurar as condições básicas para a sobrevivência biológica e psicológica do indivíduo. Esses valores são referência para os valores de realização e normativos, e são os mais importantes na representação do motivador materialista (*estabilidade pessoal*, *saúde* e *sobrevivência*).
- **Subfunção realização** – as necessidades de autoestima são representadas por valores dessa subfunção, que compreende um motivador materialista, mas com uma orientação pessoal. Tais valores se originam de um princípio pessoal para guiar a vida dos indivíduos, enquanto focalizam realizações materiais e busca praticidade em decisões e comportamentos (*êxito*, *poder* e *prestígio*).
- **Subfunção normativa** – essa é a terceira subfunção com um motivador materialista, mas possui uma orientação social, que reflete a importância de preservar a cultura e as normas convencionais. Endossar valores normativos evidencia uma orientação vertical, na qual a obediência à autoridade é importante (*obediência*, *religiosidade* e *tradição*).
- **Subfunção suprapessoal** – apresenta orientação central e motivador humanitário. Os valores dessa subfunção representam as necessidades estéticas e de cognição, bem como a necessidade superior de autorrealização. Valores *suprapessoais* ajudam a organizar e categorizar o mundo de uma forma consistente, fornecendo claridade e estabilidade na organização cognitiva da pessoa. Esta subfunção é referência

para aqueles das subfunções interativa e de experimentação, sendo a mais importante na representação do motivador humanitário (*conhecimento, maturidade* e *beleza*).

- **Subfunção experimentação** – os valores desta subfunção representam um motivador humanitário, mas com uma orientação pessoal; a necessidade fisiológica de satisfação, em sentido amplo, é representada por valores desta subfunção. Eles contribuem para a promoção de mudanças e inovações na estrutura de organizações sociais (*emoção, prazer* e *sexualidade*).
- **Subfunção interativa** – esta é a terceira subfunção que representa um motivador humanitário, mas possui uma orientação social. Representa as necessidades de pertença, amor e afiliação, enquanto estabelece e mantém as relações interpessoais do indivíduo (*afetividade, apoio social* e *convivência*).

Finalmente, Gouveia *et al.* (2008) demonstram a congruência entre os valores ao observarem que as correlações entre suas subfunções são predominantemente positivas, podendo variar quanto à força. Apesar de os termos "congruência" e "compatibilidade" serem frequentemente tidos como sinônimos na literatura (Schwartz, 1992), podem ser diferenciados. Congruência refere-se à consistência interna do sistema funcional dos valores, já a compatibilidade sugere a validade discriminante dessas subfunções em relação a critérios externos. No modelo, existem três níveis de congruência: (1) *baixa* – concentra as subfunções que apresentam diferentes orientações e motivadores, como os valores de experimentação e normativos, e aqueles de realização e interativos; (2) *moderada* – reúne as subfunções com o mesmo motivador, mas com orientações diferentes, corresponde aos pares de subfunções realização-normativa e experimentação-interativa, cujas metas são extrínsecas e intrínsecas, respectivamente; e (3) *alta* – agrupa os valores com a mesma orientação, mas com motivadores diferentes, representando os pares "experimentação-realização" e "normativa-interativa".

Gouveia *et al.* (2008) reportam que os valores de existência e suprapessoais não foram incluídos na hipótese de congruência por duas razões. Por um lado, sendo valores centrais, apresentam correlações positivas e fortes com todas as outras subfunções; os valores de existência apresentam correlações mais fortes com os de realização e normativos, e os valores suprapessoais, com os de experimentação e interativos. Por outro lado, sua não inclusão está também relacionada com a distinção teórica entre os valores; a diferença principal no sistema de valores ocorre entre os sociais e pessoais, e não entre os materialistas e humanitários, porque aqueles refletem a unidade principal de sobrevivência (indivíduo ou sociedade). Diversos estudos têm corroborado a adequação desse modelo e sua relação com outros construtos (Gouveia, 2003; Gouveia *et al.*, 2008, Gouveia, Milfont, & Guerra, 2014). Mais recentemente, essa teoria foi relacionada com a abordagem funcionalista das atitudes, apresentando uma integração entre esses construtos (Milfont, 2009), como a seguir se descreve.

Valores e atitudes ambientais: a abordagem funcional

A abordagem funcionalista dos valores apresenta duas funções consensuais: (1) guiam as ações humanas (*tipo de orientação*) e (2) expressam suas necessidades (*tipo de motivador*) (Gouveia *et al.*, 2008). Por outro lado, a abordagem funcionalista das atitudes ambientais postula que preservação e utilização representam a estrutura-função das atitudes ambientais; preservação está relacionada com a função simbólica, e utilização, com a função instrumental (Milfont, 2009). Fundamentada nesta visão funcional original de valores e atitudes ambientais, é possível estabelecer um vínculo entre esses construtos, incrementando a predição de variáveis comportamentais. Assim, por meio da compreensão das funções dos valores, é viável identificar as atitudes que podem expressar valores específicos, reforçando o vínculo valor-atitude, e, por conseguinte, o vínculo valor-atitude-comportamento. Segundo Milfont (2009), os valores sociais são subjacentes às atitudes de preservação e os pessoais, àquelas de utilização.

Milfont (2009) indica que as atitudes de preservação são explicadas por valores do tipo motivador humanitário (por exemplo, beleza, conhecimento, maturidade), coerente com achados de Inglehart (1995), que indicam correlação positiva entre a preocupação ambiental e os valores pós-materialistas. Além disso, sugere que os valores sociais (como a afetividade, a convivência e o apoio social) explicam as atitudes de preservação. Nessa direção, estudos prévios indicam associação entre valores altruístas e atitudes ambientais (Coelho *et al.*, 2006; Schultz & Zelezny, 1998). Em contraste, as atitudes de utilização são explicadas por valores do tipo motivador materialista (saúde, estabilidade pessoal, sobrevivência), estando diretamente associados com ausência de preocupação ambiental. Os valores de orientação pessoal (poder, prestígio, êxito) revelam uma orientação egoísta com um foco em resultados pessoais, sendo essa relação congruente com pesquisas que demonstram correlação positiva entre falta de preocupação ambiental e valores de autorrealização (Coelho *et al.*, 2006; Schultz & Zelezny, 1998). Milfont (2009) argumenta que as atitudes de utilização implicam necessidade de exploração do ambiente por razões prioritariamente pessoais, procurando assegurar a sobrevivência como espécie.

Em resumo, com base nesses achados, se depreende que as atitudes ambientais abrangem duas dimensões mais amplas que estão relacionadas com distintas orientações axiológicas. Atitudes de preservação estão associadas com valores humanitários e sociais, enquanto atitudes utilitárias estão associadas com valores materialistas e pessoais. Mas, mesmo com a qualidade teórica e as evidências empíricas já apresentadas sobre esses construtos na predição de comportamento ambiental, permanecem alguns questionamentos: A tomada de decisão por agir em prol do ambiente é necessariamente dada em função unicamente de aspectos valorativos e atitudinais? Preferir um ambiente natural a um construído é resultado unicamente de aspecto atitudinal, isto é, ser favorável ou desfavorável ao ambiente? Certamente, outras variáveis psicológicas podem estar envolvidas em decisões e preferências expressas nos comportamentos dos indivíduos. Esses questionamentos, entretanto, não visam a desqualificar os modelos teóricos anteriormente descritos, mas integrá-los uma visão funcionalista de atitudes e valores, porém incorporando um construto que parece fundamental neste marco: a emoção.

Disposições emocionais

Tratar do tema emoção, tendo em vista seu aspecto funcionalista, requer levar em conta a argumentação de Paul Ekman (2011) quanto às emoções como capazes de eliminar o que a maioria dos psicólogos considera como sendo os motivos fundamentais que impulsionam, isto é, a fome, o sexo e o instinto de sobrevivência. Segundo Ekman (2011), as pessoas não comerão caso considerem o único alimento disponível repugnante. Logo, "a emoção triunfa sobre o impulso da fome" (Ekman, 2011, p. 17). Não por acaso, esse autor argumenta que o impulso sexual é também influenciado pelo fator emocional. É possível que uma pessoa nunca tente o contato sexual por medo ou aversão, ou até seja incapaz de consumar um ato sexual. De modo similar, o desespero pode subjugar a vontade de viver, induzindo ao suicídio. Não há lugar à dúvida, uma vez que as emoções assumem o sentido de propósito, podendo ser um estado motivacional direcionado para uma meta, um aspecto funcional.

O construto emoção é definido como uma combinação de: (1) ativação fisiológica; (2) comportamentos expressivos; e (3) experiência consciente, desempenhando um papel central em muitas atividades humanas (Myers, 2009). É um padrão complexo de alterações, incluindo excitação fisiológica, sentimentos, processos cognitivos e reações comportamentais, tomadas em reposta a uma situação percebida para ser pessoalmente significativa (Emotion, 2008). Em síntese, as emoções são multidimensionais e existem como fenômeno subjetivo, biológico e social, tendo um propósito. São sentimentos subjetivos, pois fazem sentir de determinado modo, possuindo tanto significado como importância pessoal; a propósito, tanto a intensidade como a qualidade da emoção é sentida e vivenciada de forma subjetiva, tendo raízes em processos cognitivos e mentais; porém, os sentimentos são apenas uma parte das emoções. As emoções também são reações biológicas, ativação biológica ou fisiológica, respostas que preparam o corpo para adaptar-se às situações do dia a dia. As emoções são ainda agentes de um propósito que confere seu estado motivacional (busca de metas) para a execução da ação necessária ao manejo das circunstâncias enfrentadas. Por fim, elas são fenômenos sociais; dado seu componente social-expressivo da comunicação por meio de posturas, gestos, vocalizações e expressões faciais, as nossas emoções particulares e subjetivas tornam-se expressões públicas, pois quando se expressa uma emoção é comunicado de que maneira a pessoa se sente e como interpreta a situação corrente. Portanto, pode-se assumir que "as emoções são sistemas sincronizados que coordenam sentimento, ativação, propósito e expressão, de modo a preparar o indivíduo para que se adapte com êxito às circunstâncias da vida" (Reeve, 2006, p. 191).

Alguns pesquisadores dedicados ao estudo do comportamento pró e antiambiental têm negligenciado a emoção (Kals *et al.*, 1999). No entanto, o comportamento pró-ambiental não é motivado exclusivamente por valores e atitudes, mas também por emoções, como o sentimento de culpa por contribuir para o desperdício de energia e seus efeitos prejudiciais à natureza (Kals *et al.*, 1999). O fator emocional é de extrema importância para moldar as atitudes, crenças e condutas em relação ao ambiente. Além disso, o envolvimento emocional é um fator disposicional para reações acerca de problemas ambientais. Grob (1995) indica que as reações emocionais negativas provocadas pela degradação ambiental facilitam a realização de condutas pró-ambientais. Desta forma, quanto maior for o envolvimento emocional com a situação ambiental, maior será o comprometimento em exercer condutas adaptadas, visando a minimizar os prejuízos ao meio ambiente. Neste marco, as emoções morais, a afinidade emocional com a natureza e o medo ecológico são construtos essenciais para a compreensão das questões emocionais envolvidas na relação pessoa-ambiente, carecendo de algum detalhamento:

- **Emoções morais** – no que se refere à situação ambiental, a influência da responsabilidade moral e avaliação de justiça é refletida também no nível emocional. Particularmente, três emoções morais podem ser consideradas: (1) indignação em relação ao controle insuficiente da poluição e a escassez de medidas políticas pró-ambientais; (2) aborrecimento quanto ao excesso de controle da poluição e seus efeitos restritivos em relação a metas concorrentes, interesses individuais ou particulares (com poder preditivo inverso); e (3) sentimento de culpa com respeito a comportamentos sustentáveis insuficientes por parte do próprio indivíduo (Kals & Maes, 2002). Böhm (2003) descreve o que denomina emoções de base ética, por exemplo, raiva e ultraje (humilhação) em relação aos demais, além de culpa e vergonha em relação ao próprio indivíduo. Essas emoções derivam da avaliação do indivíduo e de suas ações no que diz respeito ao louvável e adequado.

- **Afinidade emocional com a natureza** – a segunda categoria relevante para as emoções focaliza questões emocionais da relação pessoa-ambiente, que estão estritamente atreladas ao desenvolvimento de uma identidade ambiental. A dimensão com maior poder preditivo é a afinidade emocional em relação à natureza (Kals *et al.*, 1999). Trata-se de um sentimento de inclinação ao natural, em sentir-se bem, livre, seguro na natureza e conectado a ela, que são aspectos próximos ao conceito de "amor pela natureza".
- **Medo ecológico** – o medo de ser afetado pessoalmente por riscos e danos ecológicos, junto com a experiência de apreensão emocional, no espaço em que se vive, parecem convincentes para representar uma motivação para agir de forma sustentável (Kals *et al.*, 1999). Böhm (2003) propõe que emoções desta natureza diferem segundo o tempo, isto é, eventos passados e futuros. Este último seria representado por emoções como preocupação e medo, enquanto arrependimento, desespero e tristeza dizem respeito a eventos que já ocorreram.

O leitor deve estar se perguntando como essas categorias de emoções assumem uma estrutura funcional. Atualmente, prevalece a concepção de que as emoções dependem de avaliações cognitivas sobre o ambiente e as situações em que o indivíduo está inserido. As diferentes avaliações do mesmo ambiente ou situação podem produzir distintas emoções. A ideia central das teorias da emoção avaliadas cognitivamente é que isso depende da maneira como o indivíduo interpreta ou explica o fato, na ausência de qualquer excitação fisiológica. Lazarus (2006) argumenta que cognições e emoções são fenômenos unitários e que estas surgem de uma avaliação do ambiente em que o indivíduo está inserido e de como este afeta seu bem-estar. Em função dessa relação entre o indivíduo e o ambiente, surge a tendência a atuar no mundo como resposta à avaliação previamente realizada em relação a ele.

Frijda (2004) enfatiza diferentes categorias de emoções segundo os significados relacionados a diferentes avaliações da situação, isto é, diferentes significados implicam diferentes emoções. Dois tipos de avaliações são enfatizados: (1) a *consideração de se o evento tem boas ou más implicações para o indivíduo* – qualquer evento pode ser avaliado de diferentes maneiras e a reação emocional da pessoa dependerá de se ela concebe o evento como positivo ou negativo. Por exemplo, como um indivíduo se sentiria diante da possibilidade de enchente? Certamente sentiria "medo". Como se sentiria diante do fato de não atingir a meta de consumo adequado de água? Provavelmente, vergonha ou culpa; e (2) a *avaliação sobre o que causou o evento* – a emoção experimentada depende também de como o indivíduo avalia a causa do evento. Se ele pensa que contribuiu para o desperdício de água, é provável que sinta culpa, enquanto que a avaliação de que promoveu o não desperdício geraria o sentimento de orgulho. Em resumo, a emoção é um fator-chave para o agir. O medo indica que se deve escapar de um perigo, como as enchentes, tendo como consequência o comportamento de não habitar as margens de rios. A propósito, as emoções ambientais assumem um papel funcional, estrutural ou organizacional. Por exemplo, se uma pessoa economiza água com medo da seca, as informações sobre a conservação da água e a possibilidade de seca seriam armazenadas conjuntamente e associadas ao elemento sentimento negativo. Assim, as emoções desempenham um papel central na constituição das atitudes, que estão intimamente relacionadas com os valores, tendo entre suas funções servir como um gatilho que dispara comportamentos (Frijda, 2004).

Concluindo, o estudo de atitudes e valores possibilita assegurar um ambiente sustentável e deveria ser uma meta principal dos pesquisadores em psicologia social e ambiental (Gouveia, 2002; Schmuck & Schultz, 2002). A proposição hierárquica cognitiva valores → atitudes → comportamento, discutida, por exemplo, por Homer e Kahle (1988), serviu de base para estudos com ênfase em aspectos cognitivos, especificamente em que se consideram os construtos valores e atitudes na predição de comportamentos ambientais, como os estudos realizados por Schultz e Zelezny (1998), Vaske e Donnelly (1999) e Milfont, Duckitt and Wagner (2010). Desse modo, levando-se em conta que as pessoas apresentam comportamentos pró e antiambientais influenciadas por fatores cognitivos, emocionais e motivacionais (Corral-Verdugo, 2001), propõe-se uma hipótese explicativa funcionalista: valores/emoções → atitudes → comportamento. Presumivelmente, essa hipótese se aplica a diversos comportamentos pró-ambientais, sendo aqui avaliada em termos da habilidade de conservação de água, como se descreve no estudo empírico descrito a seguir.

Estudo empírico: valores/emoções → atitudes → habilidade de conservação de água

Em virtude da importância de se ter maior clareza sobre o modo como os valores, as disposições emocionais e as atitudes contribuem para explicar a habilidade para a conservação de água, será descrito a seguir um estudo empírico sobre o tema.

Método

- **Participantes** – participaram desta pesquisa 338 estudantes universitários da Paraíba, a maioria do sexo masculino (68%), com idade média de 23 anos (16 a 55 anos; *dp* = 5,63). Tratou-se de amostra de conveniência (não probabilística), tendo participado indivíduos que, presentes em sala de aula e solicitados a colaborar, concordaram em fazê-lo.
- **Instrumentos** – todos receberam um livreto composto por quatro instrumentos, distribuídos de modo balanceado, e três perguntas demográficas (estado civil, idade e sexo), como seguem:
  1. Questionário dos Valores Básicos (QVB) (Gouveia, 1998, 2003): composto por dezoito itens (*valores básicos*), distribuídos em seis subfunções: *experimentação* (emoção, prazer e sexual), *realização* (êxito, poder e prestígio), *existência* (estabilidade pessoal, saúde e sobrevivência), *suprapessoal* (beleza, conhecimento e maturidade), *interativa* (afetividade, apoio social e convivência) e *normativa* (obediência, religiosidade e tradição). Para respondê-lo, o participante deve ler a lista de *valores* e indicar em que medida cada um deles é importante como um princípio que guia sua vida. Para tanto, utiliza uma escala de resposta variando de 1 = *Totalmente não importante* a 7 = *Totalmente importante*.
  2. Inventário de Atitudes Ambientais (IAA): este foi proposto por Milfont e Duckitt (2010), compondo-se de 72 itens distribuídos igualmente em doze escalas. Para este estudo, entretanto, foram selecionados quatro itens de cada escala, contando-se com uma

versão reduzida de 48 itens. Os respondentes indicaram suas respostas em escala de sete pontos, variando de 1 = *Discordo totalmente* a 7 = *Concordo totalmente.*

3. Escala de Emoções Frente ao Desperdício de Água: este instrumento foi elaborador por Coelho (2009), compondo-se de quinze itens [por exemplo: *Sinto-me incomodado com o desperdício de água em ambientes públicos*; *Sinto-me mal quando vejo água sendo desperdiçada na rua (vazamento)*]. Os respondentes utilizaram escala de resposta de cinco pontos, variando de 1 = *Não me descreve em absoluto* a 5 = *Descreve-me totalmente.*
4. Escala de Habilidades de Conservação de Água (Corral-Verdugo, 2003): compreende doze itens de autoavaliação sobre comportamentos de uso da água (por exemplo: *Fecha a torneira enquanto ensaboa as mãos*; *Escova os dentes com a torneira fechada*). Os respondentes utilizaram uma escala de frequência de cinco pontos, variando de 1 = *Nunca* a 5 = *Sempre.*

- **Procedimento** – os questionários foram aplicados em ambiente coletivo de sala de aula, porém, respondidos individualmente. Primeiro, os participantes foram esclarecidos sobre o anonimato e o sigilo de suas respostas. Posteriormente, obteve-se sua concordância em colaborar voluntariamente com o estudo, assinando termo de consentimento livre e esclarecido (TCLE). Em média, 20 minutos foram suficientes para concluir sua participação.
- **Análise de dados** – foram realizadas correlação *r* de *Pearson* e *Regressão Linear Múltipla* para verificar em que medida variáveis antecedentes explicariam as variáveis consequentes. O teste do modelo teórico proposto foi realizado com o Analysis of Moment Structures (AMOS 18), considerando-se a matriz de covariâncias e adotando o método de estimação Maximum Likelihood (ML). Consideraram-se os seguintes indicadores de qualidade de ajuste do modelo: a razão c^2/gl, o Índice de Qualidade do Ajuste (Goodness-of-Fit Index – GFI), o Índice de Qualidade do Ajuste Ponderado (Adjusted Goodness-of-Fit Index – AGFI), o Índice de Ajuste Comparativo (Comparative Fit Index – CFI), a Raiz Quadrada Média Residual (Root Mean Square Residual – RMR) e a Raiz Quadrada Média do Erro de Aproximação

(Root Mean Square Error of Approximation – RMSEA). Modelos com c^2/gl entre 2 e 3, GFI, AGFI, CFI, RMR e RMSEA com valores próximos ou iguais a 0,95, 0,90, 0,95, 0,06 e 0,08, respectivamente, indicam qualidade satisfatória de ajuste do modelo (Garson, 2003; Hu & Bentler, 1999).

Resultados e discussão

Inicialmente, tomando em conta a literatura, buscou-se conhecer se: (1) as pontuações nos valores humanitários se correlacionariam positivamente e explicariam as pontuações em atitudes de preservação; (2) as pontuações nos valores materialistas se correlacionariam positivamente e explicariam aquelas em atitudes de utilização; (3) as pontuações nos valores sociais se correlacionariam positivamente e explicariam aquelas em atitudes de preservação; (4) as pontuações nos valores pessoais se correlacionariam positivamente e explicariam aquelas em atitudes de utilização; (5) as pontuações em emoções diante do desperdício de água se correlacionariam positivamente e explicariam diretamente as apresentadas em atitudes de preservação; (6) as pontuações em emoções diante do desperdício de água se correlacionariam negativamente e explicariam diretamente as apresentadas em atitudes de utilização; e (7) as pontuações em emoções diante do desperdício de água se correlacionariam e explicariam diretamente a habilidade de conservar água. Nesses casos, considerou-se uma subamostra aleatória de duzentos participantes. Finalmente, com todos os participantes, procurou-se testar o modelo teórico funcionalista: valores/emoções → atitudes → habilidade de conservação de água.

Esperava-se que o tipo motivador humanitário se correlacionasse positivamente e explicasse as atitudes de preservação, porém, isso não foi observado. Conforme a Tabela 7.1, a seguir, nenhum dos dois tipos de motivadores explicou estatisticamente as atitudes de preservação. Esses resultados são contrários aos apresentados por Milfont (2009), que considerou amostra de universitários (n = 332) da Nova Zelândia, verificando que as atitudes de preservação foram explicadas por valores do tipo motivador humanitário. No caso da presente amostra, as atitudes de preservação não estiveram ligadas a valores que expressam necessidades humanitárias. Uma explicação possível para esse resultado é a diferença de contexto cultural. Entretanto, essa especulação merece uma pesquisa, por exemplo, para conhecer a invariância fatorial do IAA em sua versão com 48 itens no Brasil e na Nova Zelândia.

Tabela 7.1 Predizendo preservação a partir do tipo de motivador

Tipo de motivador	R	B	se	β	T	p
Constante		4,82	0,44			
Humanitário	0,10	0,15	0,09	0,14	1,59	0,112
Materialista	0,02	−0,05	0,08	−0,05	−0,63	0,526
					$r = 0,11$	
					$r^2 = 0,01$	
					F(2,199) = 1,35; p = 0,26	

Nota: r = correlação r de *Pearson*; B = inclinação da reta de regressão (*unstandardized coefficients*); *se* = erro padrão (*standardized error*); β = indicador da relação entre VD e VI (*standardized coefficients*); r^2 = proporção de variância explicada; Razão F = probabilidade associada ao r^2.

De acordo com os resultados da Tabela 7.2, a seguir, não foi possível confirmar que as pontuações nos valores sociais explicaram aquelas em atitudes de preservação. Diferentemente, verificou-se que os tipos de orientação central e pessoal foram os explicadores dessas atitudes. Os valores centrais explicaram positivamente ($\beta = 0,37$, $p = 0,000$), enquanto os pessoais o fizeram negativamente ($\beta = -0,23$, $p = 0,002$), isto é, quanto maior a pontuação nos valores centrais, maior nas atitudes de preservação, e quanto maior a pontuação nos valores pessoais, menor aquelas nas atitudes de preservação. Esses achados são, entretanto, coerentes, pois os valores centrais (por exemplo, beleza, conhecimento, maturidade) podem ser considerados como preditores de atitudes de preservação. Já a explicação dada pelos valores pessoais pode ser interpretada em função dos dilemas sociais que representam um conflito entre o interesse coletivo da sociedade e o interesse individual de seus membros. Assim, as pessoas que apresentam pontuações maiores em valores pessoais tendem a apresentar pontuações baixas em atitudes de preservação. Isso se deve ao fato de que atitudes de preservação implicam conservar o ambiente, um bem comum, que atende muito mais a interesses coletivos do que àqueles individuais (Van Vugt & Samuelson, 1999).

Tabela 7.2 Predizendo preservação a partir do tipo de orientação

Tipo de orientação	R	B	se	β	t	p
Constante		4,33	0,43			
Social	0,05	−0,05	0,06	−0,06	−0,81	0,418
Central	0,23***	0,38	0,08	**0,37**	**4,50**	**0,000**
Pessoal	−0,08	−0,18	0,05	**0,23**	**−3,06**	**0,002**
						$r = 0,32$
						$r^2 = 0,10$
						F(3,199) = 7,66; p = 0,000

Nota: *** = $p < 0,001$; r = correlação r de *Pearson*; B = inclinação da reta de regressão (*unstandardized coefficients*); *se* = erro padrão (*standardized error*); β = indicador da relação entre VD e VI (*standardized coefficients*); r^2 = proporção de variância explicada; Razão F = probabilidade associada ao r^2. O valor estatisticamente significativo do Beta é apresentado em negrito.

Esperava-se que as pontuações em valores materialistas se correlacionassem positivamente e explicassem aquelas em atitudes de utilização, o que não foi observado (Tabela 7.3). De fato, os tipos de motivadores não apresentaram o mesmo padrão indicado por Milfont (2009) com a amostra de universitários da Nova Zelândia. No estudo realizado por esse autor, os valores materialistas explicaram as atitudes de utilização. Como dito acima, pode-se conjeturar que tais diferenças se devam a aspectos relacionados com as amostras e os contextos culturais diversos.

Tabela 7.3 Predizendo utilização a partir do tipo de motivador

Tipo de motivador	R	B	se	β	t	p
Constante		3,43	0,38			
Humanitário	−0,08	−0,16	0,08	−0,16	−1,88	0,060
Materialista	0,04	0,11	0,07	0,14	1,63	0,103
						$r = 0,14$
						$r^2 = 0,02$
						F(2,199) = 1,98; p = 0,14

Nota: r = correlação r de *Pearson*; B = inclinação da reta de regressão (*unstandardized coefficients*); *se* = erro padrão (*standardized error*); β = indicador da relação entre VD e VI (*standardized coefficients*); r^2 = proporção de variância explicada; Razão F – probabilidade associada ao r^2.

Estimava-se que as pontuações em valores pessoais se correlacionassem positivamente e explicassem aquelas em atitudes de utilização, o que foi constatado ($\beta = 0{,}25$, $p = 0{,}001$). Entretanto, os valores centrais também explicaram as atitudes de utilização, mas negativamente ($\beta = -0{,}28$, $p = 0{,}001$). Portanto, quanto mais o indivíduo pontua em valores centrais, menos o fazem em atitudes de utilização (Tabela 7.4).

Tabela 7.4 Predizendo utilização a partir do tipo de orientação

Tipo de orientação	*R*	*B*	*se*	*β*	*t*	*p*
Constante		3,72	0,38			
Social	−0,04	0,01	0,05	0,02	0,26	0,789
Central	−0,15**	−0,25	0,07	**−0,28**	**−3,32**	**0,001**
Pessoal	0,12*	0,17	0,05	**0,25**	**3,25**	**0,001**
					$r = 0{,}27$	
					$r^2 = 0{,}07$	
					$F(3,199) = 5{,}34$; $p = 0{,}001$	

Nota: * = $p < 0{,}05$; ** = $p < 0{,}01$; r = correlação r de *Pearson*; B = inclinação da reta de regressão (*unstandardized coefficients*); *se* = erro padrão (*standardized error*); β = indicador da relação entre VD e VI (*standardized coefficients*); r^2 = proporção de variância explicada; Razão F = probabilidade associada ao r^2. O valor estatisticamente significativo do Beta é apresentado em negrito.

Em suma, os valores centrais predizem as atitudes de preservação positivamente e de utilização negativamente, o que possibilita afirmar que assumem uma função coerente com as atitudes. Neste sentido, os valores de orientação central estão relacionados com a preservação do ambiente. Além disso, a não existência de explicação pelos valores sociais para atitudes de preservação deixa dúvida quanto à função altruísta desses valores no tocante às questões ambientais. Mas esse aspecto merece mais atenção, por exemplo, no sentido de verificar a relação entre os valores aqui tratados com os propostos por Stern e Dietz (1994), a saber: altruísta, egoísta e biosférico.

Como foi dito anteriormente, buscou-se neste estudo contemplar também os aspectos emocionais, além dos axiológicos e atitudinais. Concretamente, esperava-se que as pontuações em emoções diante do desperdício de água se correlacionassem positivamente e explicassem diretamente as apresentadas em atitudes de preservação, sendo os resultados descritos na Tabela 7.5, a seguir.

Tabela 7.5 Predizendo preservação a partir do tipo de orientação e emoção

Tipo de orientação e emoção	*r*	*B*	*se*	*β*	*t*	*p*
Constante		3,01	0,38			
Social	0,05	-0,09	0,05	−0,10	−1,66	0,099
Central	0,24***	0,23	0,07	**0,23**	**3,22**	**0,001**
Pessoal	−0,08	−0,10	0,05	**−0,13**	**−2,05**	**0,042**
Emoções	0,59***	0,51	0,05	**0,55**	**9,51**	**0,000**
					$r = 0,62$	
					$r^2 = 0,38$	
					F(4,199) = 30,97; p = 0,000	

Nota: * = $p < 0,05$; *** = $p < 0,001$; r = correlação r de *Pearson*; B = inclinação da reta de regressão (*unstandardized coefficients*); *se* = erro padrão (*standardized error*); β = indicador da relação entre VD e VI (*standardized coefficients*); r^2 = proporção de variância explicada; Razão F = probabilidade associada ao r^2. O valor estatisticamente significativo do Beta é apresentado em negrito.

De acordo com essa tabela, as emoções explicaram positivamente as atitudes de preservação (β = 0,55, p = 0,000). Além disso, depois de inserida a variável emoção no modelo de regressão, o incremento no percentual de explicação providenciado passou de 10% (Tabela 7.2) para 38%, em conjunto com os valores centrais (β = 0,23, p = 0,001) e pessoais (β = −0,13, p = 0,042). Destaca-se, mais uma vez, a coerência apresentada pela explicação dada pelos valores centrais às atitudes de preservação, enfatizando sua função na proteção ambiental e seu vínculo com as atitudes de preservação.

Sugeriu-se previamente que as pontuações em emoções diante do desperdício de água se correlacionariam negativamente e explicariam (inversamente) as apresentadas em atitudes de utilização (β = −0,30, p = 0,000), que foi precisamente o que aconteceu (Tabela 7.6). É importante destacar o incremento do percentual de explicação depois da inclusão da variável emoção no modelo, que passou de 7% (Tabela 7.4) para 16%, em conjunto com os valores centrais e pessoais. Os valores centrais (β = −0,20, p = 0,017) e pessoais (β = 0,19, p = 0,010) seguem o mesmo padrão de explicação das atitudes de utilização, permitindo afirmar que os valores pessoais são subjacentes a essas atitudes, como reporta Milfont (2009).

Tabela 7.6 Predizendo utilização a partir do tipo de orientação e emoção

Tipo de orientação e emoção	*R*	*B*	*se*	*β*	*t*	*p*
Constante		4,36	0,39			
Social	−0,04	0,03	0,05	0,04	0,60	0,549
Central	−0,15**	−0,18	0,07	**−0,20**	**−2,41**	**0,017**
Pessoal	0,12*	0,13	0,05	**0,19**	**2,60**	**0,010**
Emoções	−0,35***	−0,25	0,05	**−0,30**	**−4,47**	**0,000**
						$r = 0,40$
						$r^2 = 0,16$
						$F(4,199) = 9,40; p = 0,000$

Nota: * = $p < 0,05$; ** = $p < 0,01$; *** = $p < 0,01$; r = correlação r de *Pearson*; B = inclinação da reta de regressão (*unstandardized coefficients*); *se* = erro padrão (*standardized error*); β = indicador da relação entre VD e VI (*standardized coefficients*); r^2 = proporção de variância explicada; Razão F = probabilidade associada ao r^2. O valor estatisticamente significativo do Beta é apresentado em negrito.

O passo seguinte consistiu em testar modelos alternativos da hipótese valores/emoções → atitudes → habilidade de conservação de água. Os resultados são mostrados na Tabela 7.7, a seguir.

Tabela 7.7 Ajuste de modelos alternativos da hipótese cognitivo emocional

Modelos	χ^2	Gl	*P*	χ^2/gl	RMR	GFI	AGFI	CFI	RMSEA (90%CI)
1	17,30	3	0,001	5,76	0,02	0,98	0,88	0,96	0,11 (0,06 – 0,17)
2	17,64	3	0,001	5,88	0,02	0,98	0,88	0,96	0,12 (0,07 – 0,17)
3	3,60	3	0,307	1,20	0,01	0,99	0,97	0,99	0,02 (0,00 – 0,09)
4	6,90	3	0,075	2,30	0,01	0,99	0,95	0,99	0,06 (0,00 – 0,12)

No tocante ao Modelo 1 da Tabela 7.7, levando-se em conta os estimadores (pesos de regressão), identificou-se que apenas a variável valores pessoais, que prediz atitudes de preservação, foi não significativa (−0,10, $p = 0,06$), como pode ser visto na Figura 7.2.

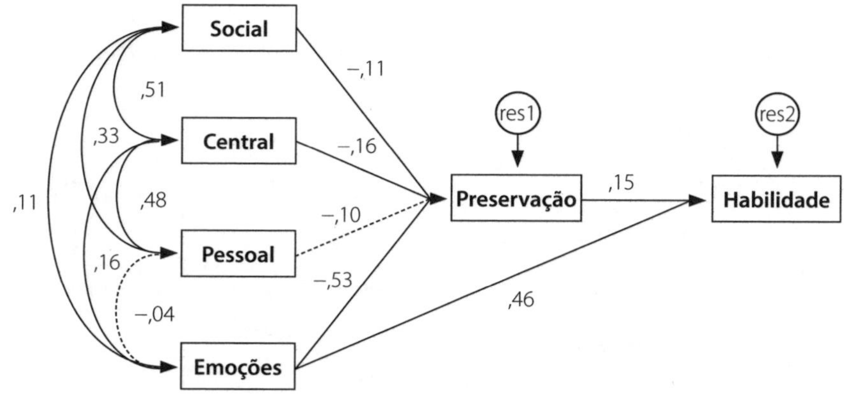

Figura 7.2 Estrutura do modelo hipotético cognitivo emocional (Modelo 1)

Verificou-se índice de modificação elevado entre "res2" e "valores pessoais" (*IM* = 12,05), estabelecendo-se uma predição direta entre valores pessoais e habilidade de conservação de água, em vez de valores pessoais → atitudes de preservação → habilidade de conservação de água. Assim, elaborou-se o Modelo 2 (Figura 7.3), que apresentou estimadores significativos ($z > 1{,}96$, $p < 0{,}05$) e índices de ajuste (Tabela 7.1) mais adequados [$c^2 = 3{,}60$, g.l. = 3, $c^2/gl = 1{,}20$, *RMR* = 0,01, *GFI* = 0,99, *AGFI* = 0,97, *CFI* = 0,99, *RMSEA (IC90%)* = 0,02 (0,00 – 0,09)].

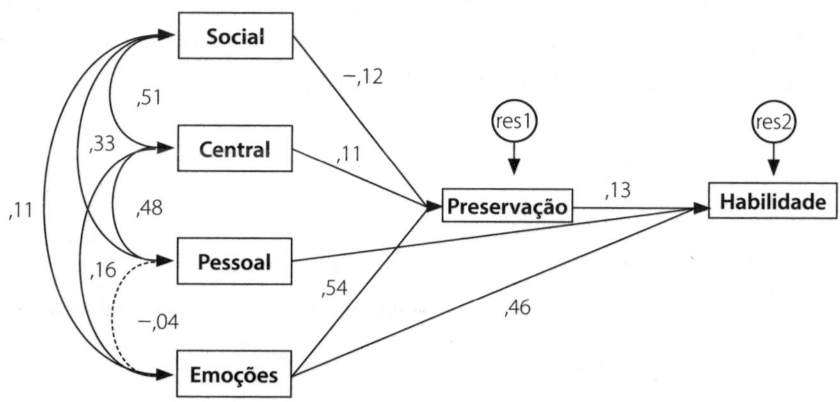

Figura 7.3 Estrutura do modelo hipotético cognitivo emocional (Modelo 2)

Tendo os valores pessoais como preditores diretos da habilidade de conservação de água, o modelo teórico ajustou-se mais adequadamente aos dados e os estimadores foram significativos. Já com relação às atitudes de utilização, estabeleceram-se os modelos 3 (Figura 7.4) e 4 (Figura 7.5).

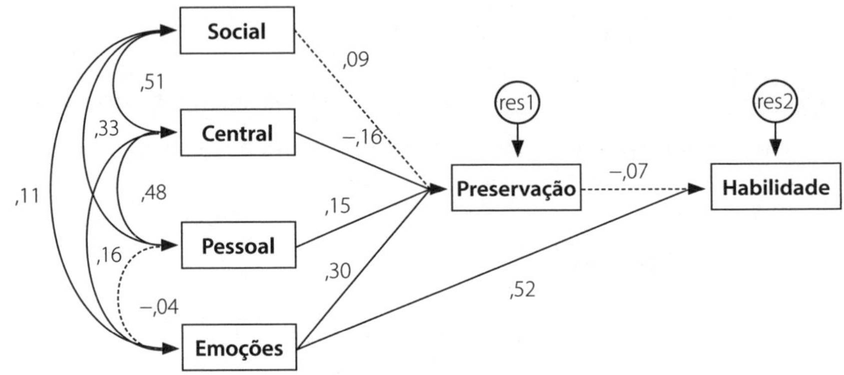

Figura 7.4 Estrutura do modelo hipotético cognitivo emocional (Modelo 3)

Em relação ao Modelo 3 (Figura 7.4), verificou-se que os estimadores dos valores sociais, que predizem as atitudes de utilização (0,09, p = 0,06), e, por sua vez, atitudes de utilização que predizem habilidade de conservação de água (−0,07, p = 0,06), não foram significativos. Além disso, mais uma vez, verificou-se índice de modificação elevado entre "res2" e "valores pessoais" (*IM* = 12,42), estabelecendo-se uma predição direta entre valores pessoais e habilidade de conservação de água, em vez de valores pessoais atitudes de utilização habilidade de conservação de água, tal como apresentado no Modelo 4 (Figura 7. 5).

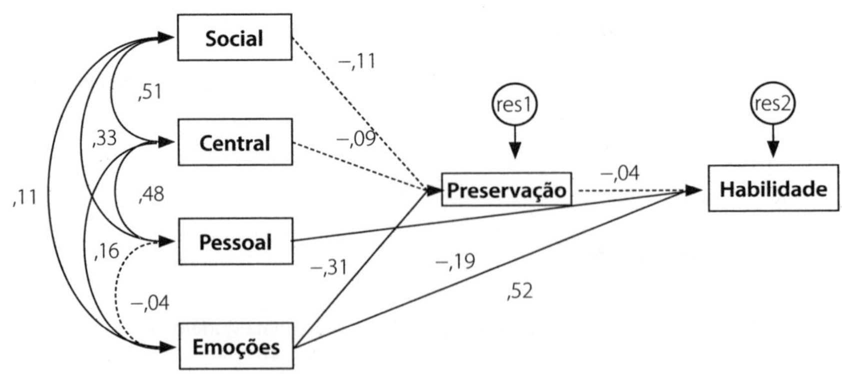

Figura 7.5 Estrutura do modelo hipotético cognitivo emocional (Modelo 4)

Os estimadores correspondentes às variáveis valores sociais (−0,11, p = 0,06) e centrais (−0,09, p = 0,12), como preditores das atitudes de utilização, não foram significativos. Igualmente, as atitudes de utilização (−0,04, p = 0,35), que presumivelmente explicariam a habilidade de conservação de água, o fez inversa, embora não significativamente.

Em resumo, levando-se em conta os resultados das análises de regressão e modelagem por equações estruturais, percebe-se que os achados, em parte, são diferentes daqueles descritos por Milfont (2009) sobre a abordagem funcional de valores e atitudes ambientais. Em primeiro lugar porque na análise de regressão não foi constatada predição dos valores humanitários em relação às atitudes de preservação, nem dos valores materialistas no tocante às atitudes de utilização. Segundo, os valores sociais deveriam explicar positivamente as atitudes de preservação e negativamente as de utilização, mas não foi identificada predição desse tipo de orientação valorativa. Chama a atenção tal fato e levanta a possibilidade de especulações sobre a hipótese altruísta dos valores sociais no que diz respeito aos aspectos relacionados com a proteção ambiental. Ressalta-se que os valores centrais são subjacentes às atitudes de preservação e os pessoais, às atitudes de utilização. É destacável o incremento do percentual de explicação providenciado pelo construto emoção nos modelos apresentados. Entretanto, não parece justificável considerá-lo isoladamente; os valores e as atitudes podem igualmente ser úteis na predição da habilidade de conservação de água, quer indireta ou diretamente. Isso ratifica o argumento de Kals e Maes (2002) da importância das emoções na explicação do comportamento sustentável, porém, vai mais além, mostrando o papel de princípios axiológicos e disposições atitudinais.

Considerações finais

É importante destacar que os valores combinados com as emoções providenciam explicações bastante satisfatórias para atitudes e comportamentos ambientais, no caso específico, a habilidade de conservação de água. De acordo com os achados, os valores pessoais explicam diretamente a habilidade de conservação de água, mas em menor grau que as emoções. Por outro lado, as atitudes de preservação explicam a habilidade de conservação de água, enquanto que aquelas de utilização não o fazem. Tal resultado é coerente com o suporte teórico acerca das funções das atitudes, pois se espera que aqueles que apresentam maior grau de preservação tenham maior disposição para apresentar comportamentos sustentáveis, já os que pontuam mais fortemente em utilização apresentam comportamentos não adaptados (Milfont, 2009). Contudo, é necessário salientar a importância de incluir o construto emoções em modelos explicativos de atitudes e conduta pró e antiambiental.

É possível que os achados previamente descritos possam ser pensados no âmbito educacional, em termos de aprendizagem de valores, atitudes e emoções que visem ao desenvolvimento de comportamentos sustentáveis. A conduta sustentável deve ser determinada pelo próprio sistema de valores adotado pelo indivíduo, tendo em vista a sua relação funcional com atitudes e emoções, tal como descrito anteriormente. As pessoas apresentam hábitos não sustentáveis e custa mudá-los diretamente. Entretanto, uma nova configuração valorativa – nova forma de sentir, pensar e agir – dificilmente tomará lugar naturalmente, sem que vislumbre qualquer intervenção. Embora as vivências sejam importantes, a educação intencional ainda parece ser o meio mais viável para promover a aprendizagem de condutas sustentáveis. Portanto, é a partir do ambiente escolar que a formação com base em valores, principalmente, pode contribuir para a formação de cidadãos conscientes da necessidade de apresentarem tais comportamentos. Como destaca Gardner (2007), os professores servem como modelos fundamentais e, exceto amigos e parentes, "são as pessoas em quem os jovens depositam mais confiança" (p. 123). Fundamental destacar que "até a terceira década de vida, os jovens passam mais tempo na escola do que em qualquer outra instituição" (Gardner, 2007, p. 122), reforçando a importância da escola na promoção de valores, consequentemente, hábitos sustentáveis.

Tendo como base o texto de Gardner (2007), *Cinco mentes para o futuro* (disciplinada, sintetizadora, criadora, respeitosa e ética), esboçamos pretensiosamente a sexta: *mente sustentável* ou *consciência sustentável*. Exprime-se, pois, em abstrair valores cruciais de seu papel como cidadão e agir de forma coerente com esses valores, como aqueles centrais (por exemplo, suprapessoais; Gouveia *et al.*, 2008), visando a consolidar hábitos sustentáveis. Na educação formal, deve-se refletir sobre os valores subjacentes à conduta sustentável, favorecendo que o indivíduo se reconheça como parte do ambiente natural, mas também de um mundo que se expande além do espaço e tempo presentes; é preciso que se fomente seu sentido de responsabilidade como cidadão de sua comunidade, sua região, seu país e seu mundo, entendendo em termos amplos. Claro que existem resistências e obstáculos a superar, por exemplo, o conservadorismo, pois se o sistema educacional tradicional funciona bem, pelo menos em termos de aprendizagem para desenvolver habilidades concretas para exercer uma profissão, logo perguntarão a razão de mudá-lo. Mas quiçá o maior desafio seja o caráter efêmero de alguns objetivos da sustentabilidade, como em relação a pensar nas gerações futuras e que valores podem ser inerentes a esse tipo de pensamento. Quando será possível saber se alcançamos um nível ótimo de consciência sustentável? De momento, não sabemos. Contudo, temos pistas que dão conta de que pode ser importante ensinar valores de cunho humanitário, a exemplo de *suprapessoais* e *interativos*; estes, por certo, estão estreitamente relacionados com indicadores de sustentabilidade dos países (Gouveia, 2002).

Por fim, presume-se que mais esforços sejam necessários no sentido de especificar como os valores podem ser ensinados e como se pode verificar sua efetividade em promover comportamentos sustentáveis. Sabemos que é difícil manter uma conduta sustentável quando percebemos que os demais, majoritariamente, não a adotam. Entretanto, a sobrevivência de todos depende da conduta sustentável adotada pela geração atual e as gerações futuras. As emoções se encontram fortemente implicadas na aprendizagem dessa conduta.

Referências

Albarracín, D., Zanna, M. P., Johnson, B. T., & Kumkale, G. T. (2005). Attitudes: Introduction and scope. In D. Albarracín, B. T. Johnson & M. P. Zanna (Eds.), *The handbook of attitudes* (pp. 3-19). London: Lawrence Erlbaum Associates.

Allport, G. W. (1935). Attitudes. In C. M. Murchison (Ed.), *Handbook of social psychology*. Worcester, MA: Clark University Press.

Ajzen, I. (1991). The theory of planned behavior. *Organizational behavior and human decision processes, 50*, 179-211.

Ajzen, I., & Fishbein, M. (1985). *Understanding attitudes and predicting social behavior*. Englewood Cliffs, NJ: Prentice-Hall.

Ajzen, I., & Fishbein, M. (2005). The influence of attitudes on behavior. In D. Albarracín, B. T. Johnson, & M. P. Zanna (Eds.), *The handbook of attitudes* (pp. 173-221). Mahwah, NJ: Erlbaum.

American Psychological Association (APA) (2001). *Thesaurus of psychological index terms*. Washington, D.C.: American Psychological Association.

Atkinson, G., Dietz, S., & Neumayer, E. (2007). Introduction. In G. Atkinson, S. Dietz & E. Neumayer (Eds.), *Handbook of sustainable development* (pp. 1-23). Cheltenham, UK: Edward Elgar Publishing, Inc.

Bardi, A., & Schwartz, S. H. (2001). Values and behavior: Strength and structure of relations. *Personality and Social Psychology Bulletin, 29*, 1207-1220.

Böhm, G. (2003). Emotional reactions to environmental risks: Consequentialist versus ethical evaluation. *Journal of Environmental Psychology, 23*, 199-212.

Coelho, J. A. P. de M. (2009). *Habilidade de conservação de água: Uma explicação pautada em valores humanos, emoções e atitudes ambientais.* Tese de Doutorado (não publicada), Universidade Federal da Paraíba, João Pessoa.

Coelho, J. A. P. M., Gouveia, V. V., & Milfont, T. L. (2006). Valores humanos como explicadores de atitudes ambientais e intenção de comportamento pró-ambiental. *Psicologia em Estudo, 11*, 199-207.

Conner, M., & Armitage, C. J. (1998). Extending the theory of planned behavior: A review and avenues for further research. *Journal of Applied Social Psychology, 28*, 1429-1464.

Corral-Verdugo, V. (2001). *Comportamiento proambiental: Una introducción al estudio de las conductas protectoras del ambiente*. Santa Cruz de Tenerife, México: Editorial Resma, S. L.

Corral-Verdugo, V. (2003). Determinantes psicológicas e situacionais do comportamento de conservação de água: um modelo estrutural. *Estudos de Psicologia*, 8, 245-252.

Diefendorff, J. M., Brown, D. J., Kamin, A. M., & Lord, R. G. (2002). Examining the roles of job involvement and work centrality in predicting organizational citizenship behaviors and job performance. *Journal of Organizational Behavior, 23*, 93-108.

Durán, M., Alzate, M., López, W., & Sabucedo, J. M. (2007). Emociones y comportamiento pro-ambiental. *Revista M. Latinoamericana de Psicología, 39*(2), 287-296.

Eagly, A. H., & Chaiken, S. (1993). *The psychology of attitudes*. Fort Worth, TX: Harcourt Brace Javanovich.

Eagly, A. H., & Chaiken, S. (1998). Attitude structure and function. In D. T. Gilbert, S. T. Fiske & G. Lindzey (Eds.), *The handbook of social psychology* (Vol. 1, pp. 269-322). New York: McGraw-Hill.

Ekman, P. (2011). *A linguagem das emoções: Revolucione sua comunicação e seus relacionamentos reconhecendo todas as expressões das pessoas ao redor.* São Paulo: Lua de Papel.

Emotion. (2008). *APA Glossary of Psychological Terms*. Recuperado em 20 de Novembro de 2008, de http://www.psychologymatters.org/glossary.html

Fabrigar, L. R., MacDonald, T. K., & Wegener, D. T. (2005). The structure of attitudes. In D. Albarracín, B. T. Johnson & M. P. Zanna (Eds.), *The handbook of attitudes* (pp. 79-124). London: Lawrence Erlbaum Associates.

Frijda, N. H. (2004). The psychologists' point of view. In M. Lewis & J. M. Haviland-Jones (Eds.), *Handbook of emotions* (pp. 59-74). New York: Guilford.

Gardner, H. (2007). *Cinco mentes para o futuro*. Porto Alegre: Artmed.

Garson, G. D. (2003). *PA 765 Statnotes: An online textbook*. Recuperado em 10 de dezembro de 2007, de http://www2.chass.ncsu.edu/garson/pa765/statnote.htm

Gouveia, V. V. (1998). *La naturaleza de los valores descriptores del individualismo y del colectivismo: Una comparación intra e intercultural*. Tese de Doutorado, Departamento de Psicologia Social, Universidade Complutense de Madri, Espanha.

Gouveia, V. V. (2002). Self, culture and sustainable development. In P. Schmuck & W. P. Schultz (Eds.), *Psychology of sustainable development* (pp. 151-174). Norwell, MA: Kluwer Academic Publishers.

Gouveia, V. V. (2003). A natureza motivacional dos valores humanos: Evidências acerca de uma nova tipologia. *Estudos de Psicologia (Natal), 8*, 431-444.

Gouveia, V. V., Milfont, T. L., Fischer, R., & Santos, W. S. (2008). Teoria funcionalista dos valores humanos. In M. L. M. Teixeira (Ed.), *Valores humanos & gestão: Novas perspectivas* (pp. 47-80). São Paulo: Senac.

Gouveia, V.V., Milfont, T. L., & Guerra, V. M. (2014). Functional theory of human values: Testing its content and structure hypotheses. *Personality and Individual Differences*, 60, 41-47. https://doi.org/10.1016/j.paid.2013.12.012

Grob, A. (1995). A structural model of environmental attitudes and behaviour. *Journal of Environmental Psychology, 15*, 209-220.

Groot, J. I. M., & Steg, L. (2008). Value orientations to explain beliefs related to environmental significant behavior: How to measure egoistic, altruistic, and biospheric value orientation. *Environment and Behavior, 40*, 330-354.

Günther, H. (2005). A psicologia ambiental no campo interdisciplinar de conhecimento. *Psicologia USP, 16*, 179-183.

Homer, P., & Kahle, L. (1988, winter). A structural equation test of the value-attitude-behaviour hierarchy. *Journal of Personality and Social Psychology, 54*, 638-64.

Hu, L.-t., & Bentler, P. M. (1999). Cutoff criteria for fit indexes in covariance structure analysis: Conventional criteria versus new alternatives. *Structural Equation Modeling, 6*, 1-55.

Inglehart, R. (1995). Public support for environmental protection: Objective problems and subjective values in 43 societies. *PS: Political Science & Politics, 28,* 57-72. doi:10.2307/420583.

Instituto Brasileiro de Geografia e Estatística (IBGE) (2012). Síntese dos indicadores sociais de 2012. Recuperado em março de 2015, de ftp://ftp.ibge.gov.br/Indicadores_Sociais/Sintese_de_Indicadores_Sociais_2012/SIS_2012.pdf

Kals, E., & Maes, J. (2002). Sustainable development and emotions. In P. Schumuck & W. P. Schultz (Eds.), *Psychology of sustainable development* (pp. 97-122). Norwell, MA: Kluwer Academic Publishers.

Kals, E., Schumacher, D., & Montada, L. (1999). Emotional affinity toward nature as a motivational basis to protect nature. *Environment and Behavior, 31*, 178-202.

Lazarus, R. S. (2006). Emotions and interpersonal relationships: Toward a person-centered conceptualization of emotions and coping. *Journal of Personality*, *74*, 9-46.

Lima, L. P. (2002). Atitudes: Estrutura e mudança. In J. Vala & M. B. Monteiro (Eds.), *Psicologia social* (pp. 187-225). Lisboa: Fundação Calouste Gulbek ian.

López, A. G., & Cuervo-Aragon, M. A. (2008). Relationship among values, beliefs, norms and ecological behavior. *Psicothema, 20*, 623-629.

Milfont, T. L. (2007). *Psychology of environmental attitudes: A cross-cultural study of their content and structure.* Tese de Doutorado (não publicada), University of Auckland, Auckland, New Zealand.

Milfont, T. L. (2009). A functional approach to the study of environmental attitudes. *Medio Ambiente y Comportamiento Humano (Psyecology), 10*, 235-252.

Milfont, T., & Duckitt, J. (2006). Preservation and utilization: Understanding the structure of environmental attitudes. *Medio Ambiente y Comportamiento Humano,* 7, 29-50.

Milfont, T. L., & Duckitt, J. (2010). The environmental attitudes inventory: A valid and reliable measure to assess the structure of environmental attitudes. *Journal of Environmental Psychology,* 30, 80-94. https://doi.org/10.1016/j.jenvp.2009.09.001

Milfont, T. L., Duckitt, J., & Wagner, C. (2010). A cross-cultural test of the value-attitude-behaviour hierarchy. *Journal of Applied Social Psychology*, 40, 2791-2813. https://doi.org/10.1111/j.1559-1816.2010.00681.x

Myers, D. G. (2009). *Exploring social psychology* (5th ed.). New York: McGraw-Hill.

Olson, J. M., & Zanna, M. P. (1993). Attitudes and attitude change. *Annual Review of Psychology, 44*, 117-154.

Omar, A., & Uribe Delgado, H. (2005). Las dimensiones de personalidad como predictores de los comportamientos de ciudadanía organizacional. *Estudos de Psicologia, 10*(2), 157-166.

Organ, D. W. (1988). *Organizational citizenship behavior: The good soldier syndrome*. Lexington, MA: Lexington Books.

Porto, J. B., & Tamayo, A. (2003). Desenvolvimento e validação da Escala de Civismo nas Organizações. *Estudos de Psicologia, 8*(3), 393-402.

Porto, J. B., & Tamayo, A. (2005). Valores organizacionais e civismo nas organizações. *Revista de Administração Contemporânea, 9*(1), 35-52.

Reeve, J. (2006). *Motivação e emoção*. Rio de Janeiro: LTC.

Rodrigues, A., Assmar, E. M. L., & Jablonski, B. (2000). *Psicologia social*. Petrópolis, RJ: Vozes.

Rokeach, M. (1973). *The nature of human values*. New York: Free Press.

Rokeach, M. (1981). *Crenças, atitudes e valores*. Rio de Janeiro: Interciência.

Ros, M. (2001). Psicología social de los valores: Una perspectiva histórica. In M. Ros & V. V. Gouveia (Eds.), *Psicología social de los valores: Desarrollos teóricos, metodológicos y aplicados* (pp. 27-52). Madri: Biblioteca Nueva.

Schmuck, P., & Schultz, W. P. (Eds.) (2002). *Psychology of sustainable development*. Norwell, MA: Kluwer Academic Publishers.

Schultz, P. W. (2002). Inclusion with nature. In P. Schmuck & W. P. Schultz (Eds.), *Psychology of sustainable development* (pp. 61-78). Norwell, MA: Kluwer Academic Publishers.

Schultz, P. W., & Zelezny, L. (1998). Values and proenvironmental behavior: A five-country survey. *Journal of Cross-Cultural Psychology, 29*, 540-558.

Schwartz, S. H. (1992). Universals in the content and structure of values: Theoretical advances and empirical tests in 20 countries. In M. P. Zanna (Ed.), *Advances in experimental social psychology* (pp. 1-65). New York: Academic Press.

Soromenho-Marques, V. (2005). A constelação ambiental – Metamorfoses da nossa visão do mundo. In L. Soczka (Ed.), *Contextos humanos e psicologia ambiental* (pp. 11-37). Lisboa: Fundação Calouste Gulbenk ian.

Stern, P. C., & Dietz, T. (1994). The value bases of environmental concern. *Journal of Social Issues, 50*, 65-84.

Thompson, S. C. G., & Barton, M. A. (1994). Ecocentric and anthropocentric attitudes toward the environment. *Journal of Environmental Psychology, 14*, 149-157.

Van Vugt, M., & Samuelson, C. D. (1999). The impact of personal metering in the management of a natural resource crisis: A social dilemma analysis. *Personality and Social Psychology Bulletin, 25*, 731-745.

Vaske, J. J., & Donnelly, M. P. (1999). A value-attitude-behavior model predicting wildland preservation voting intentions. *Society & Natural Resources, 12*, 523-537.

Vinning, J., & Ebrero, A. (2002). Emerging theoretical and methodological perspective on conservation behavior. In R. B. Bechtel & A. Churchman (Eds.), *Handbook of environmental psychology* (pp. 541-558). New York: Wiley.

World Commission on Environment and Development (WCED) (1987). *Our common future*. Oxford, UK: Oxford University Press.

Weigel, R. H., & Newman, L. S. (1976). Increasing attitude behavior correspondence by broadening the scope of the behavioral measure. *Journal of Personality and Social Psychology, 33*, 793-802.

Notas para reflexão

Emoções, aprendizagem e conduta sustentável: educando por meio de valores e do engajamento afetivo

Sonia Gondim
Universidade Federal da Bahia

Elisabeth Loiola
Universidade Federal da Bahia

Mônica Loiola
Secretaria de Educação da Bahia (SEC/BA)

A incorporação de padrões de comportamento pró-ambiente, que estejam assentados em uma sólida consciência ecológica e cidadã, talvez seja um dos principais ideais de educadores. Não resta dúvida de que as instituições de educação infantil, ensino fundamental e ensino médio esforçam-se muito por incluir em suas ações pedagógicas orientações comportamentais favoráveis à proteção ambiental, à preservação dos recursos naturais, à diminuição do desperdício de água e energia e ao descarte adequado do lixo. O grande desafio é fazer com que os alunos transfiram o aprendizado em sala de aula para o seu dia a dia, convertendo esse aprendizado em um hábito que necessitaria pouco controle consciente para sustentar-se.

Apesar de os indicadores de analfabetismo no Brasil terem decrescido nos últimos anos, seguem em níveis elevados, principalmente na camada da população com mais de 60 anos, que registra 24,8% de analfabetos, praticamente um quarto do total nessa faixa etária. De acordo com os dados do Instituto Brasileiro de Geografia e Estatística (IBGE), a comparação entre 2001 e 2011 indica que houve uma queda de 3,5% na proporção de pessoas com 15 anos ou mais que não sabia ler nem escrever.

Em 2001 era de 12,1% e em 2011 caiu para 8,6%. Embora essa queda seja insuficiente para as necessidades do país, ela nos ajuda a argumentar que a escola cumpre um importante papel na educação indireta de adultos pelos ensinamentos transmitidos nas escolas a seus filhos, principalmente de classes desfavorecidas. As escolas públicas no nível municipal e estadual atendem muitas crianças provenientes dessas classes mais desfavorecidas sócio e economicamente, o que aumenta a sua responsabilidade por transmitir valores que se traduzam em atitudes favoráveis à preservação do ambiente para se converterem em ações concretas que extrapolem os muros das escolas, sendo incorporados ao repertório comportamental não só das crianças e jovens, mas de seus familiares pouco instruídos.

Deve-se estar atento, no entanto, que a dificuldade de transferir o aprendizado pró-ambiente não se restringe à falta de conhecimento e ao baixo nível escolar, porque mesmo nas escolas dos diversos segmentos da classe média, cujos pais possuem nível superior, os esforços na transmissão desses valores são pouco exitosos em se tornarem hábitos na vida de jovens e crianças. Uma campanha escolar pode fazer as crianças elaborarem redações sobre a importância de preservar os recursos naturais e evitar o desperdício, mas isso não inibe os comportamentos de manter as luzes acesas sem que haja ninguém no recinto, deixar torneiras abertas enquanto se escovam os dentes e lavam a louça e jogar latas e pequenos lixos pelas janelas dos carros particulares e veículos de transporte público.

O capítulo oferece informações relevantes sobre o papel do engajamento afetivo e das emoções no desenvolvimento de comportamentos pró-ambientais. Não basta adotar estratégias de ensino-aprendizagem com foco na cognição e no conhecimento, sendo necessário incluir aspectos emocionais que favorecem a implicação nos comportamentos. A identificação com a natureza, o medo ecológico e as emoções morais ajudam nesse processo. Os achados do estudo empírico relatado no capítulo sugerem que as emoções ajudam na explicação de comportamentos congruentes com a defesa e a preservação do ambiente, tornando recomendável que os educadores façam mais uso de aspectos emocionais em suas ações pedagógicas para o desenvolvimento de uma consciência sustentável.

Há indicação de intervenção interdisciplinar, já que a organização das escolas ainda se faz por disciplinas, mesmo no ensino fundamental. Assim, o diálogo entre diferentes abordagens e conteúdos pode acontecer por intermédio de planejamentos e projetos em conjunto entre os diferentes professores. Nesse sentido, o tema da sustentabilidade é uma ótima via para isso, porque, para desenvolver atitudes e comportamentos pró-ambientais, torna-se necessário empreender ações que envolvem aspectos emocionais e cognitivos, ou seja, sensibilizar e informar. Conhecimentos da filosofia, biologia e história são importantes para aumentar a consciência ambiental, do mesmo modo que, para incentivar ações pró-ambientais como a preservação da água, torna-se necessário difundir conhecimentos de sociologia, química, matemática, física, história e geografia.

É preciso ter claro, no entanto, que jogos e atividades que possam facilitar o processo de identificação e ativar emoções morais reúnem mais chances de obter sucesso do que a mera exposição a informações sobre os males das ações humanas irresponsáveis para com o ambiente. Por exemplo, a informação sobre o número de árvores que estão sendo destruídas para dar lugar a condomínios residenciais ou projetos comerciais e o quanto isto repercutirá no ecossistema de uma dada região talvez tenha menos impacto na adoção de um comportamento de proteção das árvores que levar o jovem a plantar uma árvore e ser responsável por acompanhar o seu crescimento, cuidando e zelando por sua sobrevivência. Seguramente, se um colega vier a destruir essa árvore, fruto de muito investimento emocional e material (tempo, água, adubos etc.), a reação desencadeada seria de forte defesa à sua manutenção. A empatia com o colega que também cultivou sua planta durante um longo período de tempo pode fazer com que qualquer pessoa sinta culpa (emoção moral), caso, por alguma ação não intencional, tenha lhe causado danos involuntários.

O ato de plantar e cuidar da árvore permite desenvolver uma atitude favorável à proteção de árvores, que, ao estar associada a valores mais gerais de preservação do ambiente, pode, por generalização, orientar outras condutas voltadas para a preservação. É importante ter claro, conforme mencionado no capítulo, que se torna necessário dar o salto das atitudes específicas (preservação de árvores) para atitudes mais gerais (preservação do ambiente), cujos valores são elementos-chave. Neste aspecto, as "aulas passeio" aparecem como um bom recurso pedagógico e podem acontecer com a intenção de observar paisagens, de visitar reservas ambientais e locais de tratamento do lixo, entrevistando os trabalhadores e ambientalistas envolvidos com a problemática. Realizar campanhas que envolvam a preservação do ambiente, como aproveitamento e distribuição da coleta do lixo, também ajuda crianças e jovens a se implicarem e a mudarem hábitos familiares.

O argumento dos autores do capítulo é que os valores orientam as ações humanas com base em tendências prevalentes (valores sociais, centrais e pessoais) e também pelas necessidades a serem satisfeitas (materiais ou humanitárias). As necessidades materialistas estariam relacionadas à orientação para a existência (valor pessoal), para cumprir normas (valor social) e para promover a realização (valor central). As pessoas com a orientação materialista preocupar-se-iam com sua estabilidade pessoal, saúde e sobrevivência (valor pessoal), com o êxito, poder e prestígio (valor central) e com a religiosidade, tradição e obediência (valor social).

As necessidades humanitárias, por sua vez, envolvem as funções suprapessoal (valor pessoal), interativa (valor social) e de experimentação (valor central). As pessoas com essa orientação preocupar-se-iam com o seu conhecimento e maturidade pessoal (valor pessoal), com a afetividade, apoio social e convivência (valor social) e com o prazer, as emoções e a sexualidade (valor central). Cabe ao docente e educador ter clareza de qual a influência que estão exercendo na orientação dessas duas tendências valorativas para saber antecipar qual delas está de fato contribuindo para desenvolver.

Apesar de o estudo empírico apresentado no capítulo não ter corroborado a hipótese conforme estudo realizado na Nova Zelândia (Milfont, 2007), ou seja, de que o fator motivador humanitário seria um preditor das atividades de preservação, outros de seus resultados podem ser aproveitados do ponto de vista pedagógico. Um deles diz respeito ao papel dos valores centrais e pessoais na explicação da atitude para com a utilização ou preservação do ambiente. Valores pessoais estão associados à utilização do ambiente para satisfazer as necessidades da espécie humana.

Valores centrais, como a experimentação, deixam transparecer a importância do vínculo afetivo na predição de comportamento de preservação.

Esses resultados fortalecem o argumento de que o componente afetivo pode ser mais bem explorado pedagogicamente no contexto da sala de aula do que vem sendo feito até então. A chave pode estar em despertar na criança e no jovem o amor pela natureza. A construção do vínculo afetivo assegura a receptividade para a incorporação de valores que orientarão condutas genéricas no futuro adulto.

No ambiente de trabalho há muitas evidências da importância dos vínculos afetivos do trabalhador para com a organização, repercutindo em comportamentos de cidadania organizacional. O comportamento de cidadania organizacional (CCO) é definido por Organ (1988) como um comportamento de defesa que ultrapassa as expectativas formalmente requeridas para o desempenho de um determinado papel laboral e que beneficia a organização. Baseando-se em diversos autores, Omar e Ulribe Delgado (2005) afirmam haver relativo consenso de que: (1) o comportamento é intencional (deixando de fora comportamentos espontâneos); (2) voluntário (não sendo prescrito ou recompensado); (3) avaliado como positivo pelo ator e pelo observador; e (4) desinteressado (não havendo benefício direto ao ator). Esses mesmos autores obtiveram resultados de que traços de personalidade predizem o comportamento de cidadania, e o principal deles é a estabilidade emocional. As características individuais se somariam a resultados de pesquisa que indicam que ambientes de trabalho que ativam predisposições de afetos positivos contribuem para fazer emergir comportamentos pró-sociais para com os colegas de equipe de trabalho (Diedendorff *et al.*, 2002).

O estudo de Porto e Tamayo (2005) também sugere o poder preditor de contexto organizacional no comportamento de civismo[1], concluindo que a cultura organizacional, em que se valorize a criatividade e a inovação, contribui para a emergência desse comportamento.

---

[1] Apesar de alguns autores defenderem haver distinção entre o conceito de comportamento de cidadania organizacional e de civismo, as definições não são muito diferenciadas. O comportamento de civismo é caracterizado pela espontaneidade (não é uma obrigação), beneficia a organização, não é recompensado pela organização e tem caráter público, ou seja, podendo ser observado por outras pessoas.

Isso nos leva a concluir que se de um lado não existe controle sobre as diferenças individuais, pode-se estimular a emergência de comportamentos mais favoráveis para com interesses coletivos ao criar ambientes educativos que ativem as predisposições de afeto positivo em alunos ou membros de equipe de trabalho, para que, por contágio emocional, venham a influenciar o comportamento dos demais colegas.

Alguns leitores podem estar se indagando sobre a pertinência dessas referências do comportamento de cidadania organizacional e de civismo para com o comportamento pró-ambiental. De fato, a organização é um objeto específico e não uma orientação geral, mas, ao defendermos o ponto de vista de que o contexto pode ativar predisposições afetivas que aumentam a força dos vínculos positivos a favor de atitudes e comportamentos favoráveis a esse contexto, é possível imaginar haver possibilidade de se transferir o vínculo e as ações para outros contextos, caso sejam percebidas similaridades entre eles.

A transferência, portanto, pode estar mais assegurada, caso haja associação entre, de um lado, a preservação do ambiente e da natureza e, de outro, os comportamentos de civismo e cidadania organizacional. Estimular a geração de ideias para aproveitar melhor os recursos materiais com foco mais direcionado para a preservação do que para os lucros da empresa pode ajudar nessa associação. Observa-se que nesse exemplo não se trata de buscar uma eficiência de processo, reduzindo os meios para chegar aos fins, mas eliminar o desperdício sem prejudicar a qualidade e as condições de trabalho.

Enfim, educadores e gestores de equipes de trabalho devem estar atentos para os benefícios da ativação de disposições emocionais na ativação de processos de identificação afetiva e também para oferecer um contexto ambiental que fortaleça comportamentos derivados dessa identificação, fazendo uso de reforços e recompensas que favorecem a aplicação em contextos específicos e a transferência para novos contextos.

Questões orientadoras da prática pedagógica

1. Quanto, em minha prática profissional, faço uso de atividades que permitem desenvolver um processo de identificação afetiva e que estimule o desenvolvimento de atitudes favoráveis a comportamentos pró-ambientes e preservação dos recursos naturais?

2. Tenho criado um ambiente favorável na sala de aula ou no ambiente de trabalho para estimular disposições atitudinais pró-ambiente, procurando recompensar e reforçar manifestações verbais e comportamentais congruentes com tais disposições?
3. Tenho uma visão clara do sistema de valores que orienta as ações dos alunos e membros de minha equipe de trabalho para que possa compreendê-los melhor e vir a eleger ações pedagógicas mais efetivas para promover mudanças que levem em conta o seu *background* cultural?
4. Estou consciente dos valores que orientam o meu comportamento e minhas atitudes em relação ao meio ambiente e à sua preservação, sabendo que isto repercutirá na congruência com que irei abordar esse tema junto a meus alunos e equipe de trabalho?

Sobre os autores

Organizadoras

Sonia Maria Guedes Gondim – Professora titular aposentada do Instituto de Psicologia da Universidade Federal da Bahia. Psicóloga e mestre em Psicologia Social pela Universidade Gama Filho (R.J.). Doutora em Psicologia pela Universidade Federal do Rio de Janeiro. Realizou estudos pós-doutorais na Universidade Complutense de Madrid e no Magdalene College da University of Cambridge. Atua no Programa de Pós-Graduação do Instituto de Psicologia da UFBA. Principais interesses de pesquisa são emoções e trabalho, regulação emocional, trabalho emocional, competências soeioemocionais, mapeamento de competências, competências profissionais, identidade profissional, métodos qualitativos, especialmente grupos focais, formação e desenvolvimento de gestores. Pesquisadora nível 1D do CNPq. Membro do Comitê de Assessoramento do CNPq (2021-2024).

Email: sggondim@gmail.com

Elisabeth Loiola – Doutora em Administração pela Universidade Federal da Bahia. Professora Titular da Escola de Administração da UFBA. Atua na pós-graduação na Escola de Administração e no Instituto de Psicologia da UFBA. Seus principais interesses de pesquisa são: aprendizagem organizacional, competitividade, agroindústria, inovação/empreendedorismo, mapeamento de competências, desenvolvimento regional, estratégia, desenvolvimento local, cultura e redes sociais.

Email: beteloiola10@gmail.com

Autores

Ana Raquel Torres – Psicóloga pelo Unipê (João Pessoa), mestre em Psicologia pela Universidade Federal da Paraíba. Doutora em

Psicologia pela University of Kent at Canterbury (Reino Unido) com Pós-doutorado em Psicologia Social pela Université de Provence (França). Atualmente, é professora do Departamento de Psicologia da Universidade Federal da Paraíba, lecionando na graduação em Psicologia e no Mestrado e Doutorado em Psicologia Social. Desenvolve pesquisas no âmbito da psicologia social, com ênfase em Processos Grupais, Preconceito e Discriminação.

Email: arr.torres@gmail.com

Antonio Marcos Chaves – Psicólogo, mestre em Planejamento do Desenvolvimento pela Universidade Federal do Pará, doutor em Psicologia Escolar e do Desenvolvimento Humano pela Universidade de São Paulo. Professor Associado aposentado da Universidade Federal da Bahia. Atua na graduação e pós-graduação do Instituto de Psicologia da UFBA. Realizou estágio pós-doutoral no Centro de Estudos das Migrações e das Relações Internacionais (CEMRI) na Universidade Aberta de Lisboa. Seus interesses de pesquisa são psicologia e cultura, representações sociais e infância. Diretor do Instituto de Psicologia da UFBA.

Email: amchaves@ufba.br

Carlos Martín Beristain – Médico, especialista em educação para a saúde pela Universidad Degli Studi. Perugia (Italia), Doutor em Psicologia Social pela Universidad del País Vasco. Professor de la Universidad de Deusto (Espanha). Se dedica aos estudos das Relação entre saúde e determinantes sociais e diferenças culturais. Trauma sociopolítico e catástrofes sociais e sua relação com a saúde mental. Impacto de experiências traumáticas e reconstrução do tecido social. Verdade, memória coletiva, reparação, atenção psicossocial e comissões de direitos humanos.

Email: carlos.beristain@gmail.com

Cícero Roberto Pereira – Psicólogo e mestre em psicologia social pela Universidade Federal da Paraíba. Doutorou-se em Psicologia Social Experimental no Instituto Universitário de Lisboa e realizou estudos pós-doutorais no Instituto de Ciências Sociais da Universidade de Lisboa. Actualmente é professor de Psicologia Social na Universidade

Federal da Paraíba. Estuda os processos de legitimação do preconceito e da discriminação recorrendo ao método experimental e a estudos transnacionais e longitudinais.

Email: crp@labesp.org

Clara Mutti – Graduada em Psicologia, com mestrado em Psicologia Social das Organizações pela Universidade Federal da Bahia. Atua na área de gestão de pessoas da Fundação Oswaldo Cruz.

Email: caumutti@hotmail.com

Dalila Xavier de França – Graduada e mestre em Psicologia pela Universidade Federal da Paraíba. Doutora em Psicologia Social pelo Instituto Superior de Ciências do Trabalho e da Empresa (ISCTE-PT), e Pós-doutora pela Universidade Complutense de Madrid. Atualmente é professora do Departamento e do Mestrado de Psicologia da Universidade Federal de Sergipe. Desenvolve pesquisas no âmbito da psicologia social, com ênfase na Socialização das atitudes intergrupais.

Email: dalilafranca@gmail.com

Dario Páez Rovira – Doutor pela Universidade Católica de Lovaina (Bélgica), Catedrático da Universidade do País Vasco, Departamento de Psicologia Social (Espanha). Diretor Grupo Consolidado de Pesquisa Cultura, Cognicion y Emocion. Estuda temas relacionados a imigração, memória histórica, violência coletiva, regulação emocional, bem-estar e qualidade de vida. Editou em 2020 uma monografia sobre Pertença Social e Bem-estar nas Frontiers of Psychology - Personalidade e Psicologia Social e outra sobre Representações Sociais da Covid19 em Papers on Social Representations.

Email: dario.paez@ehu.es

Elza Maria Techio – Psicóloga pela Universidade Federal da Paraíba. Mestre em Psicologia Social pela UFPB. Doutora em Psicologia Social pela Universidad del País Vasco (Espanha). Professor Associada do Instituto de Psicologia da Universidade Federal da Bahia. Atua na graduação e na Pós-graduação em Psicologia do Instituto de Psicologia da UFBA.

Ex-coordenadora do curso de graduação em Psicologia da UFBA. Seus interesses de pesquisa são: violência coletiva, memória coletiva, emoções, bem-estar psicossocial, identidade social e relações intergrupais.

Email: elzamt400@gmail.com

Jairo Eduardo Borges-Andrade – Psicólogo. Mestre e doutor em Sistemas Instrucionais pela Florida State University. Estágios de pós-doutorado realizados: International Food Policy Research Institute, University of Sheffield e Rijksuniversiteit Gröningen e Instituto Superior de Ciências do Trabalho e da Empresa. Atua na graduação e pós-graduação do Instituto de Psicologia da UnB. Professor titular da Universidade de Brasília. Seus principais temas de pesquisa são: aprendizagem, processos psicossociais, mudança organizacional. Atua também com treinamento e desenvolvimento de pessoas.

Email: jairo.borges@gmail.com

Jesús M. Canto Ortiz – Doutor em psicologia e Catedrático de Psicologia Social do Departamento de Psicología Social, Trabajo Social, Antropología Social y E.A.O. de la Facultad de Psicología y Logopedia de la Universidad de Málaga (España). Realiza suas principais investigações no âmbito das Emoções negativas (ciúmes románticos) e nas estratégias de manipulação coercitivas (seitas destrutivas).

Email: jcanto@uma.es

José Luis Álvaro Estramiana – Sociólogo, Doutor em Psicologia Social pela Facultad de Sociología y Ciência Política de la Universidad Complutense de Madrid. Professor Catedrático de Psicologia Social da Universidad Complutense de Madrid. Professor filiado à University of Cambridge (UK).

Email: jlalvaro@cps.ucm.es

José Farias de Souza Filho – Doutor em Psicologia Social pela Universidade Federal da Paraíba (2014). Mestre em Desenvolvimento e Meio Ambiente pelo PRODEMA/UFPB (2010). Especialista em Direito pela UFPB (1983). Bacharel em Ciências Jurídicas e Sociais pela

UFPB (1982), Membro do Ministério Público do Estado da Paraíba, é titular da 42ª Promotoria de Justiça da Capital [Defesa do Meio Ambiente} desde março de 1999. Ex-Professor do Centro Universitário de João Pessoa (UNIPÊ). Ex-Diretor-Geral, atual Diretor Financeiro e Professor da Fundação Escola Superior do Ministério Público da Paraíba (FESMIP). Seus interesses de pesquisa centram-se nas áreas de Ciências Jurídicas, Educação Ambiental, Gestão Ambiental, Psicologia Ambiental e Psicologia Social.

Email: farias.mp@gmail.com

Jorge Artur P. de M. Coelho – Doutor em Psicologia Social pela Universidade Federal da Paraíba. Atualmente é Professor Associado da Faculdade de Medicina da Universidade Federal de Alagoas. Seus principais interesses de pesquisa compreendem os valores humanos e as bases cognitivo-emocionais do comportamento.

Email: jorge.coelho@famed.ufal.br

Marcos Emanoel Pereira – Graduado e Mestre em Psicologia Social pela Universidade Gama Filho, Doutor em Psicologia pela Universidade Federal do Rio de Janeiro. Realizou estágio pós-doutoral na Universidad Complutense de Madrid. Professor Titular do Instituto de Psicologia da Universidade Federal da Bahia. Leciona na graduação e pós-graduação no Instituto de Psicologia da UFBA. Seus interesses de pesquisa são estereótipos, crenças, percepção social e preconceitos. Pesquisador Nível 2 do CNPq.

Email: memanoel@gmail.com

Marcus Eugênio de Oliveira Lima – Graduado e mestre em Psicologia pela Universidade Federal da Paraíba. Doutor em Psicologia Social pelo Instituto Superior de Ciências do Trabalho e da Empresa (ISCTE-PT). Atualmente é professor do Departamento e Mestrado de Psicologia da Universidade Federal de Sergipe. Desenvolve pesquisas no âmbito da psicologia social, com ênfase em Processos Grupais, Normas Sociais, Racismo e Infra-humanização. Pesquisador Nível 2 do CNPq.

Email: meolima@gmail.com

Mônica Loiola – Doutora e mestra em educação pela Universidade Federal da Bahia (UFBA). Pedagoga (UCSal) e Psicopedagoga Clínica e Institucional (Sedes Sapientiae-SP). Atualmente, servidora pública estadual ligada à Secretaria de Educação da Bahia (SEC/BA), exercendo a função de coordenadora pedagógica do Ensino Médio. Atuou como professora substituta na Faculdade de Educação da UFBA e no curso de Medicina da Universidade Estadual de Feira de Santana (UEFS). Outros trabalhos relevantes: Pesquisadora e Assessora Técnica Pedagógica do Programa de Formação Inicial de Professores em exercício – PROINFANTIL (MEC/UFBA/UFMS); supervisora pelo Programa Pacto Nacional pela Alfabetização na Idade Certa (MEC/UFBA); formadora do curso de especialização em docência na Educação Infantil (MEC/UFBA); formadora do Programa Proinfância (MEC/UFBA).

Email: mmloi@hotmail.com

Nekane Besabe Barañano – Socióloga e Catedrática da Universidade do País Vasco UPV/EHU (Espanha), membro do grupo consolidado de investigação em Psicologia Transcultural da Universidade do País Vasco. Seus interesses de pesquisa são: imigração, aculturação, rituais e encontros coletivos, emoções coletivas, violência coletiva, bem-estar e qualidade de vida.

Email: nekane.basabe@ehu.es

Rafael Andrés Patiño Orozco – Psicólogo pela Universidad de Antioquia (Colômbia) e doutor em Psicologia pela Universidade Federal da Bahia (Brasil). Atualmente é professor adjunto na Universidade Federal do Sul da Bahia (UFSB), onde atua no Programa de Pós-Graduação em Estado e Sociedade. Também integra a Pós-Graduação em Psicologia da UFBA e é professor convidado no Sciences Po Lyon, (Université de Lyon-França) no Diplôme d'Établissement sur l'Amérique Latine et les Caraïbes. Desenvolve estudos sobre violência, práticas de exclusão social, experiências traumáticas e suas repercussões subjetivas e psicossociais.

Email: rafael.patigno@yahoo.es

Silvana Alvim – Graduada em Psicologia e em Ciências Econômicas, com Mestrado em Psicologia Social e do Trabalho pela Universidade

Federal da Bahia. Especialista na Abordagem Recovery da Saúde Mental e Psicossocial (Recovery Innovations of Arizona /EUA, Pameijer / Holanda e CESUSC/SC). Atua como Consultora no Projeto Empretec das Nações Unidas/SEBRAE. Desenvolve programas de Treinamento e Desenvolvimento e adaptações transculturais de metodologias na área de saúde mental e bem-estar.

Email: silvana.alvim@gmail.com

Silvia Cristina da Costa Dutra – Doutora em Psicologia, e membro do Psychology, and is a member of the CCE Consolidated Research Group (UPV/EHU, GV, MICINN). Sua pesquisa, em nível macro e meso, examina representações sociais ou conhecimento de senso comum originado na comunicação dentro e entre grupos sociais. No período 2013-2020, ela co-publicou mais de 30 artigos científicos e técnicos e fez mais de 70 apresentações em conferências internacionais e nacionais. Ela se concentra, entre outros, em metodologias avançadas de pesquisa, transferência de conhecimento universidade-empresa, perspectiva de gênero, criatividade e inovação em organizações, liderança, equipe de inovação, emoções, sustentabilidade, sociedade 5.0 e atualmente a pandemia sars-cov-2.

E-mail: silviacristina.dacosta@ehu.es

Silvia Ubillos Landa – Professora Universitária na Área de Psicologia Social da Faculdade de Ciências da Saúde da Universidade de Burgos. Pertence ao Grupo de Pesquisa em Inclusão Social e Qualidade de Vida (SIQoL). Desenvolve as suas principais investigações nas áreas de: 1. Prevenção e promoção da saúde; 2. Psicologia social e qualidade de vida; 3. Enfrentamento e regulação emocional e violência de gênero; 4. Avaliação de programas no domínio psico-socio-sanitário e 5. Psicologia comunitária, conflito e cooperação para o desenvolvimento.

E-mail: subillos@ubu.es

Taciano L. Milfont – Doutor em Psicologia Social e Ambiental pela University of Auckland. Atualmente é professor de psicologia ambiental da University of Waikato, Nova Zelândia. Seus interesses de pesquisa são nas áreas de psicologia transcultural, perspectiva temporal, atitudes ambientais e valores humanos.

Email: taciano.milfont@waikato.ac.nz/página web: milfont.com

Valdiney Gouveia – Doutor em Psicologia Social pela Universidade Complutense de Madri, Espanha. Professor Titular de Psicologia Social, Universidade Federal da Paraíba. Professor Titular e atual reitor da Universidade Federal da Paraíba. Seus principais interesses de pesquisa compreendem os valores humanos e seus correlatos, sendo autor do livro Teoria funcionalista dos valores humanos: Fundamentos, aplicações perspectivas. Pesquisador 1A do CNPq.

Email: vvgouveia@gmail.com/página web: vvgouveia.net

Construindo ideias
e conectando mentes

Este livro foi composto com tipografia Bembo Std
e impresso em papel Pólen Soft $80g/m^2$
na Gráfica Formato em setembro de 2021.